"一带一路"开发研究丛书

总主编 ◎ 向宏 胡德平 王顺洪 徐飞

冷思考

"一带一路"深层问题与关键问题梳理及求解

马跃 ◎ 主编

西南交通大学出版社
·成都·

图书在版编目（CIP）数据

冷思考："一带一路"深层问题与关键问题梳理及求解 / 马跃主编. —成都：西南交通大学出版社，2017.4
（"一带一路"开发研究丛书）
ISBN 978-7-5643-5383-4

Ⅰ.①冷… Ⅱ.①马… Ⅲ.①"一带一路" – 国际合作 – 研究 Ⅳ.①F125

中国版本图书馆 CIP 数据核字（2017）第 078728 号

"一带一路"开发研究丛书
Lengsikao
冷思考
"一带一路"深层问题与关键问题梳理及求解

马 跃 主编

出版人　阳　晓
责任编辑　郭发仔
封面设计　严春艳

印张　20.5　字数　285 千	出版发行	西南交通大学出版社
成品尺寸　165 mm×230 mm	网址	http://www.xnjdcbs.com
版次　2017 年 4 月第 1 版	地址	四川省成都市二环路北一段 111 号 西南交通大学创新大厦 21 楼
印次　2017 年 4 月第 1 次	邮政编码	610031
印刷　四川玖艺呈现印刷有限公司	发行部电话	028-87600564　028-87600533
书号　ISBN 978-7-5643-5383-4	定价	80.00 元

图书如有印装质量问题　本社负责退换
版权所有　盗版必究　举报电话：028-87600562

"一带一路"开发研究丛书
编写委员会

总 主 编　向　宏　胡德平　王顺洪　徐　飞

副总主编　何云庵　陈志坚　朱健梅

编　　委　沈火明　何　川　钟　冲　邱延峻

　　　　　汪　铮　张雪永　阳　晓　孟新智

"一带一路"开发研究丛书
创作与出版说明

一、立项说明

"一带一路"倡议如果没有找准全球发展的真实需求,她不可能在今天得到如此众多国家的支持和响应。尽管如此,寻求最广泛的共识与参与依然是我们需要艰苦努力的目标,因为这一倡议的本质是推动"五通三同":政策沟通、设施联通、贸易畅通、资金融通、民心相通以及利益共同体、责任共同体、命运共同体,在此基础上实现区域共同市场的协同发展与全球化的深入。

"一带一路"倡议尽管是一个经济发展战略和操作计划,但她明显区别于一般的全球发展概念和相应项目计划,因此,"五通三同"既是手段又是目的,只有如此,我们才能推进相关事业的螺旋递进和升华发展。

面对如此众多的国家与经济体,要建立"五通三同"的基本理解与共识并不断深化,将是一个非常复杂的浩繁系统工程。我们深知没有理论研究的超前展开和持续跟进,寻求广泛共识与普遍参与将是非常困难的。

"'一带一路'开发研究丛书"将从五个角度把握选题方向,弄清基本诉求、明晰关键问题、找准逻辑关系:一,从中国国家战略角度;二,从全球发展角度;三,从"一带一路"倡议实施的相关主体角度;四,从西南交通大学角度;五,从新基建高潮与轨道交通发展角度。

(一)从中国国家战略角度

随着改革与开放事业的循环递进,中国借助全球化契机,快速实现了城市化与工业化，也就是初步现代化。长周期高速成长的中国在今天面临如何跨越"中等收入陷阱"与"修昔底德陷阱"的巨大难题，全球经济格局的变化也给我们带来了新一轮的挑战。通过更紧密地融入世界经济体系尤其是亚非欧市场，毫无疑问是跨越两大陷阱、实现和平崛起的根本性战略选择。

2013年9月，中国国家领导人正式向国际社会提出了共建"丝绸之路经济带"和"21世纪海上丝绸之路"的重大倡议，两者合称"一带一路"倡议。近四年来，"一带一路"倡议首先在中国变成了实实在在的国家战略，从组织机制与体系到首批项目安排都全面展开，取得了阶段性成果；"一带一路"倡议不仅得到了沿线国家的积极响应，也结出了诸如亚投行、金砖银行等重大战略性、阶段性成果；2016年11月17日，第71届联大将"一带一路"倡议正式作为大会议程，这不仅标志着国际社会对它的接受，更预示着"一带一路"倡议逐渐成为全球发展的新理念与新思路，成为"千年计划"的重要操作内涵；2017年1月17日，习近平主席在达沃斯世界经济论坛年会上宣布将在北京召开"一带一路"国际合作高峰论坛，预示着中国声音、中国主张、中国方案将满怀信心地进入国际议题；刚刚结束的中美元首"海湖庄园会晤"不仅将开启中美"新型大国关系"格局下的新合作局面，还将在规划中美关系下一个45年的过程之中，探寻"繁荣中美与建设世界并行不悖"的、促进世界经济"增量再平衡"的、中美共同倡导的全球发展新主张和"再全球化"新战略，这些中美间的战略安排将促进"一带一路"倡议的全面深化和"一带一路"大市场的兴旺发达。

我们可以预计，5月14日至15日在北京召开的高峰论坛不仅是中国主场的全球性盛会，也标志着"从一带一路到人类命运共同体"的全人类"大交通"时代的即将来临，新一轮的世界经济大繁荣也许将由此开启，中国新一轮"对外求和、对内求变"的改革发展新战略同样也将由此开启；随后召开的中共十九大将是新一轮改革发展新战略的组织保障与机制深化。

（二）从全球发展角度

今天亚洲的大部分国家依然面临现代化的紧迫需求，也就是城市化与工业化的紧迫需求；美洲尤其是南美、欧洲尤其是东欧不少国家也面临同样的需求；非洲更是如此。

"一带一路"倡议的一个重要特征就是借鉴中国快速实现工业化与城市化所积累的相关经验、模式、方法以及相应的中国能力，联合欧美日等发达国家力量和沿线发达经济体力量，推动亚、非、拉为主的洲域市场快速实现赶超型的、后发优势的现代化过程。因此，"一带一路"倡议也可以说是全球市场整体实现城市化与工业化的"收尾工程"，它将迎来的是现代化的灿烂晚霞。

今天的北美、欧盟等发达国家和经济体，虽然也因就业等压力提出了"再工业化"等口号，事实上是很难收到实效的，更难发挥比较性优势。他们恰恰应该面对未来寻求超前的战略安排与新竞争力布局，通过商业模式与机制的创新实现诸多未来产业的提前成熟，并通过新兴产业与新生活方式创造全新的后工业化产业体系与新消费体系，实现经济的转型与市场的繁荣乃至社会的发展。

"一带一路"倡议的另一个重要特征就是在中美螺旋递进的战略合作机制下，依托美国发达的科技力量与教育力量，创新技术方案与商业模式，联合欧日等发达经济体力量和沿线发达经济体力量，推动中美市场为基础的、"一带一路"沿线相对发达经济体普遍参与的、超前布局的、先发优势的后现代化过程。因此，"一带一路"倡议也可以说是中美联手推动的全球市场发达经济体超前实现后工业化与后现代化的"超前工程"，它将迎来的是后现代化的蓬勃朝阳。

"一带一路"倡议的上述两大特征使其完全有可能成为"再全球化"或"后全球化"时代，实现世界经济"增量再平衡"和新一轮长周期繁荣的全球新战略，也是推动工业化往后工业化演进的文明转型工程。

（三）从"一带一路"倡议实施的相关主体角度

"一带一路"倡议实施涉及的各类主体非常丰富，同类主体又有不同的层级需求；每类主体对"一带一路"的关注、研究、参与都抱有不同的目的与不同的逻辑演进关系。

"一带一路"倡议实施涉及的产业面也相当广泛，不同区域产业链发育的成熟度又有相当大的差异，全球性产业秩序也处在总体平衡的动态调整之中，它的不确定性和不同主体扮演的龙头角色又决定了产业重组与再造所面临的企业性格的个性化。

"一带一路"倡议实施中有一个征象必须说明，那就是区域共同市场的抬头乃至区域共同市场主义的兴起，这就使我们多了一个关注的对象，那就是区域共同市场的牵头人，也许是国际组织、也许是强势国家、也许是强势企业。

"一带一路"倡议实施不能回避它对现行国际政治经济秩序的影响甚至是话语权地位的调整，既有秩序的守成方和挑战方之间的矛盾是无法回避的，关键是看新秩序的建构能不能达成挑战方与守成方的新平衡，这种新平衡的认可需要靠新思维与大主张。

我们的研究，包括因本套丛书带来的深化研究显然是不能够囊括各类主体的不同需求，当下的需求也许还能够有几分感觉，未来变化中的需求调整是很难把握的，尤其是博弈的双方在入场前后的动机变化是最难把握的，我们将尽努力挑战它。

（四）从西南交通大学角度

西南交通大学秉持120年的大交通理念，在全校师生、校友事实上已经是"一带一路"倡议项目实施的普遍参与者基础上，根据创办"双一流"大学的总体目标，提出了"以'一带一路'倡议为契机，以国家实验室为突破，全面建构大交通范畴的学科体系建设理念和有特色的世界一流大学目标"，并以此展开交大新一轮的改革发展新事业。

学校成立了"一带一路"开发研究院与"一带一路"历史文化研究院，参加了全国政协统筹的，由清华大学、国家开发银行、丝路基金等机构发起的"丝路规划研究中心"，同时与中央财经领导小组办公室保持联系，将学校机制与国家机制结合，一方面系统性、全局性展开"一带一路"研究，另一方面积极展开国家战略层面的项目实践。近期开发研究院在华盛顿组织了20位中美双方政产学人士参加的"中美民间基建合作计划专家工作组",推动中国民间资本联合赴美的"美国基建投资计划",取得中美双方高层的一致认可与褒扬。2016年年底,历史文化研究院应梵蒂冈教皇邀请赴梵展开"中梵丝绸之路历史文化研究",不仅取得了阶段性成果,还建立了与梵方多个机构的长期合作机制,2017年5月将组织北大、北师大、北外、中国红楼梦研究会、中国曹雪芹研究会等中方专家与梵方教皇大学、梵蒂冈博物馆展开系列研讨会与课题合作,推动"一带一路"历史文化研究上台阶、创品牌。

两个研究院在工作中发现虽然"一带一路"倡议的实践已经走在前面,但理论研究尤其是系统理论研究与理论准备明显不足,落后于实践。我们认为"一带一路"倡议是在全球化发展转型期、全球性工业化与现代化步入后发阶段、后工业化与后现代化步入先发阶段、崛起大国与守成大国进入相持阶段、世界经济正在由失序的不平衡走向有序的再平衡过渡阶段等多个特殊时期提出的。面对这样一个特殊时期,既需要有突破的理论思维与主张,也需要表达核心主张的理念阐述、更需要有逻辑的操作方案且要照顾不同主体的真实需求与思维习惯。

基于上述观点,两个研究院提出了由"智库型模式"起步并逐渐过渡到"智库与教学结合模式"的发展思路。一方面通过智库拓展与"一带一路"相关主体尤其是市场主体的紧密互动关系,进一步找准两个研究院的操作性定位;另一方面组织编写"'一带一路'开发研究丛书",聚集研究资源、提出研究思路、创新研究方法、服务战略实施,在此基础上,进一步找准两个研究院的学术定位。与此同时,动员与统筹全校力量、五所交大的协同力量和成都地区、西南地区高校力量,乃至"一带一路"关联地区大学力量和"大交通"关联的全球性力量参与研究与智库活动。

通过两个研究院对"一带一路"倡议的系统研究,我们越来越发现不仅"一带一路"所关联的亚洲、非洲、欧洲尤其是中东欧普遍面临基础设施先行带动的城市化与工业化快捷发展的后发现代化的总体需求,整个美洲包括北美同样存在如此需求。我们注意到伴随中美合作关系的升级,世界性的新基础设施建设高潮即将掀起。也许它发端于中美两国的基建升级、繁荣于"一带一路"直接推动的亚非欧"世界岛"。

两对新一轮的基建浪潮,在后发现代化国家最重要的表现特征是"大交通"推动的城市化与工业化;在先发现代化国家和地区如美、欧、日等以及中国部分地区,表现特征是"新型大交通"推动的新空间布局与新产业布局。

"大交通"强调依托高铁及城市轨道交通串联形成的城市带、产业带以及在此基础上的特色城镇群与特色产业群;"新型大交通"强调依托磁浮等新型轨道交通实现大都市与特色卫星小镇的快捷连接,重构都市空间格局与新产业布局,除此之外还包括空地一体化新型交通格局带来的"未来城市"的兴建。

由此看来,"新型轨道交通"将是"大交通"与"新型大交通"的基础解决方案,西南交通大学在轨道交通领域的全国性地位乃至全球性地位决定了它的特殊角色。

高铁尤其是时速300公里左右的常规高铁,虽然是新型轨道交通的重要组成部分,但它的研发体系和产业体系已基本成熟,交大要做的工作更多的是补充与完善。交大要在升级版的超级高铁,重载铁路,第二代中低速磁浮列车、高温超导磁浮列车等磁浮轨道交通多样化应用,空铁等多制式城市轨道交通,国防特种运输装备,真空管道超高速轨道交通(1000 km+),现代有轨电车、虚拟有轨电车等"新型轨道交通"方面聚集研究力量与市场力量,不仅创中国"双一流"大学,还要创世界第一的"新型轨道交通大学",以此带动交大综合能力的全面成长,用全球性基建高潮的大势推动交大成为国际一流研究型大学与智库型大学。

为了实现上述目标,尤其是在"新型轨道交通"产业体系成型之前,交大不仅要为学术体系的完善发挥独特作用,也要为标准体系的完善发挥关键作用,更要为市场体系的超前布局发挥先锋作用。因此,尽快组织战略投资人一步到位形成大资本介入的"中国新型轨道交通集成集团有限公司"显得尤为重要与迫切。它是学术、科研、产业良性循环的重要一环，在一个全新产业孵化之初，这样的机制更显得尤为必要。

（五）从新基建高潮与轨道交通发展角度

伴随中美合作新格局的来临、"一带一路"倡议的全面实施，一场启动于中美市场、繁荣于"一带一路"市场的全球性基础设施建设高潮即将来临。交通，毫无疑问是先行工程，轨道交通尤其是高铁和城市轨道交通又是先行工程中的先行工程。

中国已经有大大小小的若干行业取得了全球规模与技术的领先优势，在大行业领域取得市场领先优势的还是凤毛麟角，中国高铁与城市轨道交通是我们最自豪的佼佼者，它事实上成了全球有目共睹的中国基础设施建设能力的核心能力。我们的尴尬在于为我们这一产业巨大市场优势做出贡献的主要还是国内市场，而大步走向全球市场才是我们轨道交通产业真正成熟的标致。

我们靠国内规模市场优势做大了产业，但还没有做强，关键问题出在应用研究与基础研究的相对滞后，深层问题又在于研究力量的协同与组织机制的困扰，更深层次的问题在于应对全球竞争、大国竞争到底应该有怎样的产业发展战略与机制保证。

培育优势企业、打造优势产业毫无疑问是国家竞争力战略与新一轮改革发展的关键能力需求与基础能力需求；中国高铁与城市轨道交通因市场规模所积累的丰富经验与综合能力，使其成了市场潜力最大的优势产业和企业集群，这样的综合优势产业相对而言实在太少；它过去的成功，一是靠大胆决策、超前超规模展开、用暂时的亏损换取中国城市化与工业化整体能力的快速提升等巨大综合收益，二是靠产学研资源的系统性长期积累；现在的问题，浅层面看是过于依赖国内市场、进入国际市场依然面临技术经济多项指标的竞争压力，深层次看表现为产业、科研、教育整体协同机制与定位出了问题，基础科研与新技术孵化跟不上市场的变化与需求；市场大势来了，它启动于中美新一轮的基建合作计划，繁荣于"一带一路"基础设施建设的先行；需求来了我们从何下手，只能是一方面尽最大努力抓市场，另一方面抓产业与应用研究能力提升，但这需要一个过程；综合而言，从教育突破相对容易、逻辑也比较顺畅，中国轨道交通教育、科研、产业综合体系离世界第一只差一步，教育水平离第一目标相对更近，教育水平的整体提升必然带来基础研发与新技术孵化的能力跃升，直接推动产业规模优势变成性价比优势、技术优势、品牌优势，全球第一的教育品牌更便于整合各类相关主体与不同阶段的科研资源，有利于突破产学研整体能力的协同性障碍；通过世界第一的轨道交通大学和相关研究体系，带出世界第一的优势产业和企业集群不仅可行且战略意义重大，如此安排"一带一路"倡议与"中美基建合作计划"就能快速取得丰富的早期收获。

二、选题原则与创作力量的组织

在今天看来，"一带一路"倡议既是一套中国发展战略，也是一套全球发展战略。两者之间是一个相辅相成的关系：中国战略必须有清晰的国际逻辑，否则没有操作性；全球战略必须要有一定的中国因素，否则同样操作性不强。中国不仅仅是"一带一路"的倡议者，更是市场要素资源组织的基础环节与关键环节，也是新机制的建构者与新方法的始创者。

选题原则要兼顾理论与理念、政府与市场、经济与技术、工业化与后工业化、现代化与后现代化、全球化与后全球化、经济与社会、历史与文化，还要兼顾宏观与微观、战略与战术、理论与实践、国家与地方，更要兼顾国际与国内、长远与现实、区域与国别、产业与项目、产业与金融、大企业与小企业、金融体系与金融产品、金融市场与资本市场等多方面。要从这些关系中抽象出选题要义，安排好出书计划的时间序列与分类序列。

"'一带一路'开发研究丛书"总体采取命题研究的创作形式，创作力量首先是以西南交通大学为首的大学力量，包括五所交大、成都、四川、西南地区相关高校和北京地区相关高校等，其次是国内外从事相关问题研究的各类专业人士。

我们特别注重寻找相似题目的著作者，由他组织研究力量结合我们的战略意图进行再创作。如此安排不仅有利于快速形成研究成果，更有利于思想碰撞、观点交锋与学术深化。

由于"一带一路"概念本身是一个操作性概念，因此方案策划与设计显得尤为重要，许多选题将采取"研讨会"形式展开，由主创人员邀请相关专家共同研究"方案设计"，这样不仅使其研究成果的应用价值得以大大提升，还方便阅读，方便相关人员依不同角色进行资讯的取舍。

如何创新研究形式与课题创作形式是我们接续关心的重要问题，通过它可以使选题的资讯内涵与价值内涵得到最大化发挥。

"'一带一路'开发研究丛书"的编写过程本身也是西南交通大学"一带一路"开发研究院与西南交通大学"一带一路"历史文化研究院创立、研究力量组织、定位精准、方法论形成、智库品牌创立、超级项目能力形成、超级项目模式建立的过程，也是交大产学研模式升级发展的过程，更是中国"一带一路"倡议完善的过程。

我们希望本套丛书能有效服务整个"一带一路"倡议的深度认知与中国"一带一路"倡议的深化。它重在系统基础上的早期行为推动，也不排除在若干年后通过实践的总结形成第二套丛书。我们希望借此丛书的创作为"实验政治学"、"发展经济学"、"产业经济学"、"公司经济学"、"方案经济学"以及"现代化理论"与"后现代化理论"、"大交通理论"、"文化人类学"与"空间人类学"等学科的理论建设做出贡献，更希望为"一带一路"倡议建构起系统的理论体系。

三、选题分类与计划

"'一带一路'开发研究丛书"按九大类方向进行选题规划：一是核心理论与主张系列，二是总体战略系列，三是大国与域内经济体相关理念与主张系列，四是新理念与行动系列，五是人文历史系列，六是中国改革开放新战略系列，七是中国新市场理念与战略转型系列,八是智库与媒体系列,九是轨道交通系列。

编委会初步拟定了九大类 100 多个选题方向,主要是便于著作者参考与选择,整个丛书计划控制在 100 本以内,编委会与著作者在互动中确定最终选题与研究计划和写作提纲,双方取得一致意见后再进行具体的研究与写作工作。

编委会初步拟定的 100 多个参考选题也将在研究深化过程中不断调整与修改,此次提出的如下选题旨在打开研究视野、明确九大分类的逻辑关系,为首批计划的推出建构参照坐标。

(一)核心理论与主张系列

1. 文明与产业:从工业化与现代化走向后工业化与后现代化
2. 新规则:工业文明与后工业文明的胶着与转型
3. 新贸易论:国家间的竞争与改变世界的基础力量
4. 国是与生意:超级项目与超级资本在未来十年将如何改变世界
5. 停滞与繁荣:摆脱政治困扰,迎接新商业力量带来的世界性繁荣
6. 十字路口:新国家为何官僚化以及特朗普可能的再设计与再改变
7. 一千个理由:中美始于现实主义繁盛于新商业主义的战略合作
8. 窗口期:习近平、特朗普可能带来的改变与行进中面临的巨大压力
9. 一带一路:中国经验与中美欧能力结合的后发现代化道路
10. 拥抱:摆脱冷战思维的大国战略
11. 科莫湖:湖边散步,对话美中欧新世界体系
12. 增量再平衡:中美战略对话的全球性议题与机制构想
13. 大交通:从"一带一路"走向人类命运共同体
14. 实践社会主义:在制度竞赛的反省中寻找超越第三条道路的新方向
15. 人类命运共同体:通过经济繁荣导向新普世价值的全球共识

（二）总体战略系列

16. 竞争力报告："一带一路"相关国家与经济体现实能力的总体评价
17. 增长热点：金砖、金钻、灵猫、展望、薄荷、迷雾等概念的研究
18. 全球化与区域贸易协定：五百多个区域贸易协定(RTA)的来龙去脉
19. 超大区域的 RTA：欧盟、APEC、东盟、北美自贸区、TPP、TPIP 等概念研究
20. WTO 波澜起伏：从全球化到再全球化
21. 多国的规划：来自欧洲、亚洲、非洲以及美国的丝路规划方案
22. 总体需求：亚非拉对城市化与工业化的渴望
23. 融合与创新："一带一路"倡议在数百个区域贸易协定基础上的提出
24. 解释"一带一路"：早期实验、正式提出、逐渐成型与相对稳定
25. 战略对接："一带一路"倡议与相关国家战略及区域战略的衔接
26. 新循环体系："一带一路"创造的全球经济新运行格局
27. 世界的试验：后发城市化与工业化的中国经验与教训
28. 新动力与新空间：超级资本推动新兴产业与新生活方式的提前繁荣
29. 收尾与超前：工业化的后发模式与后工业化的先发模式
30. 信风：新一轮全球性基建高潮的来临
31. 世界岛：梦想在大资本时代中美欧合作格局下实现
32. 支撑体系：丝路新时代的节点城市与产业体系
33. 产业分工：联合国的三级工业分类与"一带一路"的分工体系
34. 园区模式：花样繁多的园区概念与中国式的产城融合体
35. 生根开花：中国在"一带一路"超前布局的 80 余个经贸合作区

（三）大国与域内经济体相关理念与主张系列

36. 特朗普新政：保守主义与现实主义的当下立足与新商业主义的未来发展
37. 改造世界的特朗普：问题意识、逻辑力量与方法论
38. 脱欧之后的再定位：英国在欧盟与新欧亚非一体化市场中的再定位
39. 再造优势：德国借助"一带一路"提振欧盟的新思路与新战略
40. 岛国求变：日本在新外交格局下重构一体化市场的理念与方略
41. 新一轮合作：中韩在"一带一路"大市场体系中谋求新合作格局
42. 海陆互动：新加坡在强化海权优势基础上的陆权联盟式扩张
43. 华丽转身：中东石油大国在"一带一路"机遇下的战略转型
44. 印度：寻求深度认知与理解，探寻全面结构性合作
45. 欧洲图强："一带一路"理念下的东进战略与欧亚非市场共同体
46. 欧亚非经济联盟："一带一路"倡议作为手段与目的
47. 亚洲共进论：区域与次区域共同市场带来的亚洲繁荣

（四）新理念与行动系列

48. 国别经济："一带一路"倡议实施的认知前提与基本能力
49. 产业经济："一带一路"倡议实施的关键环节与核心动力
50. 区域共同市场：后全球化过渡期的市场特性与趋势前瞻
51. 新图景：区域共同市场与主体功能区
52. 经济地理革命："一带一路"串起的区域共同市场体系
53. 不确定中的求索：国际货币太阳系的瓦解与新体系的建构
54. 人民币国际化：从贸易货币、投融资货币走向储备货币
55. 亚投行：全球开发性金融的新角色与新模式

56. 丝路基金：中国由贸易大国向投资大国转型的引导性基金
57. 并驾齐驱：贸易与航运的波罗地海指数与海上丝路指数
58. 新模式：中美欧高科技合作 1.0 与 2.0 互动机制
59. 六大走廊：概念性规划基础上的深度研究
60. 第三欧亚大陆桥：穿越亚洲人口密集地区连接中欧的新通道
61. 捷径：北极航线、克拉地峡运河等海上丝路新通道构想
62. 哑铃战略：十余趟中欧班列连接两个扇面的城市群与产业群
63. 管道丝路：中国与俄缅哈土等国油气管道创造的新开发模式
64. 东西方之桥：土耳其在"一带一路"倡议中的重新定位
65. 比雷埃夫斯港：海上丝路港城连接的中东欧新通道
66. 科伦坡再造：海上丝路中转大港的新发展计划
67. 中白工业园：白俄罗斯的新中心城市与丝路明珠
68. 苏伊士新区：中埃合作的新型经贸合作区与海上丝路的节点城市
69. 瓜达尔港城：一个面向三个大市场的超级工业基地与商贸大城
70. 先走一步：中国在非洲的基建与产业发展
71. 雅达瓦伦油田：中国超级油田海外合作的里程碑
72. 印度钢铁：崛起大国的钢铁产业快发之路与后发之路的双轮驱动
73. 班加罗尔：软件产业聚集区与中国互动的互联网+
74. 有机农业：远东布局的生产基地和全球市场
75. 台湾价值：超级项目合作重塑两岸关系
76. 巴拉望的后现代生活：与增长中心配套的热带海滩度假城与非现场工作基地

（五）人文历史系列

77. 曾经的辉煌：东西方商路连接的古丝绸文明
78. 大航海时代：洲域经济的交流与早期的全球化
79. 从历史走来：始于《中国》的西方关于中国的描述
80. 西方视野的中国：大历史、大文化与大战略的观察

81. 丝路传奇：千百年来西方人的丝路著述与故事
82. 历史的拐点：中国在世界交往中的失落
83. 盛宴：中国艺术在古丝路的辉煌与新丝路的繁盛
84. 梵蒂冈使臣：罗马在东西文化交流中的历史角色与未来设想
85. 大历史定位："一带一路"倡议的历史延续与未来穿越
86. 横断山总体价值论：建构地球终极资源与全人类明天需求间的大逻辑框架
87. 第三空间浪潮：透过若干经典案例解构建构空间人类学
88. 伊甸园：大香格里拉的后现代憧憬
89. 腾冲：古丝路历史文化要冲与新丝路的重新定位
90. 生活大国：四川的尝试与即将到来的中国新战略
91. 艺术的胜利：重庆都市调性的改造与竞争力的勃发
92. 复兴邻里社会：智慧城市与中小微企业新发展浪潮带来的社会变革

（六）中国改革开放新战略系列

93. 第二轮开放：对外求和与对内求变的新战略
94. 愿景与行动："一带一路"倡议的多角度解读
95. 冷思考："一带一路"深层问题与关键问题梳理及求解
96. 战略定力：中国策略的宏微观梳理与系统执行
97. 创新驱动：内外市场互动的创新机制与模式
98. 循环递进："一带一路"倡议创造的内外市场及大中小企业协同发展的新契机
99. 早期收获："一带一路"倡议的有感化与阶段性递进
100. 企业生态：良性发展的基础与深化改革的关键
101. 工业强国：增量再平衡全球机制下中国制造业的转型升级
102. 并非夸大的使命：中国商业力量的成长与未来使命
103. 新亮点：口岸贸易与自由贸易区
104. 利益维护：中国"一带一路"倡议下的海外利益维护
105. 海外中国：中国跨境投资的现状与未来战略
106. 华人血脉："一带一路"华侨资本的关键作用与利益安排

（七）中国新市场理念与战略转型系列

107. 第一战略：推动优势产业冲击第一目标与市场覆盖
108. 并购与整合：中国制造业升级的价值再造与战略重组
109. 战略投资：时髦概念背后的深层功夫与系统能力
110. 机会投资：战略理念与能力支撑下的短线投资
111. 平台公司：多元化的实践与逐渐清晰的能力特征
112. 全球并购：躁动下的冷思考与趋势前瞻
113. 新央企：政治定位清晰后的市场行动
114. 改造与担待：中国上市公司与机构投资人的非常使命
115. 企业家：一个价值被忽略的特殊阶层与关键力量
116. 资本聚集："一带一路"超级项目导向的中国证券市场改革
117. 资本时代："一带一路"开启的中国跨境投资新天地
118. 聚变：郑州如何由超级货运空港演变为航空大都市
119. 于家堡：一个为京津冀融合发展和"一带一路"国别总部而定制的未来城市
120. 发现新疆：双经济走廊概念与超级项目聚集的循环递进
121. 双主题战略：云南在入通道与新生活中央高地两大概念下的再定位
122. 两洋通道：云南如何做好第三欧亚大陆桥与泛亚通道的大文章
123. 深圳谋变：基于现状与可能背景下的超级项目都会
124. 大湾区：新全球经济格局下粤港澳的再定位与一体化
125. 重庆战略力：国企与民企两个战略平台的双轮驱动
126. 多元中关村：欧美日俄以等国多点布局的超级项目孵化基地
127. 智慧城市：以非现场工作为基础的智慧化改造与不断升级
128. 大湾区的香港：在"一带一路"倡议下诉求金融深化与服务贸易升级
129. 装备制造业："一带一路"上的升级版与内外市场的互动
130. 服务贸易："一带一路"倡议下的内外市场联动与大布局

（八）智库与媒体系列

131．力量的整合：中国与"一带一路"相关研究力量的价值发现与重组

132．中国丝路开发研究基金会："一带一路"倡议门户型智库的价值主张与方案设计

133．峨眉论坛：面向"一带一路"的开放论坛与新型国际组织

134．峨眉论坛大学：创新组织模式与教学模式的"一带一路"国际人才培训基地

135．超级项目论：中国在后全球化过渡期的非常机遇与方法

136．超级项目前期："一带一路"倡议系统推进的关键能力

137．超级项目智库：政产学融合的前期孵化机制与绿色通道

138．开发性金融："一带一路"创造的新模式与新空间

139．顶层智力：全国政协精英人才在"一带一路"基础研究上的价值最优化

140．战略精英：复合型人才在非常时期的非常作用

141．智力丝绸之路："一带一路"沿线的大学合作

142．再出发：面对国家总体竞争力与战略安排的高校改革

143．全球战略（华盛顿）研究院：设计中美欧如何联合创办新型智库

144．丝路传媒集团："一带一路"全域布局的新媒体集团方案设计

145．丝路通讯社："一带一路"全域布局的新模式通讯社方案设计

（九）轨道交通系列

146．轨道交通：昨天的辉煌、今天的重任、明天的浪漫

147．高铁主义：轨道交通与公路网络的良治后发模式

148．新型轨道交通：现代化国家与地区交通能力提升的新选择

149．轨道交通：全系列的中国制造与超级项目模式的中国投资

150．泛亚铁路：交通体系联动区域共同市场的城市群和产业带

目录 contents

绪论 战后国际战略格局 …… 001

第一节 雅尔塔会议 …… 001
一、雅尔塔会议概述 …… 001
二、雅尔塔会议的背景 …… 002
三、雅尔塔会议上的三巨头 …… 002

第二节 雅尔塔会议内容 …… 004
一、雅尔塔会议的基本内容 …… 004
二、雅尔塔会议的性质 …… 006

第三节 协定在更广阔时空中的影响 …… 008
一、雅尔塔会议的世界意义 …… 008
二、雅尔塔体系的世界影响 …… 009

第四节 中国崛起：当今世界格局中的战略突围 …… 013
一、中国崛起的机遇 …… 013
二、中国崛起所面临的挑战 …… 014

第一章 "一带一路"的时代背景 …… 019

第一节 世界经济的深刻变化 …… 019
一、经济全球化趋势加强 …… 020

I

二、世界经济区域化得到发展 ······················· 021
　第二节　各国普遍追求合作共赢 ····················· 022
　　一、世界经济低速增长 ··························· 022
　　二、国际竞争进一步加剧 ························· 023
　第三节　中国改革开放、民族复兴与和平发展 ·········· 024

第二章　"一带一路"的基本原则 ······················ 028

　第一节　开放合作 ································· 028
　　一、基本概念 ·································· 028
　　二、潮流与趋势 ································ 029
　　三、封建王朝的末代警示 ························ 030
　　四、中国对外合作的形式 ························ 031
　第二节　和谐包容 ································· 033
　　一、"和"的深意 ······························· 033
　　二、丝路之"和" ······························· 034
　　三、现代之"和" ······························· 034
　第三节　市场运作 ································· 037
　　一、市场的定义 ································ 037
　　二、三种经济发展模式 ·························· 037
　　三、中国对市场理论的贡献 ······················ 038
　第四节　互利共赢 ································· 039

第三章　"一带一路"的总体思路 ····················· 043

　第一节　"一带一路"发展的国际方位 ················ 044
　　一、"一带一路"的起止点 ······················· 044
　　二、"一带一路"的国际方位分析结论 ·············· 075
　第二节　具象"一带一路"：共建经济走廊 ············ 075
　　一、基本概念 ·································· 075

二、国际经济走廊…………………………………………076
　　三、国际经济走廊贵在共建………………………………081
第三节　落实"一带一路"：推动区域经济一体化…………083
　　一、区域经济一体化………………………………………083
　　二、区域经济一体化对国际贸易的影响…………………088
　　三、区域经济一体化的理性路径…………………………089

第四章　中国与沿线国家政府间的合作……………………091

第一节　中国与外国政府的合作关系…………………………092
　　一、外交关系………………………………………………092
　　二、中国外交的主要内容…………………………………101
　　三、中国当前外交政策的主要内容和基本原则…………103
　　四、中国政府与各国政府合作协议的主要内容…………104
第二节　中国与亚洲国家政府间的合作………………………105
　　一、北　亚…………………………………………………105
　　二、中　亚…………………………………………………107
　　三、东南亚…………………………………………………110
　　四、南　亚…………………………………………………114
　　五、西　亚…………………………………………………118
第三节　中国与欧洲国家政府间的合作………………………122
　　一、东　欧…………………………………………………122
　　二、中　欧…………………………………………………125
　　三、西　欧…………………………………………………128
第四节　中国与大洋洲国家政府间的合作……………………131
　　一、中国—澳大利亚………………………………………131
　　二、中国—新西兰…………………………………………132
第五节　中国与南美洲国家政府间的合作……………………132
　　一、中国—巴西……………………………………………133

二、中国—智利 …………………………………………… 133
　　三、中国—阿根廷 ………………………………………… 134

第五章　基础设施的互联互通 ………………………………… 136

第一节　基础设施 ……………………………………………… 137
　　一、基本概念 ……………………………………………… 137
　　二、基础设施建设 ………………………………………… 137

第二节　交通基础设施的互联互通 …………………………… 139
　　一、综合交通运输系统 …………………………………… 139
　　二、国际公路基础设施的互联互通 ……………………… 140
　　三、国际铁路基础设施的互联互通 ……………………… 141
　　四、国际民用航空基础设施的互联互通 ………………… 145
　　五、国际海运基础设施的互联互通 ……………………… 146
　　六、国际管道运输基础设施的互联互通 ………………… 147

第三节　能源基础设施的互联互通 …………………………… 148
　　一、能源基础设施 ………………………………………… 148
　　二、能源基础设施互联互通 ……………………………… 148

第四节　通信基础设施的互联互通 …………………………… 149
　　一、通信基础设施 ………………………………………… 149
　　二、通信基础设施互联互通 ……………………………… 150

第六章　投资贸易合作 …………………………………………… 152

第一节　贸易自由与便利 ……………………………………… 152
　　一、相关概念 ……………………………………………… 152
　　二、"一带一路"与贸易自由 …………………………… 153
　　三、"一带一路"与自由贸易 …………………………… 154
　　四、"一带一路"与贸易便利 …………………………… 155

第二节　贸易转型升级 ………………………………………… 155

一、国际贸易基本类型 …………………………………… 156
　　二、国际贸易新形势 ……………………………………… 157
　　三、国际贸易摩擦实例 …………………………………… 158
　　四、积极应对的措施 ……………………………………… 159
　第三节　探索投资合作新模式 ………………………………… 160
　　一、投资的理论模式 ……………………………………… 161
　　二、投资模式的实际运用 ………………………………… 164
　　三、投资合作 ……………………………………………… 166
　　四、区域/国际金融组织 …………………………………… 167
　第四节　简析东南亚国家的投资环境 ………………………… 169
　　一、东南亚投资环境综述 ………………………………… 169
　　二、东南亚国家的投资环境 ……………………………… 171
　　三、东南亚国家投资的前景 ……………………………… 174

第七章　资金融通领域的合作 …………………………………… 175

　第一节　货币理论基础 ………………………………………… 175
　　一、基本概念 ……………………………………………… 175
　　二、货币类型 ……………………………………………… 176
　　三、货币制度 ……………………………………………… 177
　　四、货币发行 ……………………………………………… 181
　第二节　货币组织 ……………………………………………… 185
　　一、布雷顿森林体系 ……………………………………… 185
　　二、国际货币基金组织 …………………………………… 186
　　三、世界银行 ……………………………………………… 190
　　四、对货币组织的理性思考 ……………………………… 193
　第三节　货币政策 ……………………………………………… 194
　　一、货币政策概述 ………………………………………… 194
　　二、对货币政策的理性思考 ……………………………… 198

第四节　金融监管 ·· 199
一、基本概念 ··· 199
二、对金融监管的理性思考 ······························ 204

第八章　人文交流领域的合作 ································ 206

第一节　特色教育事业的国际合作 ······················ 206
一、国际教育 ··· 206
二、国际特色教育 ·· 207
三、国际特色教育机构 ··································· 209
四、国际特色教育合作 ··································· 213
五、共建国际教育共同体 ································ 215

第二节　文化产业的国际合作 ··························· 215
一、文化概论 ··· 215
二、文化产业的相关概念 ································ 217
三、中国文化产业概述 ··································· 219
四、国际文化产业 ·· 222
五、国际文化产业合作 ··································· 225

第三节　医疗卫生事业的国际合作 ······················ 227
一、基本概念 ··· 227
二、中国医疗卫生概述 ··································· 229
三、国外医疗卫生体制 ··································· 230
四、各国医疗卫生质量对比 ······························ 231
五、对医疗卫生国际合作的理性思考 ···················· 231

第四节　科技创新事业的国际合作 ······················ 233
一、科技创新的基本概念 ································ 233
二、科技创新国际合作的基本概念 ······················ 235
三、科技创新国际合作的矛盾及应对 ···················· 236
四、对科技创新国际合作的理性思考 ···················· 237

第五节　实施"一带一路"倡议下的公共外交 …………242
　　　　一、基本概念 …………………………………………242
　　　　二、联合国安理会常任理事国的公共外交 ……………244
　　　　三、中国公共外交平台：GBD公共外交文化
　　　　　　交流中心 ……………………………………………247
　　　　四、对公共外交的理性思考 …………………………248

第九章　合作机制与合作平台 ………………………………252

　　第一节　区域合作机制 ……………………………………252
　　　　一、基本概念 …………………………………………252
　　　　二、企业内部机制 ……………………………………255
　　　　三、合作机制 …………………………………………255
　　　　四、区域合作机制 ……………………………………256
　　　　五、中国与周边国家的区域合作机制 ………………259
　　　　六、对区域合作机制的理性思考 ……………………262
　　第二节　区域合作平台 ……………………………………263
　　　　一、基本概念 …………………………………………263
　　　　二、区域合作平台 ……………………………………264
　　　　三、区域合作平台实例 ………………………………267
　　　　四、区域合作的新型平台 ……………………………269
　　　　五、对新型平台的理性思考 …………………………271

第十章　中国投身"一带一路" ………………………………273

　　第一节　一个机遇：对世人智慧的共同考验 ……………273
　　　　一、机遇概说 …………………………………………273
　　　　二、"一带一路"对中国经济的重要意义 ……………274
　　　　三、"一带一路"带给中国经济的机遇 ………………275
　　第二节　两个共同体："一带一路"的崇高目标 …………276

一、基本概念 …………………………………………… 276
　　二、"一带一路"与两个共同体 ………………………… 280
第三节　三个圈层："一带一路"的
　　　　　直观逻辑 ……………………………………… 283
　　一、中国经济特区在"一带一路"中的
　　　　借鉴价值 ………………………………………… 283
　　二、中国经济特区在"一带一路"中的
　　　　发扬光大 ………………………………………… 287
第四节　四区两核：中国经济的新版图 ………………… 288
　　一、四大区域板块 ……………………………………… 288
　　二、两个核心区 ………………………………………… 290
第五节　坚定自信：铸魂"一带一路" …………………… 290
　　一、自　信 ……………………………………………… 290
　　二、中国建设"一带一路"的主要进展 ………………… 292
　　三、对中国投身"一带一路"建设的理性思考 ………… 293

主要参考文献 ……………………………………………… 296

后　记 ……………………………………………………… 298

绪论　战后国际战略格局

马克思 1848 年在《共产党宣言》中深刻地指出："资产阶级在它的不到一百年的阶级统治中所创造的生产力，比过去一切世代创造的全部生产力还要方正刻本仿宋简体多，还要大。……"同样是资产阶级，在前后 31 年的时间跨度内几乎接连（间隔 20 年）发动了两次世界大战，将曾经的富庶繁华寰宇变成了一片瓦砾。尤其是二战，给 20 世纪中叶以来的世界带来了深远的、决定性的影响。"战后秩序""二战成果"等无不制约着世界各国的国际行为。

对当今世界的任何分析都不能脱离世界政治经济整体格局，而这种格局则是在 1945 年就定格在二战尾声的黑海之滨克里米亚，那个名为雅尔塔的小镇。现代世界纷繁复杂国际关系的源头就在这里。"一带一路"所提及的世界多极化、经济全球化、文化多样化、社会信息化的潮流，致力于维护全球自由贸易体系和开放型世界经济，都与雅尔塔存在种种渊源。雅尔塔，准确地说是雅尔塔会议，是"一带一路"论域的逻辑原点。

第一节　雅尔塔会议

一、雅尔塔会议概述

雅尔塔会议又称克里米亚会议，在苏联克里米亚半岛的雅尔塔举行。第二次世界大战进行到 1945 年初，战争的胜负形势已成定局：世界反法西斯同盟将最终赢得这场战争。美、英、苏等二战实力大国开始急切地关注战后谁来"主宰世界"、谁是新世界的主角等刻不容缓的大事。美、英、苏三国于1945年2月4日至11日,在风光迤逦的苏联克里米亚半岛南部雅尔塔举行了一次决定世界格局和历史进程的重要会议。这次会议有力地锁定了反法西斯战争的最后胜利,也为建立战后世界政治经济体系奠定了基础。

二、雅尔塔会议的背景

二战同盟国与轴心国两大阵营的优势易位是举行雅尔塔会议的直接背景。1939年的二战初期,以德、意、日为首的轴心国阵营及其芬兰等仆从国阵营气焰甚高,英、美、苏等同盟国暂取守势;但到了1942年,战局开始逐渐逆转,同盟国不管在欧洲的东、西两线还是在东方的太平洋战场都取得了巨大胜利。

三、雅尔塔会议上的三巨头

前排从左至右依次为富兰克林·德拉诺·罗斯福、
温斯顿·伦纳德·斯宾塞·丘吉尔、斯大林

围绕在雅尔塔谈判桌上的三巨头分别是苏、美、英三国的领袖：斯大林、罗斯福和丘吉尔。

（1）约瑟夫·维萨里昂诺维奇·斯大林（苏联）。1917年11月7日，列宁领导的布尔什维克推翻了俄国资产阶级的二月政府，取得十月革命的胜利，成立了俄罗斯苏维埃联邦社会主义共和国（简称苏俄）；1922年12月30日，俄罗斯、乌克兰、白俄罗斯和南高加索联邦共同组成了苏维埃社会主义共和国联盟（简称苏联）。

十月革命前的俄国，资本主义经济有了一定发展，但仍然相对落后。20世纪初，俄国虽号称世界工业国家第五，但与美国、德国、英国和法国相比仍存在很大差距，只能算是一个中等发展水平的资本主义国家。同时，垄断组织在国民经济中发挥决定性的作用，严重依赖外国（特别是法国）资本。由于运行困难，沙皇俄国政府不得不向外国大举借债，使俄国的经济发展背上了沉重的包袱。

对于十月革命的成功，西方国家如芒刺在背。1918年3月9日，英、法、德、日等14个协约国纠结起来开始武装干涉苏俄，直到1922年10月外国干涉军全部被逐出苏俄领土，苏俄以及后来的苏联都未能与"贫弱"二字脱离关联。然而，时至1945年，苏联在苏德战争中不但没有被击垮，反而浴血重生，主导了欧洲东线战场，向西直逼莱茵河畔，敲响了纳粹德国的丧钟，让全世界刮目相看，成为世界反法西斯阵营中令英、美忌惮的强大力量。凭着反击纳粹德国的战力、战绩和威望，苏联得以与英、美并列为三巨头，共同坐到雅尔塔的谈判桌上。

（2）富兰克林·德拉诺·罗斯福（美国）。美国本土有幸躲过了两次世界大战的蹂躏，其经济基础、上层建筑均未受战争破坏，可用于战争的战略物资极为丰富。1941年，随着法西斯势力的不断强大，美国出于自身安全和利益的考虑，改变其原本中立的态度，动员强大的经济力量、武器装备和科学技术积极参与反法西斯战争，并取得了一系列重大胜利：1942年取得了中途岛海战的胜利，使太平洋战场形势发生扭转，美军由战争防御转为进攻；1944年6月，美国与英国在诺曼底成功登陆，成功地开辟了第二战场，开始了反法西斯战争的全面大反攻，与苏联红军遥相呼应，形成了东西夹击德国的战略态势，加速了结束二战的进程。在二战的最后阶段，美国为减少胜利时刻的伤亡，急于希望苏联能够助其一臂之力。

（3）温斯顿·伦纳德·斯宾塞·丘吉尔（英国）。英国在二战中遭受了严重的打击，失去了"日不落帝国"的光辉。仅以其引以为荣的皇家海军为例，损失的各种水面舰只就多达341艘，位居各参战国损失舰只之首，结束了皇家海军雄霸世界海洋350年的历史。在战争的打击下，英国从世界一流国家滑向二流国家。不过，借着英国昔日的余威，丘吉尔并不显得过于萎靡。

在雅尔塔会议上，三巨头围坐，各有各的算盘。苏联携战场胜势，志在谈判桌上攻城拔寨，毫无惧色；美国财大气粗，志在按美利坚蓝图打造战后世界；英国惴惴诺诺，志在保住最后的底线，哪怕是做出某些必要的牺牲。

第二节　雅尔塔会议内容

一、雅尔塔会议的基本内容

（一）分割德国

如何处置战后的德国是雅尔塔会上的重点内容。英国为了巩固自己在欧洲的优势地位，在会上主张不过分分割德国，甚至主张分一部分占领区给法国，以维护欧洲的整体利益；而苏联则为了防止德国恢复元气再次挑起战争，主张大力分割德国。在此节点上，英苏争执僵持不下，最终由美国罗斯福居中调解。当然，美国为将来有遏制苏联向西觊觎的桥头堡，也并不主张将德国分割得过分弱小。几番讨价还价后，斯大林最终勉强接受了让法国分享占领区，但要求法国不能加入盟国对德的管制委员会中。最后商定，战后德国由英国、法国、苏联和美国四国分区占领。

（二）波兰问题

波兰问题主要是波兰与苏联的边界是否为"寇松线"以及波兰政府组成问题。在疆界问题上，苏联政府反对美英提出的将"寇松线"作为边界的主张，斯大林希望将在《俄波停战协定》中苏联失去的西乌克兰和白俄罗斯归还给苏联。在涉及苏联主权领土问题上，因触及苏联的实际利益，斯大林的态度极为坚决，寸步不让。最终，三国就波兰疆界划分问题勉强达成妥协："波兰的东部边界以"寇松线"为准，西部疆界的最后确定留待和会解决。"① 而对波兰政府的组成问题，鉴于波兰的优势地理位置，为防止波兰出现亲苏倾向以便于苏联西扩，美英主张在伦敦流亡的波兰政府能够重返波兰掌权。对此斯大林明确表示拒绝，没有丝毫回旋余地。结果，会议没有真正解决波兰政府的组成问题。

（三）成立联合国问题

战后建立一个新的国际组织来维持世界秩序，是美国积极参加此次会议的真实目的。罗斯福企图以此来确立美国战后在国际上的中心地位，按美国的意志主导世界；而丘吉尔则一心想巩固自己在欧洲的绝对优势地位，主张在国际性组织下建立地区性组织，以便英国能够独立操纵欧洲事务（这显然不符合美国的意图）；苏联则认可战后建立新的国际性组织，因为它符合苏联的利益。但三国在细节上依旧存在分歧，苏联认为白俄罗斯、乌克兰、立陶宛三个同盟国在战争中牺牲很大，故提议将他们加入联合国创始国之中。罗斯福认为这有利于苏联扩充自己在联合国上的影响力而不同意此提议。在几经磋商后，三国最终同意将苏联的白俄罗斯和乌克兰作为联合国创始国之一，决定美国、英国、苏联、法国、中国五国为联合国常任理事国，并确定了

---

① 世界知识出版社编辑：《国际条约集 1945—1947》[M]，北京：世界知识出版社，1959年版，第6页。

其权利和具体行使形式,其中包括一票否决权。由此不难看出苏、美、英借联合国操控战后世界、推行强权政治的意图。

（四）远东问题

主要是关于中国的问题。美国为了减少自己在太平洋战争后期中的人员伤亡,以中国为利益诱饵,劝诱苏联出兵,给日本法西斯以最后一击。于是,英、美、苏在会上讨论了关于苏联参加对日作战的政治条件问题。三方一致同意,在德国投降及欧洲战争结束后的两个月或三个月内,苏联将参加同盟国方面对日本的作战,其条件为：

（一）外蒙古的现状须予维持。

（二）由日本1904年背信弃义进攻所破坏的俄国以前权益须予依复,即

（甲）库页岛南部及邻近一切岛屿须交还苏联；

（乙）大连商港须国际化,苏联在该港的优越权益须予保证,苏联之租用旅顺港为海军基地也须予恢复；

（丙）对担任通往大连之出路的中东铁路和南满铁路,应设立一苏中合办的公司以共同经营之,经谅解,苏联的优越权益须予保证,而中国须保持在满洲的全部主权。

（三）千岛群岛须交予苏联。

经谅解,有关外蒙古及上述港口铁路的协定尚需征得中国国民政府的同意。根据斯大林的提议,罗斯福将采取步骤以取得该项同意……①

二、雅尔塔会议的性质

（一）占领战后的德国

作为对发动战争罪行的惩罚,雅尔塔会议确定了占领战后德国的

---

① 汉隽、丁利刚:《美、英、苏三国的雅尔塔会议》[M],北京：商务印书馆,1988年版,第61页。

目标和方案。按照占领方案，可基本排除德国再次发动战争的可能性。

（二）三巨头"共赢"

最为满意的当数苏联，它收回了当年沙俄在中国的利益，可谓赚得盆满钵满；其次是美国，它掌握了战后世界秩序的主导权；最后，英国保住了昔日"日不落帝国"的面子，大英帝国的海外殖民地没有受到实质性的动摇。雅尔塔会议的获利顺序表明，苏联、美国不分伯仲，意识形态的分歧和国家利益的争斗最终导致苏美站到了对立面，各自成为所属阵营的核心和领袖。英国貌似"陪客"，但保住了香港殖民地在它看来也不枉此行。

（三）中国蒙冤

最冤枉的是中国：稀里糊涂而且不由分说地丢外蒙、丢铁路、丢香港，而背后下手的正是仍号称"亲密盟友"的三巨头，他们拿中国的利益做了一番幕后交易，严重损害了中国的利益。

中国抗战持续时间最长，在1931年到1941年长达10年的时间里，中国在孤军抗击日本法西斯。三巨头对中国抗战作出了"经典"的评说。斯大林说，正是由于中国捆住了日本侵略者的手脚，才使得美国在对抗德国法西斯入侵的时候，避免两线作战；丘吉尔说，如果没有中国，将会有15个甚至20个师团的日本兵进攻印度……罗斯福说，假如没有中国，假如中国被打垮了，将会有多少个师团的日本兵南下澳洲，西进印度，和德国法西斯在中东会师。而阻止这一切事情发生，只有中国。①

可悲的是，对这样一个关键性重要盟友，三巨头赐予中国的却是一纸割肉的《雅尔塔协定》。

《雅尔塔协定》对中国影响深远。这项协定实质上是苏美两国基于自身利益的政治产物。协定制定前期一直是美苏两国首脑进行接洽和

---

① http://history.sohu.com/20161101/n471974806.shtml.

商议,只是在最后一次全体会议前夕,才将一份两国已经签署的协定交给丘吉尔签字。虽然整个过程丘吉尔并不知情,也没有参与讨论,但出于对自身百利而无一害的考虑,他还是签署了这一协定。从整个秘密协定的签署过程和结果来看,它就是一场强权政治压迫羸弱民族的悲剧,为美苏战后推行大国强权政治进行了一场实际演练。尽管中国是二战同盟国的重要战略伙伴,承担着东方战场的主要压力,作用不可忽视,但囿于政治经济实力,中国外交的地位只能处于被动地位。狭隘的民族利己主义、大国利益至上原则、拿他国利益做交易的海盗做法在此次会议上展现得淋漓尽致。

(四)协定的即时影响

《雅尔塔协定》的每一条内容都是美、苏、英三国大国利益的体现,是美国和苏联两国安排战后世界的一次面对面磋商,是美、英、苏三国分割战后果实,划分世界版图的一次成功尝试,是霸权主义和强权政治的产物。通过此次会上对战后利益的安排,美国在战争中所获取的利益以法律条款形式确定下来,为其后来称霸世界、干预世界各国,乃至做"世界警察"提供了"正当"的法律依据。苏联通过此次协议中的利益商洽成功地改变了作为社会主义国家受排挤的国际角色,以大国姿态"平等"地参与国际事务,巩固了其在二战中争取来的利益和威望,给苏联战后拥有与美国同等主宰世界的权力颁发了"许可证"和"授权证"。

第三节 协定在更广阔时空中的影响

一、雅尔塔会议的世界意义

雅尔塔会议是二战中一次重要的国际性会议,它在一定程度上解决了当时亟待解决的重大问题，为反法西斯战争事业做出了重大的历史贡献，得到了世界各国的认可。《真理报》曾就雅尔塔会议作出了如下评价：雅尔塔会议证明了"三大国的同盟不仅拥有历史上的昨天和胜利的今天，而且还拥有伟大的明天"①。这一评价折射出了雅尔塔会议划时代、跨世纪的历史意义。

与凡尔赛会议不同，雅尔塔会议是在承认不同社会制度和平共处的基础上，实现了社会主义国家与资本主义国家的合作，增强了国际反法西斯统一战线，加速了反法西斯战争的胜利步伐，减少了战争给各国人民带来的损失。而雅尔塔会议后所确立的世界版图，改变了社会主义与资本主义的力量对比，形成了美苏两极阵营，增强了社会主义世界影响，进而遏制了美国的战略扩张意图。同样，经过二战和雅尔塔会议，各国间形成了维护和平的战略共识，强调和平的重要性，认识到战争所带来的破坏性。而雅尔塔会议后成立的世界性组织，如联合国，进一步表明各国有追求和平的意愿，也为保障世界和平提供了坚实的保障。可见，雅尔塔会议基本解决了二战后关于世界安排及世界和平的主要问题，对战后维护世界稳定、促进世界各国的发展具有积极的作用。

但是，我们也不得不承认，无论从雅尔塔会议召开的目的、过程还是结果来看，其实质都是美、英、苏划分战后世界版图，确立美苏两国国际政治中心地位，建立以美国、苏联为核心的国际新秩序的一次会议。尽管从它产生的结果看对整个战后世界有一定的积极意义，但这依旧不能改变其本质属性：这次会议为奠定战后美苏两极为中心的世界格局，也为战后美苏争霸开了先河。

二、雅尔塔体系的世界影响

（一）雅尔塔体系的确立

二战后，根据雅尔塔会议等国际会议所制定的国际安排和基本原

---

① 谢沃季扬诺夫：《美国现代纲史》[M]，北京：三联书店，1978年版，第577页。

则（主要是雅尔塔会议）形成了美苏两极对峙新的国际关系格局——雅尔塔体系。它以美苏两国均势为前提，以美苏两极的争霸为主要特征，以冷战为主要表现形式。

美国是二战中唯一一个本土未遭受战火破坏的"巨头"国家，它还利用战争大发横财。二战结束后，美国经济迅速膨胀，一度在世界上独占鳌头，成为资本主义头号大国。二战结束初期，"美国占有资本主义世界工业生产量的 2/3，它拥有全世界 84% 的汽车和民用飞机，它的黄金储备达 200 亿美元，占全世界的 2/3，美元成为世界唯一真正的硬货币。在世界贸易中，美国处于垄断地位，其商船总吨位达 5700 万吨，占世界商船总吨位的 2/3，占世界贸易总额的 32.5%。在军事上也异常强大，1945 年美国武装部队总人数达 1212 万……"[1] 美国还垄断了原子弹的制造技术，有庞大的航空母舰和军事基地。除此而外，美国还具有操纵联合国的优势。基于这些强大的经济、军事和国际影响实力，美国战后成为世界上第一号超级大国，并积极地干涉世界事务。

另一个战胜国苏联虽然在二战中以相当惨重的代价取得了战争的胜利，但彰显了社会主义国家的力量，赢得了世界威望。就战后整个世界力量来看，苏联依旧在世界格局中占据重要地位，拥有当时世界上最强大的陆军，以及较强的军事装备，其军事实力仅次于美国，不容小觑。故此，苏联成为战后世界上唯一能与美国对抗的国家。

虽然雅尔塔会议后确定的雅尔塔体系是两极霸权体系，是两个势均力敌的美苏超级大国之间的较量，但美苏两国的力量并非绝对的平衡，只是相对的平衡。在"遵守"雅尔塔会议基本要求下，削弱对方、争夺世界霸权地位是两国最大的核心矛盾，这也是战后几十年美苏两国问题的主线。因此，整个世界依旧蕴含不稳定因素。在美苏冷战期间，不管是由美国主导的越南战争、朝鲜战争等，还是

---

[1] 肖月、朱立群：《简明国际关系史 1945—2002》[M]，北京：世界知识出版社，2003 年版，第 2-3 页。

苏联主导的阿富汗战争等，都足以证明美苏两国在雅尔塔会议和平共识表面之下激烈不止的斗争。可见另一个战争，即在美苏两极之间的战争刚刚上演，序幕也才刚刚拉开，这也就预示着强权政治下形成的国际格局势必会衰弱，只是时间问题。这也最终印证了"一山不容二虎"的谚语。基于意识形态、社会制度的差异，国家根本利益争夺和经济军事实力的对比变化，体系内美苏争夺、对峙必然会发生，经过几轮摩擦，最终苏联解体，美苏两极对立格局结束，美国成世界唯一的超级大国。

（二）雅尔塔体系的作用

总的来看，以雅尔塔会议基本原则形成的战后雅尔塔体系具有一定的历史进步性，对战后世界产生了积极的影响。

首先，它在一定程度上使两种社会制度的国家实现和平共处具有可能性。

通过雅尔塔会议对美苏两国利益的调整，战后实现了两种制度的相互制衡，即双方不能采取任何极端的战争形式来解决争端，只能够坚持用和平商洽的方式解决问题。即使在冷战期间，美苏两国的斗争也只局限于局部战争，没有引发更大范围的热战。可见，战后的雅尔塔体系成功地维护了战后世界的相对和平。即使在两极格局解体后，其作用和影响依旧延续，表现最为明显的是最具影响的国际性组织联合国，战后乃至冷战结束后依然发挥着调节各国利益、解决地区争端、促进社会发展、捍卫世界和平的作用。可见，雅尔塔体系虽然具有明显的政治弊端，但其政治结果对战后世界发展的影响是巨大的。

其次，战后的雅尔塔体系孕育了多极化世界的萌芽。

随着经济全球化、政治多元化的发展，国际关系格局发生了深刻的变化。雅尔塔会议所确定的以美苏两极阵营的对峙格局不是一成不变的，随着时间的推移，两极格局下多极化趋势早已孕育。

早在20世纪50年代末期，这个格局就已经开始了多元化的萌芽。特别是在70年代，美苏两国的力量发生了很大的变化，苏联由于阿富汗战争的拖累，深陷战争泥潭中，其军事力量和经济实力受到极大削弱，而美国却保持了相对的实力。与此同时，西欧顺利实现了一体化，经济得到了复兴，实力明显增强，成为相对独立于美苏两极格局外的另一个重要的世界级力量，也成为促进世界格局多极化发展的引力之一。在亚太地区，日本利用冷战时期加大发展经济，其强大的劲头不容小觑。中国在国际事务中崭露头角，国际政治经济地位得到很大提升。亚非拉等国家不断争取自身的民族独立，国际影响力也逐渐增强。这些国家抓住美苏两级阵营斗争的契机实现了潜在发展，成为国际格局中不可忽视的力量，世界多极化趋势因此得到了加强。直至80年代末90年代初，随着苏联的解体、东欧剧变，美苏两极格局彻底发生了质的变化，最终走向解体。

两极格局解体后，美国成为唯一的经济、军事超级大国。尽管如此，雅尔塔体系所衍生出来的世界对抗性质并未发生变化。在后雅尔塔格局中，美国的"一超"色彩更加浓重，居于格局中的主导地位。俄罗斯取代苏联，正在竭力发展，对抗美国的战略压力，以重振大国雄风。昔日的"美苏两超"、今日的"美俄一超一强"之间的较量还远未真正结束。从世界的整体形势上看，各国总体形势趋于稳定、缓和、和平，世界多极化趋势愈加明显，这预示着民主化的新型国际关系体系即将到来。在这样的背景下，多极化的政治形势、民主化的国际关系成为多数国家的政治主张。俄罗斯总统普京就曾明确表示："下个世纪的头10年应当积极形成新型国际关系体系，它应当以所有国家之间平等的伙伴关系为基础。"[①] 可见，反对以美为核心的霸权主义（或单边主义）、推动多极化已成为当代国际政治的共识。

---

① 徐向梅：《由乱而治——俄罗斯政治经济历程》[M]，北京：中央文献出版社，2006年版，第251页。

第四节　中国崛起：当今世界格局中的战略突围

中华人民共和国的诞生是 20 世纪中叶以来最伟大的事件。在中国共产党的领导下，社会主义新中国在国际事务中由被动变为主动，从边缘走向中心，由屈服转为崛起。中国建立和平、稳定、合理、公正的国际新秩序主张，冲击着以战后美国奉行霸权主义、强权政治为特征的国际秩序，制衡着西方大国所固守的利己国际利益。一方面，进入 21 世纪以来，中国取得了举世瞩目的成就，展现了强势的发展劲头和巨大的发展潜力，吸引了全世界的目光，引发了世界不小的震动；另一方面，西方大国特别是美国，警惕和防范中国崛起对世界政治格局的影响，借助在雅尔塔会议上所获取的霸权法律权利对中国实行"依法抑制"，经济上搞绿色壁垒，安全上搞重返、平衡、再平衡，用心良苦。显然，中国的崛起，不啻是在现行国际政治经济格局下的一场战略突围。挣脱美欧的束缚，争得一片属于自己的天空，对中国来说既是机遇，又是挑战。

一、中国崛起的机遇

在新旧国际秩序交替的转折阶段，中国迎来了建立国际新秩序的有利契机。

（一）中国的发展有利于中国在国际舞台上施展能力，增强国际影响力

在经济方面，中国的发展不仅增强了自身实力，而且惠及整个世界，为世界经济带来了更多的发展机会，注入了新的生命活力。"根据世界银行统计计算，1980—2012 年期间，中国 GDP 年均增长速度达到 10.0%，对世界 GDP 增长的贡献率高达 13.4%。在同期全球经济

3.2% 的年均增速中，0.42 个百分点来自中国经济增长的贡献。"① 中国无可争议地成为世界经济增长的主要驱动力。在国际事务方面，在 "1990—2013 年，中国先后参加联合国 23 项维和行动，累计派出维和军事人员 2.2 万人次，是联合国安理会 5 个常任理事国中派遣维和军事人员最多的国家……"② 可见，中国竭力推动建立公平、公正、合理的国际新秩序，为维护世界和平事业做出了突出的贡献。

（二）发展睦邻友好关系，改善发展的国际环境

中国与俄罗斯建立全面战略协作伙伴关系，与越南、老挝等东南亚国家建立全面战略合作关系，与英国、意大利等欧洲国家和中东部分国家建立全面战略伙伴关系，与美国建立新型大国关系等，都增强了中国与世界各国的亲密度，为中国实施"走出去"战略，发挥大国作用创设了良好的国际关系环境。

二、中国崛起所面临的挑战

任何国家的崛起之路都不是一帆风顺的。中国崛起的势头不可避免地要触碰西方大国的某些利益，特别是美国在二战后所取得的政治霸权和经济优势地位，会引起他们的排斥心理，他们会千方百计地牵制和迟滞中国崛起的步伐。这种国际外部压力给中国的发展带来了不少的冲击和阻力。如何打破各种阻碍，实现战略突围，是中国政府和中国人民面临的巨大考验。

（一）周边安全的挑战

中国政府一直强调与周边国家建立睦邻友好的周边关系，积极坚

---

① 赵晋平，张琦：《中国发展对世界经济的影响》[M]，北京：中国发展出版社，2014 年版，第 6 页。
② 刘廷忠：《当代世界经济政治与国际关系：第三版》[M]，北京：高等教育出版社，2015 年版，第 330 页。

持"亲、诚、惠、容"的外交理念,并与印度、日本等国建立友好的战略合作关系。但不可否认,在复杂的地缘形势下,在一些具体的问题上,中国与周边国家依旧存在矛盾。特别是美国进一步推进"亚太再平衡"战略后,中国周边安全受到进一步的威胁,中国与周边国家的摩擦和争端明显增多。近几年较为紧迫的周边安全问题是中国与东南亚国家关于南海领海主权归属问题。中国政府先后多次通过和平协商、谈判手段与东南亚国家提出了"搁置争议、共同开发"的主张,并达成一致共识。然而,少数东南亚国家多次受美、日等国的挑拨,不断制造中国与东南亚国家关于南海问题的燃点。2016年7月18日,虽然美国发言人马科·托纳在就南海问题回答记者问话时说美国不会对南海问题的任何主张作出评价,但事实上美国在资金、军事上给予南海某些国家以支持,扮公正,拉偏架。自2011年以来,越南以中国侵犯其主权对中国提出警告的争端开始,2013年菲律宾单方面就南海"海洋管辖权"问题提出仲裁。至2016年7月12日,海牙国际法庭公布"南海仲裁案"最终裁决的政治闹剧,在整个世界引发了一番震荡,影响了中国的国际形象。

少数东南亚国家受域外国家的挑唆,一再触犯和挑衅中国的核心利益,在一定程度上恶化了中国与东南亚国家的关系,激发了民间的爱国情绪。"一点也不能少"是中国人民的态度,更是中国政府的强硬态度。不得不说,就目前情况看来,维护中国周边安全、营造良好的周边发展环境的使命依旧任重而道远,还需要中国进行智慧的战略选择。

(二)国际形象的挑战

近几年来,中国综合国力和国际影响力日益增长,特别是在2008年世界金融危机的冲击下,中国经济依然保持稳定增长,大国实力和形象再次得到充分展现。"中国的崛起如果继续的话,将是21世纪最重要的趋势。"① 与此同时，"中国威胁论""中国傲慢论""中国新殖民主义"等不良国际舆论也随之而来。不管是美欧等发达国家还是一些发展中国家，对中国的崛起都或多或少持有偏见，甚至对抗情绪。在经济方面，一些欧洲国家认为中国在经济全球化进程中发起不公平竞争。部分发展中国家的民众认为"经济上强势崛起的中国巨人可畏而不可亲②。"在安全方面，美、日等国认为中国是威胁地区安全稳定的国家，恶意夸大中国的军事实力和国防目的。在政治方面，欧美等国认为中国政体存在问题，指责中国的人权保障事业。欧美等国罔顾事实地渲染中国威胁世界和平与安全，煽动国际社会孤立、疏远中国，实质上暴露出他们对中国崛起的不安和恐慌。

中国不断抓住机遇实现崛起已经是个不争的客观事实，同时，中国被一些国家孤立也是事实，因为"新兴大国在崛起进程中通常都会遭遇崛起困境，即在日益增长的综合实力转化为国际影响力的同时，必须克服国际体系，尤其是既有大国和周边国家的牵制和阻扰"。③可见，任何一个大国的崛起都会经历巨大的外部国际压力，都得度过由各种因素引起的阵痛。

如何在现有的国际秩序下摆脱崛起困境，在不引起激烈冲突的情况下应对各种发展中的挑战？中国给出了智慧性的、战略性的、应运性的方案，那就是："一带一路"。

"一带一路"的提出成为中国化解西方国家政府抑制、实现战略突围的一大法宝和重要战略选择，实现了"遵雅"（遵守雅尔塔会议所制定的世界格局）与"抑雅"（抑制旧世界格局对中国的消极影响）的结合。首先，"一带一路"几乎涵盖了中国周边的所有国家，通过建立、对接各种合作机制，加深中国与周边国家的经济关系，为其

---

① NicholasD. Kristol,"Chinas' rise" Foreign Affairs Vol 72 No5(November/December1993), p59.
② 王逸舟：《中国外交三十年：对进步与不足的若干思考》[J]，《外交评论：外交学院学报》，2007（5）。
③ 孙学峰：《中国崛起困境理论思考与战略选择》[M]，北京：社会科学文献出版社，2011年版，第114-115页。

带去实实在在的好处，使周边国家与中国同时处于互惠互利的链条上，从而增进中国与周边国家的安全关系，这是经济关系向安全领域的纵向延伸，有利于为中国崛起创造良好的周边发展环境。其次，"一带一路"倡导以合作为手段，加强国家间的政治、经济、文化等各方面的沟通，这是中国释放希望与沿线国家实现共同发展、共同进步诚意的一次机会和实践，从而向世人宣誓中国和平崛起的决心。最后，"一带一路"将中国的优秀文化宣传出去，让世界更加了解中国的文化底蕴，破除他们对中华民族所持有的偏见、误解，让他们更加愿意接受这个奋发向上的"青年"中国。

中国通过"一带一路"来实现的是真正实力的崛起、价值认同的崛起，强调文明和平的崛起。过去大国崛起的历史经验告诫我们，中国的发展必须是和平的发展，中国的崛起是不伤害他国利益的和平崛起，我们不走国强必霸的老路，我们深知霸权主义、强权政治的恶名和危害，只期望能够摆脱二战后旧国际格局的影响，在新的国际秩序下有尊严地崛起于世界，屹立于世界之林。

当今世界，二战后形成的美苏两极世界格局虽已被打破，但依旧发挥着重大作用，这主要是由于新的世界格局尚未形成，美国继续把控世界唯一超级大国的霸主地位，二战中雅尔塔会议赋予它的世界权力和影响仍在延续，"实力即权力"的旧世界格局传统依然存在。而美国这一凌驾于世界之上的权力追本溯源则直指雅尔塔会议，即所谓"霸权雅授"。

依据雅尔塔会议基本内容形成的美苏两极世界格局是战后大国意志的体现，制定的规则、制度都主要体现美、苏、英等西方大国的国家利益。美国更是确立起了战后世界霸主的地位和法律"依据"，而发展中国家却受到了极大的限制和不公平待遇。随着发展中国家的日益强大，特别是中国的崛起，以美国为核心原有的国际格局已经无法适应新的国防形势的发展。在此情势下，值得思考的是，中国如何才能突破原有国际格局的影响实现发展？

中国倡议的"一带一路"，以合作形式与沿线国家建立利益共同体和命运共同体，意思非常明确，既不是要挑战战后国际格局，也不是划分自己的势力范围，而是以一种和平的方式弱化原有格局的影响，改善现有的世界格局，避免国际冲突和出现巨大的国际社会震荡。因此，只有了解战后美苏两极世界格局的形成过程和对当今世界的影响，才能进一步掌握中国"一带一路"倡议与战后国际格局的关系，进而加深对中国"一带一路"提出的必要性的理解。

第一章 "一带一路"的时代背景

第二次世界大战的硝烟散去已超过 70 年了。在这 70 多年的和平时光里,世界各国高度关注本国经济和世界经济发展,各国人民寄厚望于世界经济的健康发展,钟情于共同财富的积累和享用。但国际形势,特别是国际经济形势的变化并不以人们的美好意志为转移,人们的社会活动是永恒的,社会物质产品和精神产品的生产是永恒的,生产关系的调整也是永恒的。既然变化是客观的,就不必刻意回避,应当积极面对。"一带一路"就是中国顺应国际形势变化、应对西方强权和壁垒所做出的重要战略决策。它的提出关乎中华民族的伟大复兴。这一世界经济重大发展战略的顶层设计不是偶然之举,而是在客观、深刻的时代背景基础上凝练出来的。

第一节 世界经济的深刻变化

世界经济的变化是世界生产力发展变化的必然结果。世界经济格局是个变化、发展的过程,是个历史范畴。二战后世界经济格局先后经历了三个阶段:20 世纪 60 年代末到 70 年代初美国掌握世界经济霸权,建立了以美元为中心的布雷顿森林体系;20 世纪 70 年代中后期到 80 年代,世界经济向多元化发展,美国虽在世界经济中失去绝对优势地位,但仍居多极之首。80 年代后期,世界经济区域化愈加明显。

美国国际关系和国际政治经济学学者罗伯特·吉尔平指出,过去几十年间世界经济最重要的变化是冷战的结束和苏联对美国及其盟国威胁的烟消云散。随之而来的是美国的领导地位和资本主义大国之间密切的经济合作削弱。国际贸易不平衡也在加剧。国际贸易（包括商品贸易和服务贸易）增长迅速，但大多数仍是在美欧日和东亚、拉美和其他一些新兴市场国家之间进行的，大多数发展中国家除了出口粮食和原料之外，都被排除在这种贸易之外。

一、经济全球化趋势加强

对于经济全球化的含义，目前还没有形成公认的观点。本书赞同关于经济全球化内涵的要素配置说。该观点认为，经济全球化是指"各种生产要素、商品和服务跨越国家的地理界限，流动的数量和形式不断增加，扩散的广度和深度不断提升，从而使各国在经济上的相互依赖日益加深"[①]。它主要以生产全球化、贸易全球化、金融全球化、企业经营管理全球化、经济运行规则全球化五方面为主要内容。

经济全球化对世界经济的影响具有两重性：一方面，它促进了世界经济的整体发展，在全球范围内实现了生产要素的有效配置。同时，它为世界各国特别是发展中国家提供了前所未有的发展机遇。另一方面，经济全球化又不可避免地暴露出其弊端。第一，经济全球化加剧了世界经济发展的不平衡性，南北差距拉大，贫富悬殊加剧，增加了世界的不稳定性；第二，经济全球化会对发展中国家的传统产业、价值观念甚至主权提出挑战，使发展中国家陷入两难困境；第三，经济全球化有利于发达国家转移国内矛盾，特别是经济上的周期波动所产生的经济危机。总之，经济全球化是把"双刃剑"，对于发展中国家而言，既有积极的一面，又有消极的一面。在经济全球化的发展浪潮中，发展中国家必须抓住机遇，同时应对挑战。

面对经济全球化不可逆转的大趋势，一方面，发展中国家必须正确面对、主动适应它，合理适度地开放本国市场，参与到世界经济

---

① 刘廷忠：《当代世界经济政治与国际关系：第三版》[M]，北京：高等教育出版社，2015年版，第25页。

活动中，加强世界经济合作，借全球化的东风实现自身的发展。另一方面，发展中国家不能忽视经济全球化所固有的弊端，应重视经济全球化所带来的安全风险，研究制定应对预案，达到趋利避害的目的。

二、世界经济区域化得到发展

在经济全球化不断发展的同时，经济区域化也在迅速扩展。经济区域化是指在一定区域范围内，地理毗邻的国家或地区为实现或维护共同的经济利益进行经济合作与融合的过程。它是一种经济发展趋势，是历史的产物。相对于经济全球化，经济区域化的复杂度有所降低。随着世界各国之间综合国力和经济贸易竞争的加剧，打破国界、消除分歧、加强合作，成为各国经济发展的必然选择，经济区域化应运而生。其中，世界上影响最大的区域经济组织的形成和发展更是对当今世界经济产生了重大的影响。

欧盟的形成成功地实现了欧洲的联合，对整个欧洲经济的恢复起了巨大的推动作用，统一货币更加增强了欧洲国家之间的联系，形成了以美元和欧元为核心的"两强"货币格局。这在某种程度上维护了欧洲的金融稳定，增强了其在国际贸易中的竞争力。北美自由贸易区的建立，则实现了以美国为主导的美洲经济联合体，确立了美国在美洲经济的优势地位，区内的成员方得到了很好的经济互补，促进了美洲各国贸易进出口以及综合国力的发展，故而其成为了当前世界最大的自由贸易区。亚太经济合作组织（APEC），是成员最多、最具活力的一个世界经济合作组织，其中大与小联合、强与弱共存，具有多样性和特殊性特点。它在协调区域矛盾、促进亚太地区经济方面产生了巨大的影响。

可以说，经济区域化是经济上的联盟，是生产力快速发展的必然产物，符合经济发展规律。它对世界经济的影响也是多方面的，有助于扩展区域国家的合作范围以及促进经济发展，加强世界各国的相互依赖关系，较大范围地实现世界资金、技术、劳动力等资源的跨国界自由流通，这是一个聚部分为整体的过程。特别是在当今世界经济激烈竞争的背景下，区域经济一体化可以极大地促进成员方的经济实力和竞争力。

虽然经济全球化和经济区域化是矛盾的统一体，既对立又统一，区域化就整个世界而言具有排他性的特性，与全球化要求相对立，但区域化又依赖于全球化发展，二者相互统一。从前瞻性来看，区域化最终会推动全球化的发展。可见，在经济全球化和经济区域化发展的背景下，世界各国都有可能成为"命运"共同体，想单独靠一国之力克服发展问题，实现自身发展已注定不再可能。加入世界经济浪潮中，开展更大范围、更深层次的经济沟通与融合才是发展的必然之策。在这一方面，中国的"一带一路"是一种现实有益的思路，它不是以往的经济全球化的简单延续，而是一种全新的战略理念，表现为渐进式的、更大范围的、更加自由化的贸易与投资。

第二节　各国普遍追求合作共赢

在世界经济全球化与世界经济区域化的背景下，世界各国经济紧密联系，2008年世界性经济危机爆发所带来的世界性影响完全印证了这样的关系。如今，面对日趋复杂、多变的国际环境，谋求合作显得极为必要和紧迫。

一、世界经济低速增长

2008年经济危机爆发已有8个年头，世界经济出现了一并下滑的情况。如今，整个世界经济依旧总体呈现发展速度放缓的特点，如表1-1所示。

表 1-1　全球以及各种类型经济体的平均 GDP 增速（单位：%）

时间区段（年）	全球	发达经济体	新兴市场与发展中经济体	发展中亚洲	中东北非	拉丁美洲
1980—1989	3.2	3.1	3.5	6.6	1.4	2.1
1990—1999	3.1	2.7	3.7	7.1	4.4	2.9
2000—2007	4.5	2.7	6.6	8.3	5.9	3.6
2008—2014	3.3	0.9	5.3	7.5	3.8	3.0

资料来源：IMF WEO。

由表 1-1 可知，自 2008 年经济危机以来，全球经济 GDP 增速都有明显下降，特别是发达经济体国家受到的经济冲击更大。同样，根据"IMF 预测数据显示，2015 年世界经济增长率比 2014 年下降 0.3 个百分点。其中，发达经济体经济增速为 2.0%，比 2014 年上升 0.2 个百分点；新兴市场与发展中经济体增速为 4.0%，比 2014 年下降 0.6 个百分点"[①]。可见，虽然个别经济体经济增长较为乐观，但世界经济整体增长普遍较低，经济回升势头并不强劲。我们可以大致断定，未来几年世界经济大幅度增长的可能性并不大，世界经济形势依旧不容乐观。

二、国际竞争进一步加剧

国与国之间的博弈从未停歇。根据 2014 年达沃斯经济论坛上发布的《2014—2015 年全球竞争力报告》对 144 个国家和地区的竞争力量化分析，前十名中欧洲国家就占了六个，瑞士居世界第一，美国则被挤到第三名。中国虽然较之前有所上升，但仍位居第 28 位。在这一数据下展现的是国家之间激烈的竞争。国际竞争的加剧，对各国的市场份额、要素资源获取数量等提出了挑战，同时，又进一步要求各国实行科技创新，发展新兴产业，以抢占技术创新的制高点。在竞争的过

---

① 中国社会科学院世界经济与政治研究所：《2016 年世界经济形势分析与预测》[M]，北京：社会科学文献出版社，2015 年版，第 3-4 页。

程中，发生贸易摩擦是不可避免的，贸易保护主义也势必有所抬头，进一步加剧了竞争所带来的负面影响。

那么，在激烈竞争以及如今不太看好的经济环境下各国如何实现经济恢复与发展？这是对世界各国经济战略选择能力的一次严峻考验。此时，谋求合作已成为各国发展共识，积极倡导合作的声音也愈发增强。可见，合作共赢是世界各国实现自身发展的必然选择，是各国共克时艰、互惠互利、相得益彰的过程和实现利益的现实需要。

在这方面，中国一直是合作共赢的积极倡导者和践行者。2014年6月28日，中国国家主席在和平共处五项基本原则发表60周年纪念大会上发表的题为《弘扬和平共处五项基本原则 建设合作共赢美好世界》的主题讲话中提出"合则强，孤则弱""合美其美、美人之美、美美与共、天下大同"的重要论断和主张，倡导"合作共赢应该成为各国处理国际事务的基本政策取向"[①]。

中国政府"一带一路"倡议与实践正好符合合作共赢的时代需求，符合沿线各国人民与世界人民的实际利益，这是一个基于政治互信、经济融合、文化交融而建立的交流平台。如果这个战略能够顺利实施，则可以助推沿线各国的经济发展，实现贸易联通、资金融通，帮助中国和沿线国家乃至世界各国摆脱世界经济发展缓慢问题，探寻世界经济增长之道。

第三节　中国改革开放、民族复兴与和平发展

中国置身于世界，世界需要中国。而满足世界需要的前提条件就是中国更好地实现自身的发展。展望国际形势，当今世界格局发生了深刻的变化，这给予中国更加充分施展能力的机会，但关键是我们需

---

① 习近平：《弘扬和平共处五项原则 建设合作共赢美好世界——在和平共处五项原则发表60周年纪念大会上的讲话》[M]，北京：人民出版社，2014年版，第9页。

要打好基础，做好自己的事情，稳定发展。只有这样，才能始终坚持在中国特色社会主义道路上实行改革开放，才能更加积极合理合情地参与国际事务。而在这方面，继续坚持改革开放、民族复兴、和平发展一直是我们的主张、理念和追求，就是在这一原则的指导下，中国实现了突飞猛进的发展，为自身的进一步发展打下了基础。

首先，改革开放为中国发展奠定了物质基础。改革开放是中国共产党领导的一场伟大的革命，对内进行改革、对外实行开放。改革开放的总设计师邓小平同志就曾说过："不改革开放，不发展经济，不改善人民生活，只能是死路一条。"①强调了中国实行改革开放的重要性、坚持改革开放的必要性。只有改革开放才能为社会主义发展提供根本动力，只有改革开放才能发挥社会主义制度的优越性，只有改革开放才能真正实现中华民族的伟大复兴。30多年的改革开放，不仅对中国自身有积极作用，而且对世界也产生了深刻的影响。中国随着改革开放步伐的加快，坚持"引进来""走出去"战略，社会生产力得到了飞速的发展，综合国力和经济建设迈上了一个新台阶，人民生活水平得到了很大的提高，正在向全面建成小康社会而奋进。在国际上，中国GDP总量每年递增，到2015年，中国GDP高达676 708亿元，远超日本，居世界第二。在外汇储备方面，截至2016年7月，中国的外汇储备量达到了32 010.57亿美元，稳居世界第一。这些举世瞩目的成就，是中国坚持改革开放所获得的伟大成果，是对中国改革开放政策的肯定，也为中国实施"一带一路"提供了有利的物质条件。

其次，民族复兴为中国发展提供了动力。实现中国民族的伟大复兴是中国人民共同的意愿和梦想，它包括以经济为主的综合国力的增强、社会的全面进步、祖国统一、人与自然和谐相处等诸多方面。真正实现民族复兴是一项重大的历史使命，是一个漫长的过程，需要中国人民付出更多的努力。自中国改革开放以来，中国加快了民族复兴的进程。国家发改委社会发展研究所所长杨宜勇对民族复兴的量化数

---

① 邓小平：《邓小平文选：第3卷》[M]，北京：人民出版社，1993年版，第370页。

据显示，2005年中国民族的民族复兴指数为0.4644，按百分比来算的话，中国已经完成了民族复兴46%的复兴任务。随后在2010年所统计的数据显示，中国的民族复兴指数上升到了0.6274，也就是说，中国完成了63%的复兴任务，这过半的数据虽然无法全面反映中国复兴的具体情况，它的提出也存在一些争议，但不可否认，它确实客观地展现了中国民族在复兴进程上所取得的成就，进一步为中国的发展提供了信心和动力。中国"一带一路"的提出正是借力于这股强大的民族力量，为早日实现中国的民族复兴任务加强了马力。

最后，和平发展为中国营造了良好的国际环境。和平发展是指通过非战争、非暴力形式实现的发展，虽然和平属于政治问题，发展属于经济问题，但二者并不矛盾、对立，而是一个过程的两个方面。它们不可分离、互为条件、相互作用，和平是发展的必要前提，发展为维护和平提供重要保障。中国始终坚持和平发展的原则，这一原则是诸多因素共同作用的结果，基于中华民族优秀的历史文化品性，基于国际发展国家的历史经验教训，基于我们党的优良传统。

中国发展需要和平的国际环境，霸权主义终究是战争的根源，因此，反对霸权主义、维护世界和平是中国的历史使命和责任。同时，我们也需要寻求发展，但如何发展？发展的"尺度"是多少？邓小平同志在改革开放后就针对中国发展提出了"五不"的指导思想：不争霸、不称霸、不当头、不结盟、不做附属国。其中"不当头"是一重要政治谋略，也是对中国的重要政治警示。邓小平同志指出："第三世界有些国家希望中国当头，但是我们千万不要当头，这是一个根本国策。这个头我们当不起，自己力量也不够。当了绝无好处，许多主动都失掉了，中国永远站在第三世界一边，中国永远不称霸，中国也永远永远不当头，但在国际问题上无所作为不可能，还是要有所作为，我们谁也不怕，但谁也不得罪，按和平共处五项原则办事，在原则立场上把握住。"① 可见，邓小平同志的国际政治眼光和敏感度很高，锋

---

① 郭胜伟：《邓小平外交谋略》[M]，北京：中央文献出版社，2008年版，第286-287页。

芒毕露势必会引来矛盾，更何况中国目前还是个发展中国家，依然存在许多需要面对和解决的问题。因此，中国必须坚持韬光养晦的指导方针，不能妄自菲薄走"强者必霸"的资本主义发展道路。中国更多的是需要通过实践向世界证明，中国会坚守这一承诺，中国对维护世界和平有坚定的决心。正是中国长期对和平发展的坚持与努力，中国避免了许多不利因素和矛盾，改进和加强了同世界各国的关系，为中国整体的发展，也为中国"一带一路"的实现提供了良好的国际环境。

中国既要深化改革、促进发展，承担新兴大国的历史责任，实现中华民族伟大复兴的"中国梦"，又不能走带头抗争、"无私援助"的老路，必须要另辟蹊径。幸运的是，这条蹊径已经被中国找到了。确切地说，那不是庭院一隅的景致，而是充满希望和艰辛，需要中国人民与世界各国，尤其是发展中国家人民为之共同努力奋斗的伟大征程——"一带一路"。

第二章 "一带一路"的基本原则

正所谓"没有规矩不成方圆",中国在与沿线国家共同推进"一带一路"建设中,除了要恪守《联合国宪章》的宗旨、原则和和平共处五项原则约束和监督自身行为外,还必须坚持以下几项基本原则。

第一节 开放合作

一、基本概念

(一)开放的定义

开放是表示张开、释放、不加限制或解除限制、与闭关相对的状态。开放与闭关是针对资源的两种不同精神境界或态度的:开放通常与自信、豁达、公心相关联;闭关通常与自卑、狭隘、私心相关联。在中国社会科学领域,开放在狭义上主要是指对外开放的一项基本国策;广义上还包括对内开放。改革开放是中国共产党在社会主义初级阶段基本路线的基本点之一,是中国走向富强的必由之路。

(二)开放的主体与客体

开放的主体是指解除对资源进行控制的单位、个人和组织;客体是指可以自由配置的资源。

（三）合作的定义

合作是指个人与个人、群体与群体或个人与群体之间为达到共同目标，彼此相互配合的一种联合行动的方式。

（四）合作的基本条件

（1）一致的目标。合作各方对行为的目标有相同的价值判断。

（2）统一的认识和规范。合作各方对共同目标、实现途径和具体步骤等有基本一致的认识，并愿意遵守共同认可的社会规范和群体规范。

（3）相互信赖的合作氛围，如相互理解、相互尊重、彼此信赖、互相支持。

（4）具有合作赖以生存和发展的必要的物质基础。必要的物质条件主要是指人为物质条件（如设备、器材、工具等），这种条件是合作能顺利进行的前提。物质基础还包括空间上的最佳配合距离，时间上的准时、有序等条件。

（五）合作的类型

（1）根据合作性质，可分为同质合作与非同质合作。同质合作是指合作各方无差别地从事同一活动。非同质合作是指合作各方有不同的分工。

（2）根据有无契约合同，可分为非正式合作与正式合作。非正式合作常发生在初级群体或社区之中，是人类最原始、最自然和最普遍的合作形式。正式合作是指具有契约性质的合作，明文规定合作各方的权利和义务，并通过法律手段强制执行。

（3）根据合作者的数量，可分为个体合作和群体合作。只要双方具有平等的地位，在自愿、互利的基础上都可以实行不同程度的合作。

二、潮流与趋势

开放、合作是当今世界发展的潮流和趋势。开放、合作是手段，发展是目的，只有开放合作，才能使原有的资源扩容提质。一味地守成，并不能达到资源增值的目的。以前闭关自守、画地为牢的财富策略早已过时,所有国家都必须将自身的发展与世界紧密联系起来。"现在的世界是开放的世界……关起门来搞建设是不行的,发展不起来。"[1] 这是邓小平早年间对世界形势的正确判断。

三、封建王朝的末代警示

近代中国一般是指 1840 年至 1949 年的中国,更严格地讲,是指 1840—1911 年的清朝末期。清朝留给世人的警示是"封闭—落后—挨打—灭亡"。这里,我们需要再一次回顾那段历史。

在中国两千多年的封建历史上,有许多朝代是对外开放的,如秦朝与高丽和印度支那的沟通、西汉的张骞出使西域、唐朝的玄奘天竺取经、明朝的郑和七下西洋等。"丝绸之路"和海上"丝绸之路"穿越历史,昭告后人。尽管这些对外活动加强了封建中国与世界各国的交流和联系,但真正能够影响世界的只堪一个"微"字。而阻断中外交流的"禁"字却屡发虎威,以明清为甚。明清年间,中国封建政府以自我为中心的倾向逐渐升级,封建君主以"天朝上国"的身份自居,盲目自大。那时,"由于中国是在相对的孤立状态之中,中国在技术、制度、语言和观念上都发展出一种高度的自我满足感"[2]。就是这种高傲的姿态使得清朝政府沉溺于自我,闭关自守,不思进取,逐渐变得落寞不堪。面对沿海倭寇、海盗的掠夺,封建清朝政府的无力暴露无遗。清廷闭关自守之际,外面世界却在发生惊天动地的变化。英国工业迅速发展,成为世界资本主义最为强大的国家;法国也不相上下,仅次于英国。为了进一步发展,英、法等国开始走上了对外扩张、掠夺、侵略的道路。中国作为一个幅员辽阔、资源丰富、日渐疲弱的封建大国,势必难逃被侵略掠夺的宿命。鸦片战争,帝国主义列强用枪炮打破了清朝政府的浑噩之梦。马克思

---

[1] 邓小平:《邓小平文选:第 3 卷》[M],北京:人民出版社,1993 年版,第 64 页。

[2] 冯特君、王晓峰:《对外开放与今日中国》[M],北京:中国人民大学出版社,1991 年版,第 38 页。

说:"英国用大炮强迫中国输入名叫鸦片的麻醉剂。清王朝帝国万世长存的迷信受到了致命的打击,野蛮的、封闭自守的、与文明世界隔绝的状态被打破了。"① 随之封建中国的大门被迫打开,中国付出了惨痛的代价:《南京条约》《天津条约》等一系列不平等的条约相继签订。马克思在评价这段历史时是这样说的:"一个人口几乎占人类三分之一的幅员广大的帝国,不顾时势,仍然安于现状,由于被强力排斥于世界联系的体系之外而孤立无依,因此竭力以天朝尽善尽美的幻想来欺骗自己,这样一个帝国终于要在这样一场殊死的决斗中死去。在这场决斗中,陈腐世界的代表是基于道义原则,而最现代的社会的代表却是为了获得贱买贵卖的特权——这的确是一种悲剧,甚至诗人的幻想也永远不敢创造出这种离奇的悲剧题材。"② 归纳起来,就是"封闭就要落后,落后就要挨打,挨打就要灭亡"。

四、中国对外合作的形式

(一)传统的单向无偿援助

中华人民共和国成立初期,中国为了打破以美帝国主义的孤立和封锁,积极联系和沟通世界各国,特别是与中国命运相似的发展中国家发展友谊。因此,当时中国政府利用对外援助的对外形式加强同许多发展中国家的对外联系。

在1976年前,虽然当时中国也不富裕,但依旧长期坚持对外援助,援助的国家多达110个,其中受援最多的国家当数朝鲜和越南。

1950年朝鲜战争爆发,"中国政府出动100多万志愿军,战费开支达7万亿元人民币(旧币)。1953年11月金日成访问中国,中朝签订经济文化合作协定,中国不仅将战时费用一笔勾销,又无偿赠送朝

---

① 马克思、恩格斯:《马克思恩格斯选集:第2卷》[M],北京:人民出版社,1995年版,第2页。
② 马克思、恩格斯:《马克思恩格斯选集:第2卷》[M],北京:人民出版社,1995年版,第37页。

鲜 8 万亿元人民币（旧币）"①。

越南是获得中国援助资金数量最多、受援时间最长的国家，从 1950 年中国出资援助越南抗击法国到 1978 年，"中国援越的军事物资可以装备 200 万陆海空军队，各种物质折价 200 多亿美元。包括轻重武器、弹药和军需品，450 个成套设备项目，346 亿米棉布，3.5 万辆汽车，500 多万吨粮食，200 多万吨汽油，3000 多公里油管，6.35 亿美元的现汇。这些援助不附带任何条件，绝大部分无偿，一小部分是无息贷款"②。

除此而外，中国援助的国家还包括柬埔寨、尼泊尔、几内亚以及众多的亚非国家。这些对外经济援助都不附带任何条件，旨在帮助援助国实现自力更生、恢复经济。有时出于缓解受援国经济压力的目的，中国政府还牺牲自身的利益，除了减免部分困难国家债务外，又额外增加援助资金。中华人民共和国成立后，中国由于长期地对外援助，援外支出超出了中国的实际承受能力，给中国国内经济带来了压力。

这种单向的无偿援助带有战略性的政治目的，并不是今天意义上的开放合作。

（二）将对外援助作为对外合作的有益补充

20 世纪 60 年代后，中国政府吸取教训，开始逐渐调整对外援助的形式。1964 年 12 月，周恩来就中国对外援助提出了中国对外经济技术援助八项基本原则，强调中国对外援助的目的是帮助受援助国逐步走上自力更生和经济独立，且这种援助是互相的，不是单方面的赐予；到 1983 年提出"平等互利、讲求实效、形式多样、共同发展"的对外四项原则，突出了对外援助的经济技术合作；1996 年，中国政府又调整为"真诚友好、平等相待、团结合作、共同发展、面向未来"的对外援助方针，主要将过去中国政府的无息贷款调整为具有援助性质的政府优惠贴息贷款，主张以援助和对外投资推进贸易；2005 年，胡锦涛同志在联合国发展筹资高级别会议上，提出了减免关税、减免债务、优惠贷

---

① 《新中国"慷慨"外援多少钱？》[J]，《大众文摘》，2010(11)：1009-8747。
② 《新中国"慷慨"外援多少钱？》[J]，《大众文摘》，2010(11)：1009-8747。

款、医疗援助和培养人才为主要内容的"五大举措"。而当前中国对外援助的主要政策战略是以"维护世界和平、维护中国根本利益、保障国家安全、提高中国国际地位、进一步营造和平国际环境为战略目标,以不带任何政治条件、严格尊重受援国主权、帮助发展中国家发展经济、争取最大的经济和社会效益为基本宗旨,为外交服务,为经济建设服务,为祖国统一大业服务,与发展中国家建立真诚友好、平等相待、团结合作、共同发展、面向未来的长期稳定、全面合作的国家关系"[①]。

由此可见,中国的对外援助政策逐渐由单方面援助发展为以援助为介体的互助合作形式,这样的援助才是最有效的援助。这样可以发挥更大的社会经济效力,是将中国企业推向国际市场、加入国际经济合作的重要渠道,使援助行为发挥最大的经济政治效益,成为当前国际合作的重要补充。

中国道家有句名言:授之以鱼,更授之以渔。开放合作要深谙鱼与渔的辩证法,鱼为渔,渔为更多的鱼。周而复始,其善至伟。在当今世界和平与发展的主题下,在全球一体化趋势下,中国需要以更要科学务实的理念对待援助与合作问题。"一带一路"沿线国家,部分国家比较发达,但大多数国家经济并不发达,基础设施也较为落后,这些国家缺乏对外开展贸易合作和改善基础设施的经济条件和能力。应劝导外界既要投资(鱼),更要投智(渔),帮助这些国家增强自身的造血能力,提升这些国家的经济合作水平,这样才能加深沿线国家与中国合作的深度。

第二节 和谐包容

一、"和"的深意

"和"的观念在中国古代传统思想中占据突出的地位,是中国古代哲学思想中的重要组成部分。中国古代和谐、包容文化深渊悠久。儒

---

① 李小云、唐丽霞、武晋:《国际发展援助概论》[M],北京:社会科学文献出版社,2009年版,第322页。

家《论语·子路》中论述 "君子和而不同",大致是强调要与他人保持和谐友善的关系。墨家的文化强调兼爱,即无差别的爱、平等的爱、包容性的爱,与《尚书》中"海纳百川,有容乃大"的大胸怀精神相似。可见,"和"并不排除差异和对立,相反,它意味着冲突到融合、对立到统一的积极转变,强调多样性的共存,营造和睦协调、求同存异的最好状态。

二、丝路之"和"

中国古代"丝绸之路"充满了"和"的精神,是沿线各国人民共同促进、交流的产物,这条道拉通东西方两大文明,成为亚洲沟通欧洲和非洲各国经济文化的桥梁。这条道既有丝绸、茶叶、工业品等贸易来往,也有东西方文化的交流,是中国古代对外交往践行和谐包容文化价值观念的一大典范,为新时期中国处理国与国之间的关系提供了重要的历史经验。中国和谐包容外交的提出还有深刻的时代背景。

三、现代之"和"

在20世纪50年代,国际上霸权主义、大国沙文主义肆虐,这种国际关系中的不平等,表现为大国不尊重小国平等独立的国际地位,粗暴地干涉他国内政,侵犯他国主权,损害对方利益等。以冷战时期的美苏两国为例,苏联由于二战后经济、军事实力的发展,奠定了同美国一样世界霸主地位。面对美国称霸野心的膨胀,苏联也走上了对外扩张和威胁他国的对外侵略道路。二战后的美国践行霸权主义的行径更是张狂至极,从发动朝鲜战争、越南战争、入侵格林纳达、出兵巴拿马,到后来的海湾战争、科索沃战争、南联盟轰炸、伊拉克战争等一系列局部战争,美国的对外干预至今遍及世界各大洲。二战后美苏两国霸权主义和国际沙文主义加深了国际局势和国际关系的紧张度。

面对苏联和美国霸权主义、大国沙文主义对世界弱小国家的涂害,中国以中国传统文化为底蕴,以和合精神为核心,向世人展现中国和平、和谐外交的时代魅力,采取了一条和西方大国迥然不同的外交模式。中华人民共和国成立后,中国政府强调和平外交政策,并在对外实践中不断丰富这一思想。

1953年,周恩来出席与印度代表团的会谈时,首次提出了以互相尊重主权和领土完整、互不侵犯、互不干涉内政、平等互利、和平共处为主要内容的和平共处五项基本原则。1955年,由周恩来带领的代表团出席了万隆亚非会议,这是世界历史上首次没有西方殖民主义国家参与的、由亚非国家自主召开的会议。会上周恩来积极倡导"求同存异"的重要思想,强调以和平共处五项基本原则作为不同社会制度国家间的友好合作基础。这次会议是中国外交史上的一次光辉典范,积极地促进了不同社会制度、不同文明背景国家间的交流。随后,中国又曾多次在各种国际大会上广泛向世界各国推广中国的这一主张。

图为周恩来总理在亚非会议上的讲话
(资料来源:中华人民共和国外交部官网[①])

和平共处五项基本原则充分展示了中国的文化和智慧,现代理念

---

① http://www.fmprc.gov.cn/web/ziliao_674904/wjs_674919/2158_674921/.

又赋予其更加深刻的时代内涵。"平等"强调了国家间不论大小、贫富，都具有平等的国际权力，强调尊重世界的多样性，在文明互动中实现优势互补、共同进步。求同存异的对外主张，反映了中国对世界差异性和多样性的尊重，认为多样性并不能成为国家之间交往的屏障，相反，它可以丰富交往的内容，成为进一步推进交往深度的有力助推器。江泽民同志曾经说过："各种文明和社会制度应该而且可以长期共存，在竞争比较中取长补短，在求同存异中共同发展。世界是丰富多彩的，不可能也不应该只有一种模式。"[1] 同样，2005 年胡锦涛同志在联合国成立 60 周年纪念大会上发表的《努力建设持久和平、共同繁荣的和谐世界》也指出："我们应尊重各国自助选择社会制度和发展道路的权利""应加强不同文明的对话和交流，在竞争中取长补短，在求同存异中共同发展，努力消除相互的疑虑和隔阂，使人类更加和睦，让世界更加丰富多彩；应该以平等开放的精神，维护文明的多样性。促进国际关系的民主化。协力构建各种文明兼容并蓄的和谐世界。"[2] 和平共处五项原则成为中国外交中处理国际关系的一项基本原则，指导着中国的外交政策和实践，这是中国"和合精神"在构建和谐世界上的自然延伸。也正是在中国和谐包容外交理念的引领下，中国的对外交往取得了巨大的成就。中华人民共和国成立初期，与中国建交的共 17 个国家；到 2016 年，在全世界 194 个国家中，中国已经与 173 个国家实现了建交。包容性的和谐外交为中国在国际上树立了文明中国、和平中国的国际形象。

"一带一路"沿线东跨亚太经济圈，西牵欧洲经济圈，是世界上最长的经济大走廊。在这条沿线上的国家既有西欧发达国家，又有亚非等大批发展中国家，还有印度、南非等新兴国家，除经济发展水平的差异外，各国历史和文化也不尽相同。"一带一路"沿线国家有四种文明历史、上百种语言差别。这种文化差异很容易造成国家间的摩擦和误解。这些差异要求中国在对外交往中要有足够的包容度，以展现中国合作与

---

[1] 江泽民：《江泽民论中国特色社会主义》[M]，北京：中央文献出版社，2002 年版，第 524 页。

[2] 胡锦涛：《努力建设持久和平、共同繁荣的和谐世界——在联合国成立 60 周年首脑会议上的讲话》[N]，《光明日报》，2005-09-16。

交流的诚意。故此,"一带一路"必须要坚持倡导互相尊重、文明包容、互学互鉴的理念,实现不同文化、不同发展水平的国家以及不同社会制度的国家之间的对话和合作。

第三节 市场运作

一、市场的定义

市场是指商品交换的场所,是商品生产者和消费者发生关系的渠道。在经济学中,相对于市场的是政府,政府与市场的关系问题贯穿在整个经济活动之中。亚当·斯密在《国富论》中提出了"两只手"理论:一只是"看得见的"政府之手,一只是市场"无形之手";强调市场竞争可以激发市场主体的积极性,还可以调节供求关系;市场对生产要素和资源配置具有决定作用,而政府的职责更多的是宏观调控,弥补市场缺陷。

二、三种经济发展模式

经济发达国家在处理国家与市场关系进程中经历了三个阶段,形成了三种经济发展模式:

(1)自由竞争模式,这一模式最主要的特点就是私人经济主体之间自由竞争,国家只是从立法上参与经济活动,维护资本主义的生产关系。自由竞争使得资本主义生产得到了突破性的发展,实现了机器生产代替了手工劳动的伟大意义。

(2)私人垄断竞争型模式,垄断取代自由竞争居于统治地位是这一模式的主要特点,这是第二次工业革命使得生产高度集中的必然结果,也是自由竞争发展到一定阶段的产物,垄断与竞争并存,残酷的市场竞争使得大部分资本集中到一个行业或企业中，私人垄断产生。

（3）国家干预下的垄断竞争型模式，这是在第三次科技革命的推动下，生产力不断发展、资本主义的基本矛盾激化的结果，也就是生产社会化同资本主义生产资料私人占有之间的矛盾导致的结果。随着生产力的发展，生产社会化程度要求越来越高，私人垄断资产阶级根本无法解决不断激化的矛盾。这些矛盾主要是市场问题日趋严重、生产社会化对技术和资本的要求与私人垄断满足资本和技术能力的差距、国民经济结构需要调整与私人垄断资本无力承担之间的矛盾等。这些矛盾都是私人垄断资本难以承担的，唯有国家有此能力，这就促成了垄断资本和国家机器的结合，以国家力量暂时缓解矛盾来保障资本主义再生产的正常进行，因而产生了以国家作为介体参与经济干预的垄断竞争型经济发展模式。

整个资本主义经济模式的发展过程，就是市场与政府此消彼长的过程。但不可否认的是，市场在整个经济运行中居于主体地位，市场经济是竞争经济、自由经济，它需要竞争来保持活力，需要各种生产要素能够在各个部门和区域之间实现自由流通。同时，市场又有自发性、盲目性、滞后性等弊端，因而在一定程度上需要政府来进行宏观调控。

三、中国对市场理论的贡献

关于市场与政府的关系问题，以及其姓"资"姓"社"的问题，中国进行了长期的实践探索。从党的十二大到党的十四大，中国政府对关于"市场"与"政府"的关系进行了五次重大的调整。其中十二大提出了以"计划经济为主，市场经济为辅"，这次改革开始了中国向市场经济的探索；党的十三大提出"计划经济与市场经济相结合"的经济发展模式；党的十四大确立了建立社会主义市场经济体制的方针，开始深入探索市场经济的发展模式。1992年邓小平同志在南方谈话中，给出了具体的答案，提出了市场经济不等于资本主义、计划和市场都是经济手段，社会主义国家也可以使用的重要论断，这个论断标志着中国政府彻底解决了市场经济的性质问题。

现代市场经济是开放的经济,强调经济关系的全球化。"一带一路"顺应现代市场全球化的趋势,参与对外经济贸易,所以必须发挥市场的决定性作用。同时,"一带一路"也会带来一系列的国家安全问题,这就要求政府必须正确处理好市场与政府的关系。要处理这一关系,关键在于发挥市场主导、政府引导的作用。

首先,坚持企业作为"一带一路"的主体地位,激发企业的主动性和积极性。企业是最重要的市场主体,是市场经济活动的主要参与者,是社会生产与流通的主要承担者,因此,在"一带一路"实施中,必须发挥企业连接国家的纽带作用,鼓励沿线中小企业开展国际交流与合作,以实现利益"捆绑化"。企业积极地"走出去",参与沿线国家经济活动,有利于激发企业的自身优势;同时,又为沿线各国创造利益。其次,发挥中国政府"一带一路"的保障作用。政府对市场具有补充应急的作用,当市场无法发挥作用或产生消极作用时,中国政府应当果断承担战略应急的责任。为此,中国政府部门在实行"一带一路"中应该加强宏观布局、政策支持、信息导向等工作,减少国内因为各种不利因素给企业造成的经济风险,切实解决企业发展的问题和顾虑。

总之,实施"一带一路",必须正确处理政府与市场关系,坚持以市场为导向,以政府为保障,发挥市场的最大效益,实现资源的优化配置。

第四节 互利共赢

互利共赢强调的是国际经济的"非零和博弈",即以合作为手段实现博弈双方双赢的可能,国家间的互利是关键点,保持彼此的关联性,共赢则是落脚点,可以进一步强化合作所带来的积极意义。简单地说,互利共赢将产生 $1+1>2$ 的效果。

近年来,随着对外开放的深入,中国成为了世界最大的贸易出口国、第二大世界经济体,但随之而来贸易摩擦也在增多和升级。由于中国成为许多国家制成品的重要进口国,这在一定程度上对进口国家的相关产业和市场产生了压力,造成部分国家对中国贸易的排斥,加上各种其他因素的诱导,中国的对外贸易面临着越来越严峻的贸易形势。从本质上讲,贸易摩擦是国家间利益冲突和矛盾激化的结果,当前中国贸易摩擦的主要形式是反倾销、反补贴。

(1)中国与发达国家的贸易摩擦。事实上,中国遭受的贸易摩擦更多地来自发达国家,主要是随中国对发达国家贸易活动的增加而产生。贸易摩擦是贸易活动中不可避免的,但是过量的贸易摩擦会在一定程度上对中国的对外贸易产生负面影响(表 2-1)。

表 2-1 中国与主要贸易伙伴的商品进出口差额(单位:亿元)[①]

年份	美国	欧盟	日本	东盟
1995	85.96	-21.64	-5.38	-3.66
1996	105.3	8.68	16.90	-5.42
1997	163.97	59.86	28.27	2.43
1998	210.15	74.33	14.85	-16.40
1999	224.66	47.50	-13.69	-27.00
2000	297.41	73.48	1.44	-48.4
2001	280.8	51.73	21.54	-48.53
2002	427.08	96.65	-50.32	-76.13
2003	586.13	283.37	-147.25	-164.02
2004	802.69	370.38	-208.58	-200.76
2005	1141.64	701.17	-164.6	-196.28

[①] 尹翔硕、李春顶等:《国际贸易摩擦的成因及化解途径》[M],复旦大学出版社,2009年版,第112页。

由上表可见，中国主要是对以美国和西欧等国家存在较大的贸易顺差（其中最为显著的是美国），数目庞大，引起了美国对中国贸易的"敏感"。美国除了是世界上唯一的超级大国，还是世界上反倾销起诉和进行调查最多的国家。"自 1995 年到 2004 年上半年，近 10 年来，美国发起 2537 件反倾销案件，其中印度以 384 件高居榜首。而自 1998 年以来，美国年均发起反倾销调查案件数目一直在 30 件以上。"① 中国由于出口贸易较为发达，不可避免地会与美国就反倾销问题产生贸易摩擦。"截至 2004 年上半年，在国外对华发起的 611 起反倾销案中，美国以 110 起位于首席，成为对华发起反倾销最多的国家。"② 事实上，每次贸易摩擦后所做出的裁判大多数都给中国造成了巨大的经济损失。诚然，中国与发达国家产生的贸易摩擦更多地源于发达国家的贸易保护主义以及对华歧视政策等。

（2）与发展中国家的贸易摩擦。除了与大部分发达国家存在贸易摩擦外，中国与发展中国家也存在贸易摩擦，如印度、土耳其等国。这主要是由于中国与其存在贸易竞争关系，都是许多发达国家的进口国，并且产业结构趋同，中国庞大的经济实力对他们产生了巨大的竞争压力，会排挤掉他们在发达国家的市场份额。

贸易摩擦的不断增长，无疑会极大地恶化中国与世界各国的国际关系，不利于中国经济的发展。"一带一路"沿线各个国家都与中国有密切的贸易往来，如何减少贸易摩擦、加强彼此合作？最恰当的方式就是减少商品输出，增加资本输出，使双方都受益，甚至给他国带来更大的利益，这就是"互利共赢"。这个战略是中国经过长期实践探索出来的结果，收效甚大。"近几年以来，中国与东亚各国的经贸合作发展迅速，彼此在对方涉外经济关系中的重要性也不断提升。中国与东亚国家双边进出口贸易保持稳定增长。2012 年全年贸易额达 9 985 亿美元，同比增长 3.6%。特别是中国与东盟贸易额首次突破了 4 000 亿

---

① 陈泰锋：《中美贸易摩擦》[M]，北京：社会科学文献出版社，2005 年版，第 108-109 页。
② 陈泰锋：《中美贸易摩擦》[M]，北京：社会科学文献出版社，2005 年版，第 108-109 页。

美元，达到 4 001 亿美元，同比增长 10.1%。东盟成为继欧盟和美国之后，中国第三个双边贸易额超 4 000 亿美元的贸易伙伴。"① 这一事实证明，中国的战略是正确的。中国坚持"互利共赢"战略产生的重大意义和影响，符合各国的利益。中国提出互利共赢的战略，表明中国在合作中化解矛盾的诚意，给世界各国带来了实实在在的利益。

正如中国外交部长王毅所说，"一带一路"倡议是中国提出的，但机遇是世界的。"一带一路"秉持共商、共建、共享原则，奉行的不是"门罗主义"，更不是扩张主义，而是开放主义。

---

① 刘军：《和平发展 合作共赢：当代中国对外战略新发展》[M]，上海：上海人民出版社，2014 年版，第 72 页。

第三章 "一带一路"的总体思路

"一带一路"是促进共同发展、实现共同繁荣的合作共赢之路,是增进理解信任、加强全方位交流的和平友谊之路。中国政府倡议,秉持和平合作、开放包容、互学互鉴、互利共赢的理念,全方位推进务实合作,打造政治互信、经济融合、文化包容的利益共同体、命运共同体和责任共同体(《推动共建丝绸之路经济带和21世纪海上丝绸之路的愿景与行动》)。

我们居住的地球有 6 大地质板块:亚欧板块、太平洋板块、美洲板块、非洲板块、印度洋板块和南极洲板块,约 70% 的表面被海洋水体覆盖,30% 的表面是露出水面的陆地。[①] 在人类宜居的陆地上,有 7 个大洲、232 个国家(地区)的 70 亿人共同生活。

相对地球,人类的历史堪称沧海一粟、长梦一瞬。目前在已知的浩瀚时空中,地球是唯一有高级智慧生物的星球。人们一直在探寻宇宙其他生命乃至文明的线索,迄今的结果仍然冷酷:人类是宇宙孤寂、侥幸的独生子。

有人类的地球世界丰富多彩,生机盎然。每个大洲存在的国家数量不等,根据最新的《世界知识年鉴》,亚洲有 48 个,非洲有 57 个,欧洲有 46 个,大洋洲有 29 个,美洲有 52 个。

世界理应是友好和平的。但世界上长时间充斥的纷争和战乱,则成为憾事,既对不起人类自己,更对不起宇宙苍穹。如今,作为世界主宰的人类正逐渐意识到地球的唯一性、人类的唯一性和生命的唯一

---

① http://baike.so.com/doc/5916227-6129140.html.

性，设法消除冲突，谋求和平和解，构筑理想的大同世界。中国所倡导的"一带一路"，就是谋求世界和平、人类发展的新思路。

第一节 "一带一路"发展的国际方位

一、"一带一路"的起止点

"一带一路"的起点是中国，终点可分别在西欧、大洋洲或南美洲（反向亦然，也即互为起点、终点，从平等观点出发，可称为节点）。中国地处东亚，东亚是"一带一路"的原点地区。观察这个原点地区可以发现，由此向外辐射，"一带一路"理论上有东进、西出、北上、南下四个基本方位，另外还有东南、西北、西南三个辅助方位。

（一）"东进"战略方向分析

东亚地区有中国、蒙古、朝鲜、韩国和日本5个国家。"一带一路"若采用东进策略，首先要与朝鲜、韩国和日本相遇。再向东延伸，就要与美国、加拿大接触。

1. 朝鲜半岛

由中国东部边境东跨黄海，即可到达朝鲜半岛。

朝鲜原为中国的藩国。1894年中日甲午战争后，中朝宗藩关系结束，日本入侵朝鲜；1904年日俄战争后，日本将朝鲜降为其保护国；1910年，日本迫使朝鲜签订《日韩合并条约》，将朝鲜吞入日本版图。直至二战日本战败投降，朝鲜亡国长达36年。

二战结束后，根据《雅尔塔协定》，苏军和美军分别占领朝鲜北方和南方。1948年9月9日，朝鲜民主主义人民共和国（简称朝鲜）在苏占区成立，面积约12.3万平方公里，首都平壤；1948年8月15日，大韩民国（简称韩国）在美占区成立，面积约9.9万平方千米，首都汉城（今首尔）。朝鲜与韩国以北纬38度线为界。1950年6月25日，朝鲜战争（西方称韩战）爆发；同年10月25日，中国出兵入朝参战支援朝鲜；三年后，1953年7月27日，在板门店签署《朝鲜停战协定》。1970年，朝鲜宣布实现了社会主义工业化，但经济实力仍然较低，2010年GDP为280亿美元，排世界第90位。韩国从20世纪60年代开始经济快速增长，进入"亚洲四小龙"的行列，2010年GDP达1.3万亿美元，排世界第14位。

朝鲜与韩国同中国均有密切的政治经济关系。朝美与韩美的关系完全不同。朝美仍未建交，双方至今还处于敌对状态，时有加剧；韩国与美国是传统盟友，与美国保持政治、经济、军事的高度合作。另外，朝韩之间的关系也时好时坏，给半岛的经济社会发展蒙上了阴影。

2. 日本列岛

由中国东部边境东跨东海，即可到达日本列岛。

（1）基本国情。日本的国土面积约37.8平方千米，2010年人口总数约1.2805亿。主要宗教是神道教、佛教，首都东京。

日本经历了神话、弥生、古坟、飞鸟、奈良、平安、幕府、明治、大正、昭和、平成等多个时代，日本的政治体制是议会制君主立宪制，实现多党制，主要政党有：日本自由民主党、日本社会党、日本共产党、日本公明党、日本民社党、日本民主党、新党。

（2）经济基础。日本经济高度发达，国民拥有很高的生活水平。2015年GDP总额为48 175.2亿美元，排名世界第3位。日本工业高度发达，科学研发能力位居世界第二，服务业特别是银行业、金融业、航运业、保险业以及商业服务业处于世界领先地位。

（3）对华关系。中日两国有悠久的友好交往历史，是一衣带水的亲密邻国。但自明治维新后，日本开始了对中国的侵扰活动。甲午战争后，日本通过《马关条约》攫取了中国巨大的主权利益。1937年挑起全面侵华战争。1945年日本战败。50~60年代，中日民间往来日趋活跃。1972年，日本与中国建交，两国签署《中日联合声明》，实现邦交正常化。1973 年 1 月互设大使馆。而日本右翼在美国的纵容下，蓄谋为侵略历史翻案，影响了中日关系的正常发展。2012 年 9 月 11 日，日本对中国固有领土钓鱼岛进行侵吞性质的所谓"国有化"，导致两国关系迅速恶化，中日关系一路走低，出现了"政冷经冷"的局面，接近冰点。

3. 北美大陆

越过日本再向东，是浩瀚的北太平洋，那里没有独立存在的国家。大洋彼岸就是北美洲大陆，这个大陆上主要有美利坚合众国（简称美国）、加拿大。由于至此已经到达"一带一路"东进地理上的端点，故只能考察其成为终点目标区域的可能性。

A. 美国

（1）国情概览。美国位于北美洲中部偏北，拥有 200 多年的历史，现共有 52 个州，国土面积约 962.9 万平方千米，2010 年总人口约 3.1 亿人，首都华盛顿。美国本土有幸躲过了两次世界大战的直接伤害，是雅尔塔格局的始作俑者之一，是两极世界中的一极，同时又是这一格局的忠实护卫者。冷战结束后，一直在追求"一超独大"的地位。

（2）对外政治。美国政治上保守反动，倡导并维护两极格局，追求世界霸权，坚定反对共产主义，仇视社会主义国家，压迫发展中国家，压制新兴国家和地区的反帝解放运动。

1947 年 3 月 12 日，美国提出遏制共产主义、干涉别国内政、加紧控制其他国家、取得在西方世界的最高领导权的"杜鲁门主义"，正式开启了长达 44 年的美苏"冷战"。冷战结束后，美国继续奉行对外扩张、侵略、颠覆的霸权主义政策，绕开联合国先后发动了多起高烈度的局部战争。

1969—1970 年，美国提出不再承担保卫世界自由国家全部责任的"尼克松主义"。

1986 年 3 月 14 日，美国提出与苏联争夺第三世界的"里根主义"，维护第三世界亲美右翼政府，支持那里的反苏武装。

2001 年 9 月 20 日，美国提出以"先发制人"和"单边主义"为核心的"布什主义",集中体现了美国维持独霸地位、控制国际事务的政治野心。

(3)经济基础。美国是世界最发达、最强大的资本主义国家。2010年美国GDP总额约为15.6万亿美元,排世界第二位,第一、第二、第三产业均处于世界领先地位。但与霸权主义政治相结合的对外经济关系则广为诟病。

1947年6月15日,美国提出了有关欧洲复兴的"马歇尔计划":援助西欧各国总额为130亿美元的资金用于经济重建。这既支持了欧洲的繁荣和政治稳定,又使欧洲成为反对共产主义的堡垒。

1954年,美国国会通过《农业贸易发展和援助法》,促销美国农产品。这既减少了国内余粮压力,又拉拢了受援的饥饿贫困国家。

1961年,美国通过《对外援助法》,划分了经济援助和军事援助。

1994年,国会通过新的《对外援助法》,重新确定美国外援的六大目标:① 促进可持续发展;② 促进民主;③ 促进和平;④ 促进贸易和投资增长;⑤ 提供人道主义援助和危机援助;⑥ 推进外交政策目标。

2014年,美国外援达到490亿美元。①

(4)对外军事。美国对外军事关系主要有以下几个方面:

第一,国际军事组织。在冷战时期,美国联合其西欧盟国成立了北大西洋公约组织,与以苏联为首的华沙条约组织进行军事对峙。冷战结束后,华沙条约组织解散,但以美国为首的北大西洋公约组织继续存在至今,时常兴风作浪。

第二,军事同盟。美国与世界上多达37个主要亲美国家建立了军事同盟关系。美国不但为这些国家提供军事保护,而且允许美国公司向这些国家出售部分有军事用途的高科技产品。

第三,军事援助。美国是世界上对外军事援助最多的国家,援助预算额常年保持在150亿美元左右。2005年11月,美国以"反恐"名义为埃及、巴基斯坦、以色列提供了合计209亿美元的援助。

---

① 俞飞:《美国援外的受益者是自己》[N],《中国经营报:天下版》总(2131期),2015(10):16。

美国对外军援的总目标是维护美国全球霸主地位，这个总目标统领政治、军事、外交三个分项目标。政治目标是推广"民主价值观"；军事目标是提高盟友军事能力；外交目标是主导国家间的安全关系。

第四，武器出口。美国武器出口与美国对外军援紧密联系。对其盟国或军援受援国，美国极力追求武器贸易价值的最大化。而对于非盟友国家，则宁可放弃经济利益，也不得发生武器贸易关系。

第五，对华武器禁运。以美国为首的西方国家对中国实行了长达70多年的武器禁运，高精尖技术与武器是禁运的重点，至今仍未解除。其中，美国禁运的态度最为坚决。

西方国家对华武器禁运的主要措施包括：

① 国内立法。1949年，美国国会通过了《美国1949年出口管制法》，对中国实施"对华贸易管制"，禁止向中国出口包括军火、钢铁、车船在内的战略物资。

② 建立国际禁运组织。1949年美国纠集英、法等国成立限制对社会主义国家输出战略性物资和技术的"巴黎统筹委员会"（简称"巴统"）。禁运物资分为军用武器装备、尖端技术产品、稀有物资、中国禁单（单独针对中国的特别贸易禁单）。

③ 利用欧盟。欧盟对华禁运始于1989年6月。随着中国成为欧盟仅次于美国的重要贸易伙伴，欧盟意欲解除对华禁运。美国对此大加阻挠，要求欧盟维持对华军售禁令。

④ 压迫盟友。美国对其盟国（友）与中国开展双边军事技术合作横加干涉，强力阻止。典型的例子就是因美国干涉而中断的以色列与中国的军事合作项目。

（5）美国版"新丝绸之路"战略。美国觊觎中亚地区，谋求中亚、西亚经济社会发展主导权。但美国又无意、无力承受沉重的经济社会负担，遂将"新丝绸之路"计划从一个构想提升为战略，试图利用这面大旗召唤国际社会分担责任和义务，解决该地区的安全形势问题和吸引投资问题。实际上，如果美国政府不改变敌视遏制中国的政治态度，其"新丝绸之路"战略只能是一盘死棋。

B. 加拿大

（1）国情概览。加拿大位于北美大陆的最北部，与美国接壤，是G8、G20、北约、联合国、世界贸易组织、法语圈国际组织等国际组织的成员，国土面积约998万平方千米，首都渥太华。加拿大的政党和组织主要有：

自由党。1873年成立，代表工业垄断资本集团利益，兼顾中、小企业利益；

保守党。2003年12月由联盟党和进步保守党合并而成，代表银行保险业、铁路运输业、能源工业垄断资本和大农场主利益。

新民主党。1961年由"平民合作联盟"与"加拿大劳工大会"联合而成，代表中下劳动阶层利益，主张企业公营，标榜社会主义。

魁北克集团。1990年成立，代表魁北克人的利益，主张魁北克独立。

另有绿党、社会信用党、加拿大党和加拿大共产党等。

（2）经济实力。加拿大的自然资源丰富，科技高度发达，生活品质上乘，社会富裕，经济发达，2014年加拿大GDP为1839亿美元，排世界第11位。

加拿大经济严重依赖对外贸易，主要出口汽车及零配件、其他工业制品、林产品、金属和能源产品；主要进口机械设备、汽车及零配件、工业材料、其他消费品及食品；主要贸易对象是美国、中国、日本、欧盟国家。

（3）对华关系。中加两国之间的贸易交往始于18世纪。中国民主革命先驱孙中山先生曾三次到过温哥华；毛泽东同志的《纪念白求恩》让加拿大在晋察冀抗日根据地家喻户晓。1970年10月13日，中加两国建交，双边关系顺利发展，高层互访频繁，经贸发展迅速。2005年9月，中加关系升上为战略伙伴关系，两国在政治、经贸、科技、文教、卫生、环保等各个领域开展全方位、多领域的合作，在重大国际和地区问题上进行磋商和协调，共同为维护世界和平、促进共同发展作出了重大贡献。虽然双方在台湾和西藏等问题上仍存在分歧，但主流是互商、互谅、互包，民间感情融洽，政府合作广泛。

（二）"北上"的战略方向分析

中国北部是蒙古国和俄罗斯联邦的西伯利亚地区。西伯利亚地区将在西出部分的俄罗斯小节中加以分析，这里仅讨论蒙古国。

（1）国情概览。蒙古国位于亚洲东部，是内陆国，面积约 156 万平方公里，2015 年人口约 306 万人，首都乌兰巴托。

1271 年，忽必烈建立元朝，1279 年南下入主中原，建都北京，称为元大都。1368 年，明军攻克元大都，元朝灭亡，元惠宗北逃后沿用"大元"国号（史称北元），1402 年北元灭亡；1660 年，蒙古经库伦活佛决策归附清朝；1911 年 12 月 28 日，外蒙古（即漠北蒙古）宣布"独立"；1945 年 10 月 20 日，外蒙古通过独立公投，国民政府于 1946 年 1 月 5 日正式承认外蒙古独立。中华人民共和国成立后，于 1949 年 10 月 16 日和蒙古人民共和国建立外交关系，承认了外蒙古独立的事实。

蒙古国成立后，国家大呼拉尔 1994 年通过了《蒙古国对外政策构想》，把同俄罗斯和中国建立友好关系作为对外政策的首要任务，主张同中俄"均衡交往，发展广泛的睦邻合作"。2011 年，国家大呼拉尔通过新的《对外政策构想》，明确对外政策首要任务是发展同俄、中两大邻国的友好关系，并将"第三邻国"政策列入构想。2015 年 9 月 29 日，蒙古国宣布将实行"永久中立政策"。

（2）经济基础。蒙古国地广人稀，是世界上最闭塞的内陆国家，没有出海口。1990 年以前，经济欠发达。20 世纪 90 年代开始，蒙古实行了一系列的政治和经济改革，被认为是"亚洲最西化的国家"。1991 年后，人民的生活水平有了显著提高。2014 年蒙古 GDP 约为 120.2 亿美元。蒙古至今没有什么工业，各类工业制品都需要进口。蒙古的外汇来源绝大部分依赖于 Erdenet 铜矿和生产羊绒的 Gobi JSC 两个企业。

（3）对华关系。20 世纪 50 年代中蒙建交。中苏关系紧张时期，蒙古采取向苏联"一边倒"的战略，中蒙关系步入低潮。随着中苏关系的缓和，中蒙关系也逐步复苏。1987年，中蒙关系走向正常化；1991年，中蒙关系完全正常化。2015年11月，中蒙建立全面战略伙伴关系，两国关系进入历史最好时期。

（三）"北上"战略方向分析结论

蒙古国与中国历史人文关系密切，自然资源丰富，生态环境优良，但工业化程度较低。中蒙之间存在基本互信的政治条件，具有"一带一路"要求的实际需求与发展空间，适合作为"一带一路"建设的节点。

（四）"南下"战略方向分析

从中国南方国境线继续向南，是史称"南洋"的中南半岛（又称印度支那半岛）诸国和南海诸国，以及更加遥远的南太（大洋洲）诸国。

1. 中南半岛国家

（1）岛情概览。中南半岛地处南海西岸，面积206.5万平方千米，占东南亚总面积的46%，陆地与中国西南部的云南省和广西壮族自治区相连，与中国的界河是发源于我国青藏高原的两条河流：一是怒江，进入缅甸境内后称作萨尔温江，最后注入印度洋；二是澜沧江，国境外江段称作湄公河，流经缅甸、老挝、泰国、柬埔寨和越南五国，最后注入南海。

中南半岛的主要河川及其主要山脉大多从中国地区延伸，加之半岛居民与中国边民往来频繁，风俗相近，堪称山同脉、水同源、人同种。不仅如此，战前半岛上的缅甸、泰国、老挝、柬埔寨、越南、新加坡及马来西亚（西部）等国民俗相互包容，文化相互借鉴，经济相互促进，社会相互依存，交流频繁融洽。

（2）半岛经济。半岛上有大量有色金属矿藏，水力资源和森林资源相当丰富。半岛上的各国均为农业国家，其中橡胶和油棕产量居世界首位。

泰国东部的呵叻盆地面积广大，经济开发日益活跃。河谷地区成为工农业基地，河口形成肥沃的三角洲，如水利资源丰富的湄公河三角洲，其经济和交通意义非常重要。洞里萨湖具有抑制湄公河下游洪涝、减缓三角洲洪水泛滥的作用，是世界著名的天然调节水库。

（3）半岛历史。公元前2世纪，中国和印度两个亚洲的文明古国开始进行贸易。当时从中国到印度之间有四条可能的通道：① 直接翻越青藏高原穿过喜马拉雅山脉；② 穿过西域和中亚的戈壁沙漠，再经今天的阿富汗向南（此系玄奘取经的路线，也即"丝绸之路"南支）；③ 穿过云南和缅甸的热带雨林（也即"南方丝绸之路"）；④ 从海路过南海，经马六甲海峡、过马来半岛（也即海上"丝绸之路"）。其中前两条路线去印度十分艰险，故而大多数商人都选用后两条路线，尤其是海路。这两条路线均要经过中南半岛诸国，半岛各国家得以逐渐发展，并深受中国及印度的政治文化影响。

在近现代，除泰国外，半岛各国一直被法国和英国殖民统治。其中老挝、柬埔寨、越南被法国统治（组成"法属印度支那"）；缅甸、马来亚、新加坡被英国统治。1893年，法国人建立第一个印度支那联邦。1940年，日本占领法属印度支那；1942年，日本占领除泰国外的中南半岛全境。二战结束后，中南半岛各国相继独立：1948年缅甸独立；1956年马来亚自治；1963年马来西亚联邦成立；1965年新加坡脱离马来西亚联邦独立。1954年日内瓦会议以后，法属印度支那各国才获得独立。1960—1975年，美国发动侵越战争；1978年爆发越柬战争；1979年发生中越边境自卫还击战。进入20世纪90年代后，中南半岛逐渐恢复和平。

（4）对华关系。中南半岛在中国地缘战略中具有举足轻重的地位。中国与半岛国家具有"山同脉、水同源、人同种、言同语"的广泛亲和基础。同时，双边关系杂音、东盟的干预、域外势力介入等不利因素也需高度关注，需要适时化解。为此，中国坚持"睦邻、富邻、安邻、稳邻"的周边外交政策，通过"增信解惑，睦邻示友""平等合作，互利共赢""管控分歧，强化共识""相互包容，相互理解"等途径积极释放善意的正能量，对各种破坏势力做有理、有利、有节的抗争，引导中国与半岛国家的关系朝着绿色地缘的方向发展。例如，建设贯通半岛的"泛亚铁路"就是凝聚半岛国家的新举措。

中南半岛诸国战略位置重要，资源丰富，发展经济内力巨大，对华关系整体友善，政治共识和互信较为广泛，共同利益大于分歧，域外势力不起决定性作用，适合作为"一带一路"建设的节点。①

2. "南洋"国家

从中国向东南延伸至赤道（亚洲东南部），有众多的岛屿国家。明清时期称其为"南洋"，包括马来群岛、菲律宾群岛、印度尼西亚群岛（有时也把中南半岛沿海、马来半岛等地包括在内）等广大陆、海域。"南洋"还包括中南半岛国家。南洋陆地区域有印度尼西亚、巴布亚新几内亚、东帝汶、马来西亚、泰国、柬埔寨、新加坡、菲律宾等国家。这些国家大小不一，信仰各异，均属发展中国家。其中较大的有印度尼西亚、马来西亚、新加坡和菲律宾。

A. 印度尼西亚

（1）国情概览。印度尼西亚共和国（简称印尼）位于亚洲东南部，地跨赤道，国土面积约 190.4 万平方千米，2013 年总人口达 2.48 亿人，是世界第四人口大国，首都雅加达。

印尼二战后宣告独立，是东南亚最大的经济体，为东盟创立国之一，属于 20 国集团成员方。

印尼实行多党制。主要政党包括民主党、专业集团党、民主斗争党、繁荣公正党、国家使命党、建设团结党、民族觉醒党、大印尼运动党、民心党。

印尼奉行独立自主的积极外交政策，在国际事务中坚持不干涉内

---

① 周素勤、雷满玉：《地缘战略与中国同中南半岛国家关系的发展》[J]，《北方经贸》，2008（3）。

政、平等协商、和平解决争端等原则。主张多边主义，与美国、中国、日本、澳大利亚以及欧盟等世界主要力量保持友好关系。

（2）经济基础。印尼是"亚洲四小虎"之一，油气资源丰富。66个油气盆地中有15个盆地生产石油天然气。2011年GDP约为1万亿美元。工业、农业、旅游业、对外贸易、财政金融是印尼经济的主要支柱。

印尼工业化水平相对不高，纺织、电子、木材加工、钢铁、机械、汽车是出口创汇的重要门类。最大的钢铁企业是国有克拉卡陶钢铁公司，年产量约300万吨。

印尼基础设施建设发展相对滞后，制约其经济增长和投资环境改善。与外界互联互通主要通过海路、航空等方式。

（3）对华关系。1950年4月13日，印尼与中国建交；经历波折后，于1990年8月8日与中国复交。2000年，两国建立长期稳定、睦邻互信的全面伙伴关系。2005年4月，与中国建立战略伙伴关系，双边关系进入快速、稳定、健康发展的新时期。

B. 马来西亚

（1）国情概览。马来西亚联邦（前身为马来亚），简称大马。国土面积约33万平方千米，2014年总人口为3098万人，主要宗教是伊斯兰教、佛教、印度教和基督教，因参与掌控马六甲海峡而在国际海运中举足轻重，首都吉隆坡。

1942年至1945年，日本占领马来西亚；1957年，马来亚联邦宣告独立。

马来西亚注册的政党有40多个。由14个政党组成国民阵线联合执政。执政党联盟国民阵线于1974年4月在马来亚联盟党的基础上扩大而成，强调发展经济，协调各政党利益，建立和平、稳定、繁荣、公正的社会。

（2）经济基础。马来西亚是相对开放的以国家利益为导向的、新兴工业化的市场经济体。其经济实力在20世纪90年代突飞猛进。2014年，马来西亚GDP约为3269亿美元，境内自然资源丰富。橡胶、棕油和胡椒的产量和出口量居世界前列。工业、矿业、制造业、旅游业、服务业、农林渔业、财政金融、对外贸易、外国资本是马来西亚的经济支柱。其中，旅游业是马来西亚的第三大外汇收入来源，知识经济服务业也在同步增长。

（3）对华关系。1974年，马来西亚与中国建交，现已结成全面战略伙伴关系，双方致力于加强国防、科技、执法、教育、旅游、人文等领域的交流合作。

C. 新加坡

（1）国情概览。新加坡共和国（简称新加坡，旧称星洲或星岛，别称为狮城），是东南亚的一个发达岛国，"亚洲四小龙"之一。国土面积为714.3平方千米，2013年人口数量540万，主要宗教是佛教、道教、伊斯兰教、基督教和印度教，参与掌控马六甲海峡，首都新加坡。

1824年，新加坡成为英国殖民地，隶属于英属印度殖民当局管辖；1867年，新加坡升格为海峡殖民地，受英国直接统治；1942年2月15驻防的英军投降，日军占领新加坡；1945年9月，英军返回新加坡；1946年，新加坡成为英国直属殖民地；1963年9月，新加坡脱离了英国的统治正式加入马来西亚联邦；1965年8月9日，新加坡脱离马来西亚，成为一个有主权、民主和独立的共和国，加入联合国和英联邦。

新加坡实行议会共和制。已注册包括人民行动党、新加坡工人党在内的政党达24个。

新加坡是东盟成员国，世界贸易组织、英联邦、亚太经合组织（APEC）成员。

（2）经济基础。新加坡的经济模式被称为"国家资本主义"，是第三大国际金融中心、亚洲重要的服务和航运中心之一。2014年GDP总计为3080.5亿美元。

新加坡属外贸驱动型经济，以电子、石油化工、金融、航运、服务业为主，高度依赖美、日、欧和周边市场，主要贸易伙伴：马来西亚、泰国、中国、日本、澳洲、韩国、美国、欧盟、印尼等。工业、农业、服务业、旅游业为支柱性行业。

（3）对华关系。1990年10月3日，新加坡与中国建交；1980年6月14日，双方互设商务代表处。两国签署了多项经济合作协议，建立了经贸磋商机制，双方总体关系平稳，在各领域的互利合作成果显著。

D. 菲律宾

（1）国情概览。菲律宾共和国（简称菲律宾），位于亚洲东部，由西太平洋上菲律宾群岛的7107个岛屿组成，国土面积近30万平方千米，2014年人口总计约为9914万，主要宗教为天主教、基督新教和伊斯兰教等，东盟成员国，首都马尼拉。

1417年，菲律宾的前身为明朝藩国；1898年6月12日成立菲律宾共和国；1935年3月24日，建立菲律宾自治邦；1942年被日本占领，二战后再次沦为美国殖民地；1946年7月4日获得完全独立。

菲律宾实行总统制。菲律宾有大小政党100余个，大多数为地方性小党。

（2）经济基础。20世纪60年代后期，菲律宾采取开放政策，积极吸引外资，经济发展成效显著，与日本、缅甸同属亚洲最富国，是新兴工业国家及世界的新兴市场之一。1982年被世界银行列为"中等收入国家"。后受西方经济衰退等因素影响，经济发展放缓。

20世纪90年代初，菲律宾采取一系列振兴经济措施，经济开始全面复苏，并保持较高增长速度。1997年，亚洲金融危机对菲冲击不大，但经济增速放缓。

迄今为止，菲律宾仍属中低收入国家。

（3）对华关系。1975年6月9日，菲律宾与中国建交。除互设大使馆外，还互设领事馆。两国签有贸易、文化、民用航空、科学技术合作、广播电视合作、新闻交换等协定。

菲律宾阿基诺三世政府在美国推行重返亚洲和亚洲再平衡的战略背景下，执意挑起南海领土争端，给中菲关系造成暂时的困难。

3. 大洋洲国家

（1）洲情概览。所谓南太诸国即南太平洋国家，正式名称为大洋洲，位于太平洋西南部和南部、亚洲和南极洲之间、赤道南北的广大海域中。陆地面积约为897万平方千米，是世界上最小的一个洲。

大洋洲地理上划分为澳大利亚、新西兰、新几内亚、美拉尼西亚、密克罗尼西亚和波利尼西亚六个区，共有一万多个岛屿。大洋洲有14个独立国家，有十几个分属美、英、法等国管辖的地区，人口总数约为2900万人，是世界上宜居陆地人口最少的一个洲。

大洋洲各国经济发展水平差异显著，澳大利亚和新西兰两国经济发达，其他岛国多为农业国，经济比较落后。大洋洲的工业，主要集中在澳大利亚和新西兰的首都，主要有采矿、钢铁、有色金属冶炼、机械制造、化学、建筑材料、纺织等部门。大洋洲岛国工业多分布在各自，一般比较落后，仅以采矿及农、林、畜产品加工为主，多为外资控制，产品多供出口。

（2）对华关系。大洋洲诸国与中国没有结构性的矛盾和冲突，绝大部分国家与中国建立了外交关系，与中国的双边关系稳健发展。这些国家政治上承认中国的国家主权，尊重中国的核心利益；经济上积极探索并扩大双方合作的空间和领域，广泛开展经济技术合作，取得了可观的实效，相互取长补短；军事上平等透明，互不牵制威胁；外交上努力争取全面合作，相互配合支持。个别国家出于本国政治生态的需要有时会发出违逆主流的声音，但属于暂时现象，中国与太平洋诸国的整体关系是健康的、向前的，而不是衰弱的、停滞的或倒退的。

南太诸国内部政治稳定，发展经济内生需求旺盛，对华普遍友好，没有领土、历史遗留问题和外交经济争端，双方长期和平共处，相互托底，政治、外交、经济风险可控，适合作为"一带一路"建设的目标节点。

（五）"南下"战略方向分析结论

南洋诸国与中国存在历史渊源，资源丰富，人口众多。国内政局基本稳定，对华关系总体积极友好，发展经济贸易的内生需求旺盛。尤其是域内印尼、新加坡、马来西亚共同管控重要的国际水道马六甲海峡，对21世纪海上"丝绸之路"建设具有不可或缺的关键性意义。

（六）"西出"战略方向分析

"西出"战略方向是从中国西行，依次穿越中亚、西亚、中东、东欧、中欧，最后抵达西欧（反向亦然）。贯通整个亚欧大陆，衔接亚、非、欧三大洲，连接太平、印度、大西洋三大洋。

落实"西出"方向有两种思路：一是自中国国境直接向西；二是北上或南下出国境后折向西；海上"西出"思路可同时包含"南下"：一是总体向西，经东南亚、南亚、东非、中东、南欧，最后抵达西欧（反向亦然）；二是总体向南，下南洋、过赤道、抵澳洲，最远至南美（反向亦然）。

以国家为节点，上述方向思路可具体化为以下路径：① 陆路北线（中国→中亚→欧洲，关联国家：蒙古、中亚五国、俄罗斯、荷兰）；② 陆路中线（中国→西亚→欧洲，关联国家：巴基斯坦、阿富汗、伊朗、土耳其、德国、荷兰）；③ 陆海路南线（中国→南亚→欧洲，关联国家：越南、马来西亚、印度尼西亚、新加坡、斯里兰卡、印度、肯尼亚、希腊、意大利、荷兰）；④ 东南海路（中国→南洋→大洋洲→南美洲，关联国家：东南半岛诸国、南洋诸国、南太诸国、南美诸国）。

A. 中亚五国

中亚五国即中亚国家，是前苏联的加盟共和国。苏联解体后，中亚五国特指以阿姆河和锡尔河流域为中心区域的哈萨克斯坦、乌兹别克斯坦、吉尔吉斯斯坦、土库曼斯坦和塔吉克斯坦五国政权所形成的有高度共同性的政治文化区域。与中国接壤的有哈萨克斯坦、吉尔吉斯斯坦和塔吉克斯坦。

中亚五国总面积为400.8万平方千米，总人口为6000万人，在世界上具有重要的战略地位。中亚五国自然资源丰富，政治稳定，对华关系友善，发展潜力巨大，是中国实施市场多元化战略中需要重点开拓的一个新兴市场，是"一带一路"建设过程中的关键性战略支点。

B. 俄罗斯

（1）国情概览。俄罗斯联邦（简称俄罗斯、俄联邦、俄国），位于欧亚大陆北部，地跨欧亚两大洲，是由22个自治共和国、46个州、9个边疆区、4个自治区、1个自治州、3个联邦直辖市组成的联邦共和立宪制国家。国土面积为1707.54万平方千米，是世界上面积最大的国家，2014年人口数量为1.43亿，首都莫斯科。

俄罗斯是联合国安全理事会五大常任理事国之一，又是"金砖国家"之一。

早在882年，俄罗斯人、乌克兰人和白俄罗斯人的共同祖先东斯拉夫人建立了第一个国家：基辅罗斯；1283年，建立莫斯科公国；1613年，开创罗曼诺夫王朝；1914年8月，俄罗斯帝国参加第一次世界大战；1917年，俄国爆发二月革命，俄罗斯帝国灭亡，成立俄罗斯共和国，同年被十月革命推翻，成立俄罗斯苏维埃联邦社会主义共和国；1922年12月30日，成立苏维埃社会主义共和国联盟（苏联）；1991年12月26日，苏联解体，俄罗斯联邦成为完全独立的主权国家；1992年4月16日，俄罗斯第6次人代会决定将国名改为"俄罗斯"，恢复了历史上的名称。

俄罗斯的政治体制是联邦民主制。实行多党制，主要政党有：统一俄罗斯党、俄罗斯共产党、俄罗斯自由民主党、公正俄罗斯党、亚博卢联盟、右翼力量联盟等政党。

（2）经济基础。俄罗斯拥有世界最大储量的矿产和能源资源，是最大的石油和天然气输出国，其拥有世界最大的森林储备和约占世界25%的淡水湖泊，总储量的80%分布在亚洲部分。曾是世界两大超级大国之一，经济总量仅次于美国，2014年GDP总计2.04万亿美元，世界排名第9。

俄罗斯工业、科技基础雄厚。20世纪90年代，经济急速下行，2000

年起经济快速回升。主要农作物有小麦、大麦、燕麦、玉米、水稻和豆类；工业主要工业部门有机械、冶金、石油、天然气、煤炭及化工等；轻纺、食品、木材加工业较为落后；航空航天、核工业具有世界先进水平；服务业占总就业人口的 59.6%；财政金融形势总体趋好。

俄罗斯军事实力世界排名第二，可单独与美国抗衡；各类运输方式齐全，铁路、公路、水运、航空都发挥着重要作用。

俄国服务业约贡献了 GDP 总量的 70%。多数产业在工业，特别是在汽车、机械、金属和化工品。拥有众多的世界驰名汽车品牌，汽车生产量仅次于中国、美国和日本。

（3）对华关系。沙皇俄国原是欧洲东部的内陆国家，与中国并不接壤。但自清代以来，沙俄通过侵略战争、不平等条约以及所谓"调停法理"，使其东部版图扩大至中国边界，霸占了中国许多领土，包括库页岛（俄称萨哈林岛）、乌苏里江以东土地、黑龙江北至外兴安岭土地、贝加尔湖以东土地、巴尔喀什湖以东南等土地共约 155 万平方千米。苏联初期从中国直接割取了 170 多万平方千米土地，加上其策动外蒙古独立，共使中国丧失了 300 多万平方千米的土地，成为历史上掠夺中国领土最多的国家。1949 年 10 月 2 日，苏联率先与中国建交，曾给予中国巨大的现代化建设帮助。苏联解体后，1991 年 12 月 27 日，中俄两国确认俄罗斯继承苏联与中国的外交关系。2005 年中俄签署《中华人民共和国和俄罗斯联邦关于中俄国界东段的补充协定》，中俄长达 4300 千米的边界也全部得到了确认。2008 年 10 月，黑瞎子岛西侧约 171 平方千米陆地及其所属水域正式划归中国。目前中俄两国关系正处于历史发展的最好时期，政治互信、社会安定、经济合作、文化交融达到空前的水平。

C. 西亚国家

西亚又称西南亚，是联系亚、欧、非三大洲和沟通大西洋、印度洋的枢纽，地理位置十分重要。面积约为 718 万平方千米，约占亚洲总面积的 16%。1990 年有 2.2 亿多人口。西亚各国发展水平差距很大。耕地集中在沿海、河谷和绿洲地带，山地、高原的草原牧场以畜牧业为主。农产品自给率低,是世界农牧产品主要进口地区之一。较为富裕的是石油输出国,包括沙特阿拉伯、阿拉伯联合酋长国、卡塔尔、巴林、科威特、伊拉克、伊朗和阿曼等8国。

C1. 伊朗

(1) 国情概览。伊朗伊斯兰共和国(古称波斯,简称伊朗),位于亚洲西部,属中东地区国家。国土面积超过16万平方千米,2014年人口总数为7759多万,首都德黑兰。

伊朗是世界著名、历史悠久的文明古国。19世纪下半叶至20世纪初,随着欧洲列强的侵入,伊朗逐渐沦为半殖民地国家,社会经济衰落,动荡不安。1921年2月,伊朗发生军事政变,建立巴列维王朝。58年后的1979年,巴列维王朝覆灭,成立伊斯兰临时革命政府,改国名为伊朗伊斯兰共和国,实行政教合一的国家制度;1988年12月,伊朗颁布政党法。目前已获准活动的政党组织主要有:① 德黑兰战斗的宗教人士协会;② 伊斯兰指导党;③ 伊朗拜火教协会;④ 建设公仆党;⑤ 伊斯兰伊朗团结党。

在国际上,伊朗是联合国的创始国之一,是不结盟运动成员。

(2) 经济基础。伊朗属于亚洲的主要经济体,实力较强,2014年GDP总计4253.26亿美元。伊朗拥有全球10%的石油资源,经济以石油开采业为主,为世界石油天然气大国,石油出口是经济命脉,石油生产能力和石油出口量分别位居世界第四位和第二位,经济实力位居亚洲第七位,是石油输出国组织成员。

支撑伊朗经济的还有炼油、钢铁、电力、纺织、汽车制造、机械制造、食品加工、建材、地毯、家用电器、化工、冶金、造纸、水泥和制糖等,但基础相对薄弱,大部分工业原材料和零配件依赖进口;制造业在全球排第38位;农业在国民经济中占有重要地位;伊朗拥有数千年文明史,自然地理和古代文明遗产丰富,旅游业较为发达。在对外贸易方面,伊朗主要出口商品为油气、金属矿石、皮革、地毯、水果、干果及鱼子酱等,主要进口产品有粮油食品、药品、运输工具、机械设备、牲畜、化工原料、饮料及烟草等。

(3) 对华关系。伊朗与同为古代文明发源地的中国在东汉末年就开始交往，两国政治文化包容，经济往来频繁融洽，是古代"丝绸之路"的重要节点。时至当代，伊朗与中国之间不存在重大的利益纠葛，中国是伊朗在亚洲的第一大贸易伙伴、在世界上的第三大贸易伙伴。

C2. 土耳其

(1) 国情概览。土耳其共和国（简称土耳其），是一个横跨欧亚两洲的西亚国家，地理位置和地缘政治战略意义极为重要，是连接欧亚大陆的咽喉国家。土耳其国土面积为78.35万平方千米，人口数量2014年为7593.23万人，信奉伊斯兰教，首都安卡拉。

现代土耳其人是突厥人与地中海原始居民的混血后裔。1299年，奥斯曼一世建立奥斯曼帝国；1453年5月29日，穆罕默德二世攻陷君士坦丁堡，消灭拜占庭帝国；16世纪和17世纪，奥斯曼帝国在苏莱曼一世时期盛极一时，统治势力扩大到欧、亚、非三大洲，同时，奥斯曼帝国继承了东罗马帝国文化和伊斯兰文化，统合了东西方文明，19世纪开始衰落；1914年8月，奥斯曼帝国参加第一次世界大战；1918年，土耳其战败，丧失了大片领土，奥斯曼帝国分崩离析；1919年，土耳其击退外国侵略者；1923年10月29日，建立土耳其共和国。2002年11月，土耳其正义与发展党在议会选举中获胜，结束了1987年以来的多党联合执政局面。其后，于2007年7月和2011年6月在议会选举中分别获胜，得以第三次单独执政。

土耳其虽为亚洲国家，却是北约成员国，国家治理上采用欧洲模式，并积极申请加入欧盟。土耳其的政治体制是议会制共和制，宪法规定土耳其为民主、政教分离和实行法制的国家。土耳其还是经济合作与发展组织创始国及二十国集团的成员，在国际事务中扮演重要角色。

(2) 经济基础。土耳其拥有雄厚的工业基础，为发展中的新兴经济体、新兴工业化国家或新兴市场，是全球发展最快的国家之一。2013年，土耳其GDP总计8188.90亿美元。土耳其经济的快速发展，依靠其农业、工业、林业、矿业、营造业、运输业、旅游业、对外贸易、投资的支撑和高效运转。

（3）对华关系。1971年8月4日，土耳其与中国建交。建交后双边关系发展较快，尤其是近几年发展状况良好。2012年和2013年，土耳其与中国互办了文化年；2013年土耳其与中国双边贸易额达222.12亿美元，同比增长16.32%。交通、电力、冶金、电信是两国合作的重点。

D. 中东国家

中东（中东地区）是指从地中海东部、南部到波斯湾的大片区域，位于亚洲西部和非洲东北部的地区，一般泛指西亚地区的约17个伊斯兰国家，人口为4.9亿。中东拥有世界70%的石油资源储备，是域外强权势力争夺的焦点，也是当今世界政治、经济和军事最敏感的地区之一。

经过多年培育发展，中东国家与中国的关系进入稳定、良好的状态，中东国家理解并尊重中国的核心政治利益和经济利益，中国在该地区发展中充当和平使者。

D1. 以色列

（1）基本国情。以色列国（简称以色列），位于西亚黎凡特地区，为犹太教、伊斯兰教和基督教的发源地，2014定义为"犹太国家"。国土面积为1.49万平方千米，2015年人口总数超过835万，主要宗教是犹太教、伊斯兰教，首都特拉维夫。

历史上，犹太人曾在埃及旅居430年之久，公元前1450年迁回迦南（今巴勒斯坦）。罗马帝国统治时期，绝大部分犹太人遭到驱逐，流散至欧洲各国。

1896年，在"犹太复国主义运动"推动下，犹太人掀起回归浪潮。至1932年，犹太人掀起了四次回归浪潮；1933年，德国纳粹上台，引发第五次犹太人回归浪潮。

1947年11月29日，联合国通过分治方案，将巴勒斯坦地区分为两个国家：犹太人和阿拉伯人分别拥有大约55%和45%的领土，耶路撒冷由联合国管理；1948年5月14日，以色列国正式成立。以色列独立后，5次与埃及、叙利亚等周围阿拉伯国家爆发大规模武装冲突，史称中东战争或阿以战争。20世纪末，战争转入沉寂。

以色列的政治体制是议会制共和制，实现多党制，主要政党有：利库德集团、"我们的家园以色列"党、"未来"党、以色列工党、"犹太家园"党、沙斯党。

（2）经济基础。以色列是中东地区工业化程度、经济发展水平最高的现代化国家，拥有该地区管理最良善、对财产权利保护最佳的经济体制，对于科学科技发展的贡献尤为突出，在军事科技、电子、通信、计算机软件、医疗器械、生物技术工程、农业、航空等领域具有先进的技术水平，在农业、物理学和医学上的研发能力世界闻名，该国的陆、海、空运输业均为发达水准。2012年GDP达2510亿美元。

（3）对华关系。1950年1月9日，以色列承认中华人民共和国；1992年1月，以色列与中国建交。建交后，两国关系发展势头良好，经济贸易、文化教育、体育劳务、工农业科技等领域的合作联系热络紧密，以色列除在北京设立驻华大使馆外，还在香港、上海、广州等地开设了领事馆。

E. 东非国家

东非即非洲东部地区。面积为370万平方千米，占非洲总面积的12%，1984年人口为1.04亿，约占全非总人口的20.1%。东非国家通常包括埃塞俄比亚、南苏丹、厄立特里亚、吉布提、索马里、肯尼亚、乌干达、卢旺达、布隆迪、坦桑尼亚和塞舌尔等国，这些国家信伊斯兰教、基督教、天主教、原始宗教等。

有"地球伤疤"之称的东非大裂谷是纵贯东部非洲的地理奇观，是世界上最大的断层陷落带。东非也是人类文明最早的发祥地之一。东非拥有可观油气储量，新探明的油气资源储量深刻影响该地区的经济结构和能源格局，给该地区的经济和社会发展带来新影响，推动该地区能源产业的起步和发展，进而对地区整体经济起到促进作用。

F. 南亚国家

F1. 斯里兰卡

（1）国情概览。斯里兰卡民主社会主义共和国（简称斯里兰卡，旧称锡兰），是一个位于印度洋海上的一个热带岛国。斯里兰卡国土面积为6.56万平方千米，2012年人口数量为2033万，主要宗教是佛教、印度教、回教、基督教，首都斯里贾亚瓦德纳普拉科特。

1802年，斯里兰卡成为英国的殖民地；1948年2月4日，斯里兰卡正式宣布独立，成为英联邦的自治领，定国名为锡兰；1972年5月22日，改国名为斯里兰卡共和国；1978年8月16日，改国名为斯里兰卡民主社会主义共和国。斯里兰卡独立后，泰米尔人于1972年发动"独立建国"的内战；2009年5月17日，斯里兰卡内战结束。

1978年9月7日，斯里兰卡效仿法国和美国，实行总统制。目前，斯里兰卡的政党主要有：斯里兰卡自由党、统一国民党、泰米尔全国联盟、人民解放阵线、全国僧伽罗僧侣党、锡兰工人大会党、穆斯林大会党、高地人民阵线、伊拉姆人民民主党和斯里兰卡共产党等。

（2）经济基础。斯里兰卡在南亚国家中率先实行经济自由化政策。工业、农业、服务业、旅游业、金融、外贸、外国资本和外国援助支撑本国经济。

斯里兰卡以种植园经济为主，主要作物有茶叶、橡胶、椰子和稻米。工业基础薄弱，以农产品和服装加工业为主。2011年GDP总计590.95亿美元。

（3）对华关系。1957年2月7日，斯里兰卡与中国建交。建交后，斯里兰卡政府一贯奉行对华友好政策，长期以来在台湾、西藏、人权等问题上给予中国支持。两国在许多重大国际和地区问题上拥有共识，合作良好。

1952年，斯里兰卡在未与中国建交的情况下，不顾美国和西方国家对中国的封锁，与中国签订了米胶贸易协定，开创了斯中两国友好的经贸合作历史。从1953年至1982年，中斯贸易为记账贸易。1983年，两国贸易开始以现汇方式结算。2006年中斯双边贸易额达11.4

亿美元。1982年，中斯开始互利经济合作。1995年至2002年，两国双边贸易额累计达24.6亿美元。随着两国贸易合作的不断加深，斯里兰卡向中国出口的产品结构明显优化。

F2. 印度

（1）国情概览。印度共和国（简称印度），是南亚次大陆最大的国家，国土面积为298万平方千米，2015年人口总数为12.74亿，主要宗教印度教、伊斯兰教、锡克教，首都新德里。

印度古代文明在印度河流域兴起，是人类最古老的文明之一。

18世纪，在印度角逐利益的欧洲强国主要是英国和法国。结果英国占据上风，法国的殖民势力被严重削弱。二战结束后，英国实力急剧衰落，无力继续维持其在印度的殖民统治。1946年印度皇家海军起义；1947年，根据英国的《蒙巴顿方案》，巴基斯坦和印度两个自治领分别于1947年8月14日和8月15日成立，英国在印度的统治宣告结束。

印度的政治体制是议会制共和制，目前主要的政党有：印度国民大会党、印度人民党、印度共产党（马克思主义）、印度共产党、泰卢固之乡党等。

（2）经济基础。印度是世界上发展最快的国家之一，经济增长速度引人瞩目。2013年GDP总计1.877万亿美元。

印度经济依靠其耕种业、现代农业、手工业、现代工业支撑。其虽然是一个农业大国，但粮食生产很不稳定，全国仍有四分之一的人口无法满足温饱需求。

铁路是印度最大的国营部门，是印度主要的运输手段，总长度为64015千米，居亚洲第二、世界第四，仅次于中国。

（3）对华关系。1950年4月1日，印度与中国建交；1959年，达赖集团在印度设立"流亡政府"，导致中印关系恶化；1962年10~11月，中印边境发生大规模武装冲突；1976年，两国关系逐步改善；1998年，印度借口"中国威胁"进行核试验，中印关系再度严重受挫；2002年，中印关系重新得到改善和发展；2008年1月，印度重提对中印边界印占区的主权，中印关系又一次受到考验，解决问题任重道远。

F3. 巴基斯坦

（1）国情概览。巴基斯坦伊斯兰共和国（简称巴基斯坦），国土面积为79.6万平方千米（不计克什米尔），全国领土为88万平方千米（含巴控克什米尔地区），2013年人口数量为1.97亿，主要宗教是伊斯兰教，首都伊斯兰堡。

巴基斯坦和印度曾为英国殖民地。1947年，根据《蒙巴顿方案》，巴基斯坦独立，成为英联邦一个自治省，包括东、西两部分；1956年，正式成立巴基斯坦伊斯兰共和国，仍为英联邦成员国。其独立后，与印度爆发了多次战争。在1971年的第三次印巴战争中，东巴基斯坦独立为孟加拉国，印度占据巴控克什米尔地区的部分土地；1972年，印巴签署了《西姆拉协定》，同意在克什米尔地区尊重1971年停火后形成的实际控制线，但仍时常发生零星冲突，印巴关系缺乏互信。

巴基斯坦的政治体制是半总统共和制，实行多党制。现有政党200个左右，其中最主要的政党有巴基斯坦人民党、巴基斯坦穆斯林联盟（领袖派）、巴基斯坦穆斯林联盟（谢里夫派）。

（2）经济基础。巴基斯坦拥有多元化的经济体系，是世界第25大经济体。1947年独立时很穷，有人估计要成为一个发达国家还需约一个半世纪的时间。

巴基斯坦的经济主要以农业转变而来的服务业为基础。其他主要产业包括软件、机动车辆、纺织、水泥、化肥、钢铁、造船、航空航天工业和军火生产。

（3）对华关系。中国和巴基斯坦一直友好相处，保持着密切交往。1951年5月21日，巴基斯坦与中国建交，建立了贸易关系；1963年1月，两国签订第一个贸易协定；1976年起，与中国开展科技合作；1982年10月，两国成立了中巴经济、贸易和科技合作联合委员会；2006年起，两国开始自由贸易；2009年2月，两国签署《中巴自贸区服务贸易协定》，当年中国成为巴基斯坦第二大贸易伙伴；2005年4

月,双方签署《中巴睦邻友好合作条约》,建立发展更加紧密的战略合作伙伴关系。

F4. 孟加拉国

(1) 国情概览。孟加拉人民共和国(简称孟加拉),位于孟加拉湾北岸,国土面积约为14.76万平方千米,2013年总人口为1.58多亿,主要宗教为伊斯兰教、印度教、佛教和基督教,首都达卡。

1757年,孟加拉国沦为英属印度的一个省;1947年印巴分治后,归属巴基斯坦,称为东巴基斯坦;1971年,脱离巴基斯坦而独立。1972年,成立孟加拉人民共和国。

孟加拉国的政治体制是议会制共和制,主要政党有孟加拉人民联盟、孟加拉民族主义党、孟加拉民族党、伊斯兰大会党。

(2) 经济基础。孟加拉国是世界上最不发达、最贫穷的国家之一,经济基础薄弱,国民经济主要依靠农业。2014年GDP总计1738亿美元。

孟加拉国的农产品主要有茶叶、稻米、小麦、甘蔗、黄麻及其制品、白糖、棉纱、豆油。重工业薄弱,制造业欠发达。主要直接投资国为美国、英国、马来西亚、日本、中国、沙特阿拉伯、新加坡、挪威、德国、韩国等。

孟加拉国旅游资源丰富,同130多个国家和地区有贸易关系。

(3) 对华关系。1975年10月4日,孟加拉国与中国建交。建交后,两国友好合作关系一直健康、顺利地向前发展,在政治、经济、军事、文化等各个领域进行了卓有成效的合作;在一系列重大国际和地区性问题上看法基本一致,在国际事务中密切配合;两国高层领导互访频繁,各种交往不断增加,合作领域不断扩大。1983年11月,中孟两国成立了经济、贸易和科学技术联合委员会;2006年1月起,中国在《曼谷协定》框架下向孟84种商品提供零关税待遇;自2010年7月1日起,中国对孟60%的输华商品提供零关税待遇。

孟加拉国是中国主要受援国之一。迄今中国已向孟加拉国政府提供经济援款37.95亿元人民币。中对孟直接投资9345万美元,孟对华实际投资达 3326 万美元。中国从孟加拉国主要进口原料性商品；出口的主要商品有纺织品、机电产品、水泥、化肥、轮胎、生丝、玉米等。

F5. 尼泊尔

（1）国情概览。尼泊尔联邦民主共和国（简称尼泊尔），地处南亚山区内陆，是佛教的发源地。国土面积为 14.72 万平方千米，2014 年人口数量约为 2 800 万人，主要宗教为印度教、佛教等，首都加德满都。

1768 年，尼泊尔建立沙阿王朝；1814 年，尼泊尔遭到英国入侵，被迫割让大片领土给英属印度，外交受英监督；1923 年，英国承认尼泊尔独立；1950 年，尼泊尔恢复王权；1960 年，尼泊尔实行无党派评议会制；1990 年，尼泊尔实行君主立宪的多党议会制；2006 年，尼泊尔恢复议会；2006 年 5 月，尼泊尔解除国王拥有的一切特权，规定为全国最高权力决策机构；2007 年 12 月，尼泊尔废除君主制；2008 年 5 月，正式成立尼泊尔联邦民主共和国。

尼泊尔的政治体制是议会制共和制，有 70 多个党派，主要政党包括尼泊尔共产党（毛主义），强调以马列主义、毛泽东思想为指导思想，要在尼泊尔建立人民共和国；尼泊尔大会党，主张巩固多党民主，建立民族团结并保持相互信任与合作，坚持不结盟；尼泊尔共产党（联合马列），主张多党民主，建立法制、自由和开放的福利国家。

（2）经济基础。尼泊尔是农业国，80% 的国民从事农业生产。从 20 世纪 90 年代起，尼泊尔开始实行以市场为导向的自由经济政策，但因政局不稳和基础设施薄弱，收效不明显。尼泊尔经济严重依赖外援，预算支出的三分之一来自外国捐赠和贷款。

（3）对华关系。1955 年 8 月 1 日，尼泊尔与中国建交。20 世纪后期两国领导人多次互访，双方友好合作得以巩固加强。

G. 南美洲

南美洲是南亚美利加洲的简称。北部以巴拿马运河与北美洲分界，南部与南极大陆隔海相望。总面积为 1797 万平方千米，占世界陆地总面积的 12%。2011 年，南美洲人口为 3.8 亿，世界排名第五。

在南美洲，印第安人是最早的开拓者。南美大陆古文明在安第斯山脉中段高原地带发源。早在公元 10 世纪前后，居住在这一带的印第安人部族印加人就建立了以秘鲁南部库斯科为中心的印加帝国。

16 世纪末，英国、法国和荷兰殖民者经过激烈争夺，分割了圭亚那地区和近海一些岛屿。由此，全南美洲进入了长达 300 年的殖民统治时期。南美洲人民为争取自由和解放，进行了长期英勇的斗争。1810 年，武装起义遍及整个南美洲。到 1826 年，相继建立起 10 个民族独立国家。

19 世纪末，崛起的美国成为南美洲的霸主。南美各国人民进行了反帝、反霸、反殖，维护国家主权，反对超级大国海洋霸权的长期斗争。

南美洲现有巴西、秘鲁、阿根廷、智利等 12 个独立的发展中国家。

南美洲交通较为便利，有航空、铁路、公路、水运等多种方式与外界联通。

中国支持南美洲人民的独立解放斗争，并尽可能提供道义、精神和物质支援。目前，南美洲国家与中国保持良好的关系，双方在重大国际关系问题上相互支持。

H. 欧洲国家

人们习惯从地理上将欧洲大陆划分为东欧、中欧和西欧三个区域。

东欧。东欧是欧洲东部的简称，包括白俄罗斯共和国、爱沙尼亚共和国、拉脱维亚共和国、立陶宛共和国、乌克兰共和国、摩尔多瓦共和国、俄罗斯联邦、阿塞拜疆、匈牙利、波兰、捷克、斯洛伐克、罗马尼亚，其中大多数国家以斯拉夫民族为主体。东欧国家经济发展差异悬殊。最发达的地区是俄罗斯，分布有许多著名工业区，如莫斯科、库兹巴斯工业区，圣彼得堡工业区，顿巴斯工业区，乌拉尔工业区等。

中欧。中欧是欧洲中部的简称，包括德国、波兰、捷克、斯洛伐克、匈牙利、奥地利、列支敦士登和瑞士。全区面积为 101 万平方千米，人口为 1.61 亿，是世界上经济较发达地区之一，总体在欧洲居于中等水平，各国服务业均占主导地位，其中德国是欧洲第一大经济体。

西欧。西欧是欧洲西部的简称，包括英国、爱尔兰、荷兰、比利时、卢森堡、法国和摩纳哥7个国家。面积为93万平方千米，人口约为1.41亿，是世界经济最发达的地区之一，拥有发达的工业、农业和对外贸易。

H1. 德国

（1）国情概览。德意志联邦共和国（简称德国），是位于欧洲中部的联邦议会共和制国家，国土面积为35.7万平方千米，由16个联邦州组成，2014年人口数量为8110万，以德意志人为主体民族，首都为柏林，是欧洲中邻国最多、欧盟中人口最多的国家。

德国人的祖先是古代中欧的日耳曼人。962年至1806年，日耳曼人建立神圣罗马帝国（史称德意志第一帝国）；1871年，普鲁士王国建立德意志帝国（史称德意志第二帝国）；1933年，纳粹集团上台，实行独裁统治（史称德意志第三帝国）。德国曾先后挑起两次世界大战并战败。1945年，根据《雅尔塔协定》和《波茨坦协定》，德国被美、英、法、苏四强占领，分裂为东德、西德两个主权国家；1989年东欧剧变，经四强同意，于1990年10月3日，东德正式加入西德，德国实现统一。目前，德国是欧洲第一大经济体，是欧盟创始国之一，也是北约、申根公约、八国集团、联合国等国际组织的重要成员国。

德国是一个高度发达的资本主义国家，为欧洲四大经济体之一，其社会保障制度完善，国民具有极高的生活水平。德国在基础科学与应用研究方面十分发达，以理学、工程技术而闻名的科研机构和发达的职业教育支撑了德国的科学技术和经济发展。以汽车和精密机床为代表的高端制造业，也是德国的重要象征。

德国政体是议会制共和制，实行多党制。主要政党有德国基督教民主联盟、基督教社会联盟、德国社会民主党、自由民主党、左翼党、绿党、海盗党、共产党等。

（2）经济基础。德国是世界第四经济大国、欧洲最大经济体，2014

年 GDP 达 3.87 万亿美元，排世界第四。德国还是世界第三大出口国、全球最大的资本输出国。

德国的能源主要来源于化石燃料，其次是核电，拥有丰富的木材、铁矿、钾肥、盐、铀、镍、铜和天然气资源，是世界上最大的褐煤生产国。

德国是世界贸易大国，同 230 多个国家和地区保持贸易关系。

德国农业发达，机械化程度很高。

德国是全球八大工业国之一，主要工业部门有电子、航天、汽车、精密机械、装备制造、军工等。鲁尔区是德国的传统煤钢工业区；慕尼黑（宝马汽车总部所在地）、汉堡、斯图加特（奔驰和保时捷总部所在地）、沃尔夫斯堡（大众汽车总部所在地）也形成了强大的制造业集群；柏林、莱比锡、德累斯顿同为德国东部的工业重镇；新兴工业集中在慕尼黑一带。

（3）对华关系。1949 年 10 月 27 日，东德与中国建交；1972 年 10 月 11 日，西德与中国建交关系。中德之间没有严重的政治障碍，双方合作广泛、深入、持久，两国彼此将对方视为在各自大洲最重要的经贸伙伴，中国更将德国作为"通往欧洲的大门"。

H2. 荷兰

（1）国情概览。荷兰是一个高度发达的资本主义国家，位于欧洲西偏北部，是亚欧大陆桥的欧洲始发点，是高收入经合组织国家。国土总面积为 4 万余平方千米，欧盟和北约创始国之一，也是申根公约、联合国、世界贸易组织等国际组织的成员。2013 年人口数量为 1680 余万，首都阿姆斯特丹，而中央政府、国王居住办公地、所有的政府机关与外国使馆、最高法院和许多组织都在海牙。

荷兰拥有起伏跌宕的历史：1463 年正式成为国家；16 世纪前长期处于封建割据状态，16 世纪初受西班牙统治；1579 年北方省中的七省成立了乌得勒支联盟，共同反对西班牙统治，开启了现代荷兰的历史；1581 年 7 月 26 日，荷兰宣布废除西班牙国王对荷兰各省的统治权，成立独立的荷兰共和国；1588 年，成立荷兰联省共和国。独立后，荷兰发展成为17世纪航海和贸易强国；1648年西班牙正式承认荷兰独立，荷兰达到了商业繁荣的顶点，成为17世纪海上殖民强国；17世纪后期，荷兰先后与英国、法国交战失利而陷入衰落；1810年并入法国；1814年脱离法国；1848年成为君主立宪国，一战和二战初期保持中立；1940年5月被德国侵占，王室和政府迁至英国成立流亡政府；1945年恢复独立，战后放弃中立政策，加入北约和欧盟；2015年3月28日，荷兰加入亚洲基础设施投资银行。

2014年荷兰本土设12个省，下辖443个市镇。荷兰把坚持奉行依靠北约的集体防务作为其国防政策的核心，并将北约视为维护欧洲和荷兰安全的基石。主要政党有8个：自由民主人民党、基督教民主联盟、工党、社会党、新自由党、基督教联盟、绿色左翼联盟、六六民主党。

（2）经济情况。荷兰自然资源比较贫乏，但天然气和石油储量比较丰富，还有一定数量的煤炭。荷兰天然气开发仅次于俄罗斯、美国和加拿大，居世界第四位。

荷兰是古老的贸易强国，在17世纪上半叶就有"海上马车夫"之称。作为发达的资本主义国家、西方十大经济之一，荷兰农业产值占国内生产总值的2%，是世界上仅次于美国的第二大农产品出口国；工业非常发达，鹿特丹是欧洲最大的炼油中心；20世纪80年代以来，服务业迅速发展，成为荷兰国民经济的支柱。同时，荷兰的旅游业也较为发达，科研水平在世界上排名第12位，迄今已有十几名诺贝尔奖获得者。在发达国家中，荷兰是唯一与中国签订科技战略联盟协定并在科研领域开展长期平等合作的国家。

（3）对华关系。1662年，中国民族英雄郑成功从荷兰殖民者手里收复台湾；1954年11月，荷兰与中国建立代办级外交关系；1989年，荷兰因参与欧共体对华进行"制裁"，严重影响两国关系；1990年10月后，中荷关系逐渐改善；1997年4月，荷兰又因人权问题，再次影响中荷关系；1997年底，荷兰改变涉华人权问题立场，中荷关系得以全面恢复。

经贸关系方面，从 2003 年起，荷兰连续 10 年成为中国在欧盟的第二大贸易伙伴。自 1980 年以来对荷贸易一直顺差，其中对荷出口 70% 属转口贸易，50% 以上属于加工贸易。

两国除在文化、教育、科技和军事交流方面保持良好势头外，地方往来也较为频繁、密切。截至 2013 年 7 月，两国已建立 26 对省、市友好关系。

H3. 西班牙

（1）国情概览。西班牙王国（简称西班牙）是位于欧洲西南部的君主立宪制国家。总面积为 50.6 万平方千米，2014 年人口为 4650.78 万，信奉天主教，首都马德里。

1873 年，西班牙爆发资产阶级革命，建立第一共和国；1874 年 12 月 24 日，西班牙王朝复辟；1898 年，爆发的美西战争，西班牙战败，丧失了所有海外殖民地，不再有国际大国的地位，在一战中保持中立；1931 年 4 月 12 日，西班牙王朝被推翻，建立第二共和国；1936 年 7 月 17 日佛朗哥发动叛乱，引发三年的西班牙内战；于 1939 年 4 月，佛朗哥夺取政权，实行独裁统治长达 36 年；1947 年 7 月，佛朗哥宣布西班牙为君主国，自任终身国家元首；1975 年 11 月 20 日，佛朗哥病故，胡安·卡洛斯一世登基，恢复君主制；1976 年 7 月 1 日，西班牙开始向西方议会民主政治过渡；1978 年 12 月，正式出台新宪法；1982 年西班牙加入北约；1986 年，西班牙加入欧共体；1996 年至 2004 年，人民党连续执政；2011 年 11 月，人民党重掌政权。

西班牙的政治体制是议会制君主立宪制，实行多党制。主要政党有人民党、西班牙工人社会党、西班牙共产党、统一与联合、巴斯克民族主义党。

（2）经济基础。西班牙是中等发达的资本主义工业国，经济总量居欧盟第五位，2013 年 GDP 总计 13 986.30 亿美元。西班牙以陆路交通运输为主，铁路交通系统十分先进，在欧洲乃至世界都居于领先地位。截至 2014 年，铁路总里程为 13 853 千米；其中高速铁路里程 2900 千米，位居欧盟第一、世界第二。

（3）对华关系。1973年3月9日，西班牙与中国建交。建交后，双边关系发展平稳，双方在政治、经贸、科技和文化等领域的交往与合作不断扩大。双方领导人保持经常性的往来。2005年11月，两国宣布建立全面战略伙伴关系。

二、"一带一路"的国际方位分析结论

根据上述分析，在"东进""西出""北上""南下"四个基本方位中，"东进"暂时不具备政治条件，缺乏可行性；"北上"只有2个国家和地区，自然、经济条件暂时不完备。下面主要详述"西出"和"南下"。

"一带一路""西出"，将是贯穿亚、欧、非大陆，连接朝气勃发的东亚经济圈和发达领先的欧洲经济圈的旷世南北合作，带动发展潜力巨大的沿线国家平抑社会乱局，改善生态环境，开发自然和人文资源，启迪社会精神意识，创造新的人类成果，提高国民素质和生活水准，向更高级别的社会经济形态迈进，形成全线域经济"溢出"和"集纳"体系，直接造福于62%的世界人口。

"一带一路""南下"，将是从中国纵贯东南亚直达大洋洲，再横跨太平洋登陆南美洲，连接三大洲的高水平南南合作，亚洲、南美洲、大洋洲三个巨人相携而动，实现起飞、进步的夙愿。

第二节 具象"一带一路"：共建经济走廊

一、基本概念

（一）建筑学的走廊

在建筑学里，走廊是建筑物中连接两个较大空间、带有顶棚的狭

长过道。这里有几层含义：第一，走廊是建筑物的组成部分；第二，走廊带有顶棚，具有自我保护功能；第三，连接两个较大空间，是走廊的基本功能；第四，走廊的特点是供人通过的狭长过道。

（二）地理走廊

在地理学中，连接不同地域、地区或地点的地表通道也称为走廊。不过地理走廊没有顶棚作为保护，要依靠沿线各节点驿站的主动维护。中国有三大较为出名的地理走廊：位于甘肃的河西走廊、位于辽宁的辽西走廊以及位于台湾海峡的海上走廊。

（三）经济学中的走廊

借用建筑学的走廊概念，经济走廊是在经济活动中连接两个较大经济区域、具有相应社会保障条件的狭长通道。这里也有几层含义：第一，经济走廊是经济活动的组成部分；第二，经济走廊带有针对性的社会保障条件，不仅包括公共管理性质的制度体系，而且强调信息化条件下的物流硬件设施；第三，经济走廊连接的是两个较大的经济区域，包括但不限于孤立的经济组织；第四，经济走廊是供经济要素流动的狭长通道，包括但不限于交通基础设施、有线通信设施。

二、国际经济走廊

（一）国际经济走廊的定义

国际经济走廊是指国际间用于经济活动的狭长通道。一条经济走廊通常有五个主要要素构成：第一是走廊基体（走廊的结构形式及材质，所依托的基础，以及与本地其他通路的关系）；第二是走廊端点（走廊两端的起止点，通常设在经济活动集中的代表性大中城市）；第三是走廊长度（走廊起止点之间沿线经过的实际长度）；第四，走廊荷载（走廊负担的经济要素流动承载量）；第五是走廊辐射带（走廊主干上的副廊、辅廊或分支向外延伸的幅度）。

（二）"一带一路"与国际经济走廊的关系

国际经济走廊是"一带一路"的具象，可以从逻辑、性质、空间和方略四个方面来理解二者的关系。第一，逻辑上，国际经济走廊包含在"一带一路"之中。"一带一路"只有一个，而国际经济走廊可以动态地存在多个；第二，性质上，"一带一路"是发展战略，具有长时期的全局指导性，国际经济走廊是实施计划，是发展战略的落实与体现；第三，空间上，国际经济走廊需与"一带一路"总体同向。当然，不要求具体的国际经济走廊与"一带一路"每个细节都重合，允许有一定的弹性幅度，只是要服从、服务于"一带一路"的根本方向。国际经济走廊间的主要的空间位置见图3-1；第四，方略上，要明确国际经济走廊是共建，包含但不等于援建或赠与，国际经济走廊要在激发当地活力、协调区域发展中发挥基础性、持续性的核心作用。

图 3-1 国际经济走廊主要空间位置

（三）六大国际经济走廊

欧亚大陆上现已有 6 条国际经济走廊，它们与"一带一路"的走向一致。

（1）中蒙俄经济走廊。横跨欧亚大陆，联结中、蒙、俄三国的国际经济走廊，东部端点分别为中国的天津、俄罗斯的符拉迪沃斯托克，西部端点为俄罗斯的莫斯科。

（2）新欧亚大陆桥。横跨欧亚大陆，联结中国、中亚、中欧和西欧的国际经济走廊，东部端点为中国的连云港，西部端点为荷兰的鹿特丹。

(3) 中国—中亚—西亚经济走廊。横跨欧亚大陆，联结中国、中亚和西亚的国际经济走廊，东部端点是中国的乌鲁木齐，西部端点是土耳其的伊斯坦布尔。

(4) 中国—中南半岛经济走廊。联结中国与中南半岛国家的国际经济走廊，北部端点是中国的昆明，南部端点是新加坡。

(5) 中巴经济走廊。联结中国与巴基斯坦的国际经济走廊，东部端点是中国的喀什，西部端点是巴基斯坦的卡拉奇。

(6) 孟中印缅经济走廊。为中国与缅甸、印度与孟加拉国两条国际经济走廊的合称。

六大国际经济走廊的共同点是均以中国为特定方向上的端点，端点与沿线国与中国之间存在政治上的友好基础以及经济上的互助需求，沿线安全形势稳定可控，汇集、活化经济要素的能力和潜力巨大。走廊各国追求最大公约数，寻求互利共赢，共同参与建设。这些共同点为经济走廊的成功定下了基调。

（四）国际经济走廊案例分析

(1) 中巴经济走廊。中巴经济走廊是李克强总理于2013年5月访问巴基斯坦时提出的。目的是加强中巴之间交通、能源、海洋等领域的交流与合作，推动双方互联互通，促进两国共同发展。

在此之前，中巴就已开始开设自由贸易区、开辟经济走廊的探索和努力，但受安全形势、基础设施和能源保障等条件的限制，未能实现初衷。

中巴经济走廊一直被两国寄予厚望，将中巴经济走廊作为"一带一路"建设的国际合作范本。为此，两国将采取积极有效的措施克服目前的这些困难。巴方大力整饬走廊沿线的治安秩序，为走廊创造安全、安定的社会环境；中方引导鼓励中资进入巴基斯坦，完善交通基础设施，升级改造喀喇昆仑公路，深化双方在基础设施、能源、电信、农业等合作领域的合作，这可以满足经济走廊建设的要求，也可以满足巴基斯坦最现实的发展要求。

中巴经济走廊现拟承接中国山东的产业转移,转移的目标地是巴基斯坦旁遮普省,海尔集团、如意集团、华能集团、锦昉棉业等一批中国知名企业已在当地扎根发展。

(2)中蒙俄经济走廊。2014年09月11日,国家主席习近平在出席中俄蒙三国元首会晤时提出共建"丝绸之路"经济带的倡议,得到俄方和蒙方积极响应。该倡议对接"丝绸之路"经济带、俄罗斯跨欧亚大铁路、蒙古国草原之路发展愿景,共同打造中蒙俄经济走廊。随后,三国各自牵头部门即开始具体落实的工作。

2006年5月25~26日,中国、蒙古国、俄罗斯联邦三国牵头部门在京召开关于《规划纲要》联合编制工作组司局级会议。三方秉持寻求共同利益最大公约数的原则,对《规划纲要》文本及所附项目清单进行逐条讨论,最终达成共识,形成了符合三方共同利益、体现三方共同诉求、对接三方发展战略的统一合稿,为下一步拟召开的中蒙俄三国副外长磋商等重大事项奠定了基础。

2016年6月23日,中国、蒙古、俄罗斯三国签署《建设中蒙俄经济走廊规划纲要》,明确了经济走廊建设的具体内容、资金来源和实施机制,商定了32个重点合作项目,涵盖了基础设施互联互通、产业合作、口岸现代化改造、能源合作、海关及检验检疫、生态环保、科技教育、人文交流、农业合作及医疗卫生等十大重点领域。

中国外交部发言人华春莹说,中蒙俄经济走廊建设取得的重大进展,充分体现了三方秉持共商共建共享原则、加强发展战略对接、推进"一带一路"建设的决心和信心,也展示了"一带一路"建设的巨大潜力和广阔前景。《规划纲要》的签署是"一带一路"重要的早期收获,标志"一带一路"首个多边经济合作走廊正式开始建设,具有重要意义。三国将以签署《规划纲要》为契机,深化各领域合作,推进互联互通建设,实现互利共赢、共同发展的目标。

(3)新欧亚大陆桥,即相对旧欧亚大陆桥而言的第二亚欧大陆桥,是目前亚欧大陆东西两侧最为便捷的通道。它全长约10 800千米,沿线有中国、中亚、西亚、东欧和西欧的30多个国家和地区,是世界上最长的一条大陆桥，1992年12月1日正式投入运营。

新欧亚大陆桥分北、中、南三线接驳欧洲铁路网通往欧洲。

北线：经哈萨克斯坦阿克套北上与西伯利亚大铁路接轨，经俄罗斯、白俄罗斯、波兰通往西欧及北欧各国。

中线：经哈萨克斯坦往俄罗斯、乌克兰、斯洛伐克、匈牙利、奥地利、瑞士、德国、法国至英吉利海峡港口转海运或由哈萨克斯坦阿克套南下，沿吉尔吉斯斯坦边境经乌兹别克斯坦塔什乾及土库曼斯坦阿什哈巴德西行至克拉斯诺沃茨克，过里海达阿塞拜疆的巴库，再经格鲁吉亚第比利斯及波季港，越黑海至保加利亚的瓦尔纳，并经鲁塞进入罗马尼亚、匈牙利通往中欧各国。

南线：经土库曼斯坦阿什哈巴德向南进入伊朗，在马什哈德折向西，经德黑兰、大不里士入土耳其，越过博斯普鲁斯海峡，经保加利亚通往中欧、西欧及南欧各国。

实际上，中国现有四个欧亚大通道方案：

① 大连方案（连满欧亚联运大通道）。以大连为上岸港，把中国、日本、东南亚各国供应俄罗斯和西北欧的货物，经哈大铁路、滨洲铁路，由我国最大的陆路口岸、内蒙古的满洲里出境，沿西伯利亚大铁路，经俄罗斯的莫斯科到俄边境城市布列斯特分流，再经波兰的华沙、德国的柏林到荷兰的鹿特丹港。此方案贯通我国东三省和内蒙古北部，横跨工农业发达的松辽平原。该方案在我国和俄罗斯境内的里程均较长，通过能力和吞吐能力均较强，开展大陆桥运输的基础比较可靠，条件比较优越，被中俄两国所倚重。

② 绥芬河方案（绥满欧亚联运大通道）。以俄罗斯纳霍德卡港或海参崴为上岸港，经铁路至中国黑龙江省的绥芬河，途经哈尔滨和满洲里，与俄罗斯的札拜卡力斯克—塔尔斯克铁路和西伯利亚大铁路连接，再到布列斯特分流，最后西抵鹿特丹港。此方案在中国境内横贯东北最北部，途经黑龙江省和内蒙古的兴安盟及呼伦贝尔盟，沿线资源丰富，工业发达。该方案虽是海陆联运，但受海参崴港封冻和绥芬河口岸过货能力饱和的影响，按现行运价对中国不利。

③ 天津方案（津蒙欧亚联运大通道）。上岸地是天津新港，经北京、大同、二连浩特进入蒙古国，经乌兰巴托北入俄罗斯与西伯利亚大铁路接轨，再到布列斯特分流，最后西抵鹿特丹港。此方案铁路经过中国华北平原，工、农、牧业均较发达，煤炭、电力、天然气资源丰富，途经的北京、天津都是特大城市。该方案全程运距最短，中俄境内运距最短，运费最少。但京—津铁路运力饱和，增容困难，且蒙古境内的运费较高，对中俄两国不利。

④ 连云港方案（新欧亚大陆桥）。上岸地是连云港，经郑州、西安、兰州、乌鲁木齐，从阿拉山口出境，经塔吉克斯坦等国到新西伯利亚与西伯利亚大铁路接轨，经莫斯科到布列斯特分流，最后西抵鹿特丹港。此方案地理位置适中，覆盖西部省区较多，横穿中国中部的江苏、安徽、河南、陕西、甘肃、青海、新疆等 7 个省区，范围大，沿线人口密集，工农业较发达，覆盖中国政治经济和历史文化核心区，衔接黄河中下游黄金经济走廊。该方案中，中国境内的里程达 4100 多千米，收取的过境运费较多。但国内不少路段等级不高，制约运量，中亚国家协调能力有限，这些都对运营效能产生影响。

未来中国、尼泊尔、欧盟还将合作修建被称为第三欧亚大陆桥的跨欧亚铁路。这条拟议中的铁路以青岛为上岸地、荷兰的鹿特丹为终点。经京鲁—京包—包兰—兰青—青藏线，由中尼铁路至加德满都，再经南亚北部铁路、伊朗高原铁路、土耳其—波兰铁路、波兰—荷兰铁路，全程为 15 300 千米。预计第三欧亚陆桥竣工后，将成为里程最长的欧亚跨洲通道，有力地促进南亚、西亚与中国、欧洲大陆的发展合作，经济方面和政治方面都令人期待。

三、国际经济走廊贵在共建

（一）共建的意义

众人拾柴火焰高。稳健的国际经济需要关联各方共同加以努力，仅靠单方面或几方面的积极性是不够的。国际经济走廊通常会涉及三个以上的国家，超出双边关系的范畴，简单化的你情我愿不具有实际的积极价值，唯有大家同舟共济才是通途。

（二）共建的条件

国际经济走廊路途遥远，穿越、途经不同的经济发展区域，沿线关联国家众多，而且加入走廊的动机各不相同。有的图名，有的图利，有的倾力投入，有的坐享其成。对此，要求大同存小异，在坚持基本原则的前提下，允许关联国有自己个性化的目标空间。

首先是平等互利原则。平等才能互利。在投入付出时，不能藏掖欺瞒；在分享利益时，不能唯我是从。要求别国做"冤大头"，已国"坐收渔利"，这既是帝国主义残余意识，又是封建主义落魄意识，不利于国际经济关系的健康发展，不利于国际经济走廊的建设。

其次是差别可控原则。经济不平衡是一个普遍的规律。不同地区、不同国家的经济条件出现差异是很常见的事。但对于国际经济走廊的关联国来说，则要求这种差异不能过大。过大的贫富差异会限制经济要素的自由流动，影响对走廊的共同付出，产生实际上的不平等，诱发各种隐患。毕竟，国际经济走廊不是国际间无经济差别的嘉年华。

最后是和平共处原则。在经济发展中，国家间发生矛盾也是常见的。解决矛盾的基本方法是协商谈判，设身处地，互谅互让。通过完善走廊的制度体系，制约关联国的不规范行为。不能借势压人，激化矛盾，更不能动辄以经济和武力相威胁。在国际经济走廊中，应尽可能摒弃单边主义、单极独大的霸权思维，让走廊充满和平的阳光与幸福。

上述 3 个案例中，虽经济走廊的具体内容不同，但"共建"的特点极为突出，在共建的基础上，各国的主人翁意识得以昭示，其长远作用不容小觑。因此，要将"共建"理念贯穿于"一带一路"建设与发展过程的始终。

第三节　落实"一带一路":推动区域经济一体化

用艺术的语言来讲,"一带一路"能把沿线各国结成五彩缤纷的珍珠链。用政治经济学的眼光来看,"一带一路"是要落地的,与区域经济一体化互为因果。而实现"一带一路"的区域经济一体化,将是经年旷久的事。以发达国家的经验为例,欧洲的一体化就耗费了半个多世纪的时间。但区域经济一体化毕竟是一种大趋势,而且现实的前景十分令人向往。加上各地近年来卓有成效的积极努力,多地的区域经济一体化已现雏形。我们有理由相信,只要坚持兴利除弊,虚心学习,科学借鉴成功经验,立足本地区实现区域经济一体化,就能形成区域统一的大市场,进而落实"一带一路"构想。

一、区域经济一体化

没有任何一个国家的经济(如经济结构、经济总量、经济潜力、经济影响)能够达到完美无缺、万事不求人的绝对发达程度。美国不能,日本不能,欧洲诸强也不能。即使是经济强国,其经济肌体也会有这样或那样的缺陷。所以,"经济发达"是一个带有相对性的概念。换句话说,经济强国自有短板,经济弱国也并非一无是处。在世界经济全球化的条件下,各国的经济都有相互补充的余地。而相互补充的结果,是形成特定的经济利益共同体,相关国家可以在提高共同体相对经济水平的同时,分享共同体中的经济要素,以弥补本国经济水平的不足。这种若干国家经济"抱团升级"的过程实际上就是区域经济一体化,是国际经济关系中最为引人关注的一种趋势,也是"一带一路"倡议、国际经济走廊所关注的趋势。

(一)定　义

区域经济一体化是国家之间市场一体化的过程,是从产品市场、生产要素市场向经济政策逐步统一深化的过程。包括：① 贸易一体化（取消对商品流动的限制）；② 要素一体化（实行生产要素的自由流动）；③ 政策一体化（在共同体内达到国家经济政策的协调一致）；④ 完全一体化（经济活动的全面统一）四个阶段。

"经济一体化"概念出现在 1950 年，意为单独的经济整合为较大的经济的一种状态或过程，也用来描述一种多国经济区域的形成过程。这里的"区域"是指一个能够进行多边经济合作的地理范围，通常大于一个主权国家的地理范围。在这个区域内，贸易壁垒被削弱或消除，经济要素自由流动的趋势凸显。

经济地理学观点认为，世界可以分为许多由具有不同经济特色的地区组成的地带。但这些经济地区同主权国家、地区可处于不同的区域。为了协调两种地区之间的关系，设法在条件相同（或类似）的地区消除主权、国体、政体等非经济因素给国家和地区间经济交往造成的障碍，这就是区域经济一体化的设想。经济一体化支撑一体化组织，一体化组织则通过契约和组织架构固定一体化的成就。

从 20 世纪 90 年代开始，区域经济一体化组织大量、快速地涌现出来，在全球形成了一股强劲的新浪潮。它推进迅速，合作深入，内容广泛，机制灵活，形式多样，这股潮流表明世界经济不但朝全球化方向深入发展，而且也在朝多极化方向迂回发展。

（二）进　程

区域经济一体化的进程始于 1921 年。是年，比利时与卢森堡结成经济同盟，后来荷兰加入，组成比荷卢经济同盟。11 年后的 1932 年，英国与英联邦成员国组成英帝国特惠区，规定只限于成员国范围内相互减降关税，形成了一种特惠关税区。这两个案例既是区域经济一体化的早期雏形，又是经典的一体化形式。

二战后，世界经历了三次较大的经济一体化发展高潮。第一次高潮出现在 20 世纪 50~60 年代；第二次高潮出现在 20 世纪 70~80 年代后期；第三次高潮出现在 20 世纪 90 年代以后。

（三）动　因

（1）直接动因：联合起来，一致对抗外部压力。
（2）客观条件：战后科学技术和社会生产力高速发展。
（3）内在动因：维护民族经济利益与发展及其政治利益。
（4）政治诱因：贸易与投资自由化。
（5）经济诱因：贸易创造各种积极的经济效应。
（6）多元化的理论基础。

（四）特　点

区域经济一体化快速发展的途径主要有：① 在现有基础上升级改版；② 增扩一体化共同体成员国；③ 签署新的区域经济协议；④ 重启原先搁浅的区域经济谈判。

全球区域经济一体化趋势日益明显，在各大洲都出现了积极的局面。

（1）亚洲。东亚经济合作是区域经济一体化高潮在亚洲的闪光点。1992年，东盟签署建立自由贸易区协议；1997年年底，东盟举行首届与中、日、韩三国领导人非正式会晤，建立"10+3"合作机制，将区域经济合作从东盟扩展至东亚，启动了东亚合作进程；2002年，中国与东盟达成在2010年建立自由贸易区的框架协议，形成"10+1"合作模式。

（2）非洲。1992年，南部非洲发展协调会议成员国首脑会议签署关于建立南部非洲发展共同体的条约、宣言和议定书三个文件，正式将该组织更名为"南部非洲发展共同体"；1994年，"东部和南部非洲优惠贸易区"首脑会议批准把优惠贸易区转变为共同市场，宣布正式成立东部和南部非洲共同市场（简称"东南非共同市场"）。

（3）欧洲。成立"欧盟"、启动欧元、扩大欧盟，使得欧洲区域经济一体化令人瞩目。

（4）美洲。1994年，正式成立"北美自由贸易区"，美国设想把其范围扩展到拉美，以形成一个覆盖整个南北美地区的世界最大自由贸易区，但因第四届美洲国家首脑会议漠视此项动议的谈判而作罢。

另外，2001年，澳大利亚、新西兰及东盟的贸易部长签署促进贸易、投资和经济一体化的政府间框架协议，2002年该协议正式签约。

区域经济一体化已经覆盖了世界大多数国家和地区。世界银行统计表明，平均每个国家或地区参加了5个区域贸易协议（RTA）；同时加入世贸组织和区域经济组织的国家有近150个；北方（北欧、北美、北亚）平均每个国家参加13个区域贸易协议（RTA）；许多东欧、北非和拉美发展中国家与北方国家签署了双边优惠贸易协议；东亚各国签署的区域贸易协议少一些；南亚各国尚无与北方国家签署区域贸易协议的先例。

（五）理　论

区域经济一体化的迅猛发展，与多元化的理论基础密切相关。

（1）关税同盟理论。在这方面，美国经济学家范纳（Jacok Viner）和李普西（K·G·Lipsey）的影响最大。范纳提出完全形态的关税同盟应具备三个特征：① 取消各成员国间的关税；② 对非成员国进口设置统一的关税；③ 在成员国之间协商分配关税收入。范纳理论结合自由贸易和保护贸易，使得关税同盟对世界经济呈现出贸易创造和贸易转移并存的双重性。

（2）大市场理论。大市场理论认为：各国推行狭隘贸易保护政策，只顾本国利益，把市场分割得狭小刚性，只能为本国提供狭窄的市场，无法实现规模经济和大批量生产的利益。

（3）协议性国际分工理论。该理论由日本著名教授小岛清提出，意指两国放弃各自部分商品的生产而把市场提供给对方，实行协议性国际分工，即通过经济一体化的制度把协议性分工组织化。典型的协议性国际分工是拉美中部共同市场统一产业政策。

（4）综合发展战略理论。综合发展战略理论认为，经济一体化是发展中国家的一种发展战略，应有强有力的共同机构和政治意志来保护这些国家的优势。有效的政府干预对于经济一体化是很重要的，发展中国家的经济一体化是改变旧的世界经济格局、建立国际经济新秩序的要素。

（六）实　质

区域经济一体化反映出世界经济多极化和世界政治多极化的大趋势。

从发达国家角度来看，区域一体化以经济全球化为背景。一方面，伴随着科技进步和生产力巨大发展的要求，生产体系和市场体系在全球范围不断扩张，而充当其中载体和推手的是跨国公司；另一方面，民族利益和国家利益加剧全球竞争，美国经济独霸的局面不复存在，形成了当今世界经济"一超多强"的格局。因此，发达国家希望通过建立区域经济组织来保证自己的生产体系稳定和市场规模扩大，增强自身的竞争实力，确保获利更多。

从发展中国家来看，随着经济全球化的深入，新兴工业化国家和包括中国、印度在内的发展中国家的经济，已经逐步在世界经济中站稳脚跟。作为世界经济中的"一极"，这些国家参与国际竞争和经济一体化的愿望更加强烈，要求同发达国家平等互利、实现共赢的呼声更加高涨。但发展中国家作为单个经济体实力显然弱小，希望通过参加区域经济组织来维护自身的经济利益和经济安全。尽管主导这些区域经济组织的往往都是带有"私利"动机的大国，但发展中国家仍有可能从参与区域经济一体化中获得自己的利益。

区域经济一体化的实质是世界经济的多极化。一方面，在经济发展不平衡规律的作用下，当今世界经济正在摆脱超级大国的控制，有利于平等合作、公平竞争；另一方面，区域经济组织不仅是竞争的产物，而且是大势所趋的必然结果。

经济是政治的基础和前提。考察区域经济一体化时不能忽略政治因素。自20世纪80年代末90年代初开始，世界政治多极化趋势加强。苏联解体、东欧剧变宣告两极世界格局瓦解。美国作为冷战后唯一的超级大国，虽然拥有经济、科技、军事以及国际影响力的绝对优势，但已无力主宰冷战后的单极世界。欧洲、日本、俄罗斯和中国在国际政治舞台上正发挥着日益重要的作用。在世界政治多极化趋势下的区域经济一体化具有逻辑上的必然性。事实上，多数区域合作或自由贸易都有明显的政治含义。

伴随世界多极化的发展，区域经济一体化的趋势将会进一步加强。区域经济一体化在一定程度上体现并助推着国际经济与政治的平等、民主趋势。

（七）类　型

根据成员构成的不同，区域经济一体化组织分为三类：① 发达国家型。由发达国家组建的经济一体化组织，典型的如欧盟；② 发展中国家型。由发展中国家组成的经济一体化组织，如东盟；③ 南北型。由发达国家和发展中国家共同组建的经济一体化组织，如北美自由贸易协定。这三类组织形式上相似，但目标、运行机制、发展历程等都明显不同。

二、区域经济一体化对国际贸易的影响

区域经济一体化"对内自由，对外保护"，对多边贸易体制和全球经济产生双重影响，既有正面的，又有负面的。而且，随着世界经济全球化的不断发展，区域经济一体化的消极影响会变得愈加突出。

（一）正面影响

传播自由贸易思想；具有转变为多边贸易体制的可能性；区域谈判与多边谈判具有重要的"协同作用"；为多边贸易谈判提供经验和技巧。

（二）负面影响

一体化组织"内外有别"的政策有悖于多边贸易体制的非歧视原则，形成保护主义的贸易壁垒；一体化组织的贸易转移效应有悖于比较优势原则，损害外部国家；一体化组织增强垄断，抑制竞争，削弱

合作组织体制的作用；一体化组织把多边贸易协定转变为组织安排，不利于合作组织体制发挥作用。

三、区域经济一体化的理性路径

中国地域面积接近整个欧洲，地跨多种自然经济人文历史地带，政治阅历丰富，经历过计划经济和市场经济体制，在区域经济合作方面取得的经验和教训均具有代表性，值得深入研究和借鉴。

（一）区域经济合作的障碍

中国是世界第二大经济体，在世界经济发展格局中影响巨大。20世纪90年代后，中国区域经济的联系越来越紧密，合作的范围、领域和规模不断扩大，形成了京津冀、环渤海、长三角、珠三角等重要的经济区域。而计划经济时代遗留的"行政区经济"和地方保护主义却在阻碍着区域经济一体化的进程，增加地方之间贸易的交易成本，损害区域经济的增长。法国经济学家 Sandra Poncet 指出，1997年中国省际平均关税高达46%，与美国—加拿大间的贸易关税相当，超过欧盟各国间的关税水平。打破地方保护主义，构筑区域经济的总体优势，成为当前中国政府和学界共同关注的焦点问题。

在中国，人为分割、画地为牢的经济发展意识和过程形成的重复建设，阻碍着地区间分工和交换。澳大利亚学者奥德丽·唐尼索恩（Audrey Donnithorne）曾称之为"蜂窝状"经济。地方保护主义是"蜂窝经济"的主要根源，而地方保护主义则根源于现行的政治经济体制。仅靠市场力量难以冲破这种体制性的障碍。中央与地方之间的权力结构、"政绩合法性"主导下的地方干部考核制度、政府机构庞大与地方财政困境，以及计划经济时代遗留的工业布局，共同制约区域经济一体化的进程。

中国是一个政府主导型的发展中国家，只有通过政府进行市场化的制度创新，建构区域政府间的强有力紧密合作机制，才能打破传统体制的羁绊，找到现行体制下实现中国区域经济一体化发展的理性路径。

（二）区域政府合作机制的建构

中国特色社会主义经济学认为，政府和市场是现代市场条件下资源配置的两种基本方式，中国与资本主义国家在处理政府与市场的关系方面既有共同点，又具有本质的差别。党的十八大要求发挥市场的决定性作用，减少政府对微观经济直接干预，明确了解决政府与市场关系问题的根本思路。

就区域政府间的合作来讲，就是发挥行政手段的刚性力量，在尊重市场规律的前提下，扫除行政壁垒，促进区域内部要素的流动，实现资源的有效配置，最终形成一个统一的区域经济共同体。为此，区域政府合作应当：

第一，实现市场竞争规则的一体化。区域政府合作必须要制定统一协调的市场竞争规则，这对建立区域经济一体化的发展机制起着关键性作用。

第二，建立跨行政区域的制度性机构。通过立法等形式，使组织协调机构对各地自愿合作的政府都具有明确的约束性。

第三，强化对区域内交通、港口、通信等基础设施的统筹与管理，实现基础设施建设的一体化。基础设施的一体化是区域整体规划的核心。

第四，构建区域经济特色，避免产业同构现象，充分发挥产业竞争力。

第四章　中国与沿线国家政府间的合作

在国际区域经济合作中，各国政府的作用是至关重要的。它们作为各自国家的代言人，构成经济合作中的纽带和桥梁。换句话说，国际区域经济合作必须以各国政府合作为先导。

"一带一路""西出"方向途径北亚、中亚、南亚、西亚、东北非、东欧、中欧、西欧相关国家；南下方向途径东南亚、大洋洲、南美洲相关国家。这些国家统称为"一带一路"建设沿线国家，简称沿线国家。

1956年，毛泽东在中共八大开幕词中明确提出，我们必须争取同一切愿意和我们和平相处的国家，在互相尊重领土主权和平等互利的基础上，建立正常的外交关系。70多年来，中国始终按照独立自主、和平共处外交工作总方针发展同世界各国（包括沿线国家）政府的友好合作关系。从中华人民共和国成立之初的"另起炉灶""打扫干净屋子在请客""一边倒"调整为"两个拳头打人"，到20世纪70年代到80年代初的"一条线"以及90年代"韬光养晦，有所作为"，逐渐形成"大国是关键，周边是首要，发展中国家是基础，多边是舞台"的外交工作布局理念，坚决奉行独立自主的和平外交政策，维护国家主权、安全和发展利益，在维护世界和平、促进共同发展中发挥了世界公认的积极作用。

中国通过各种方式与各国政府友好相处，平等相待，求同存异，最大范围、最大可能地开拓与各国政府合作的空间，营造中国发展所需的和平稳定的外部环境。中国长期与各国政府合作的成就，正在中国所倡导的国际经济发展战略中发挥重要的基础性作用，日益成为"一带一路"战略落地路径的理性选择。

第一节　中国与外国政府的合作关系

"一带一路"涉及全球大多数国家和地区。中国与这些国家和地区政府的关系处于"一带一路"诸多问题中的首位。如果沿线某个或某些国家与中国发生政府间的矛盾，则势必形成线路上的障碍节点或障碍段。在这种情况下贯通"一带一路"是不可想象的。所幸中国与世界上大多数国家都建立了良好的政府间合作关系，也即成熟的外交关系，这为"一带一路"的实施奠定了牢固的国际政治基础。

一、外交关系

外交关系是国家间在外交活动中形成的一种关系，通过直接接触、签订条约和换文加以确定并公告，高于并统领国家间的一切双边关系，主要包括互访、谈判、缔约、互派常驻外交代表机构、参加国际会议和国际组织等方式。

（一）《维也纳外交关系公约》

《维也纳外交关系公约》是于1961年4月18日在维也纳订立、1964年4月24日生效的国际协议。该公约的宗旨是特权及豁免地通过外交往来促进各国间建立友好关系，它奠定了外交豁免权的法律基础，成为现代国际关系的基石。最初的签约国有60个。中国于1975年11月25日加入该公约，12月25日对中国生效。截至2014年4月2日，该公约的缔约国已达190个。未加入该公约的国家是：南苏丹、所罗门群岛、帕劳、瓦努阿图、安提瓜和巴布达等，赴这些国家的外交人员因无外交豁免权要承担较大风险。

（二）外交关系的种类

国家之间可通过直接接触、签订条约和换文的方式建立外交关系。

外交关系的种类包括：① 正式外交关系。正常的外交关系，主要特征是互建使馆，双方互派常驻使节。② 半外交关系。不完全的外交关系，主要特征是双方互派代办级外交使节。③ 非正式外交。两个没有外交关系的国家直接进行外交谈判，并互设某种联络机构以保持相互接触。

（三）外交关系的等级

即使馆馆长等级，分为大使、公使和代办三级。另有盟国级、大使级、代办级、断交、战争状态5级说和盟国级、大使级、代办级、无关系4级说。

（四）中国外交关系等级

从低至高依次为建交关系、睦邻友好关系、伙伴关系、传统友好合作关系、血盟关系。

其中，伙伴关可被进一步细分为：合作伙伴、建设性合作伙伴、全面合作伙伴、战略伙伴、战略合作伙伴和全面战略合作伙伴。

战略合作意为共同讨论世界经济问题并在军事、战略方面合作以及国际舞台上展开合作。战略协作指除战略合作的内容外，双方还将在军事、战略的技术方面协作互助。

全面战略伙伴，即在战略的各个方面展开合作。

合作，主要是指经济某些方面的合作。

全面合作，即经济各个领域的全面合作；

伙伴关系：互不对立，且遵守求同存异原则，不攻击某个特定的第三国。

建设性或创造性伙伴关系意为：双方本为敌对阵营，但希望通过合作与沟通建设真正的伙伴关系。虽然交关系的等级可以作为中国与其他国家外交关系亲疏的标准之一，但它也并不能准确地显示两个国家的真实关系。

与中国建立伙伴关系的国家或组织，通常是中国的邻国或者在国际有一定影响力的国家。具体参见表4-1。

表 4-1 与中国有伙伴关系的国家（截至 2016 年 8 月）

序号	伙伴关系名称	程度级别	伙伴关系国家名称
1	全天候战略合作伙伴关系	12	巴基斯坦
2	全面战略协作伙伴关系	11	俄罗斯
3	全面战略合作伙伴关系	10	柬埔寨、老挝、缅甸、泰国、越南
4	全面战略伙伴关系	9	阿尔及利亚、阿根廷、埃及、澳大利亚、巴西、白俄罗斯、丹麦、法国、哈萨克斯坦、马来西亚、蒙古、秘鲁、墨西哥、南非、葡萄牙、沙特阿拉伯、委内瑞拉、西班牙、希腊、新西兰、伊朗、意大利、印度尼西亚、英国
5	全方位战略伙伴关系	8	德国
6	战略合作伙伴关系	7	阿富汗、韩国、斯里兰卡、印度
7	战略伙伴关系	6	阿联酋、爱尔兰、安哥拉、波兰、厄瓜多尔、哥斯达黎加、吉尔吉斯斯坦、加拿大、卡塔尔、尼日利亚、塞尔维亚、苏丹、塔吉克斯坦、土库曼斯坦、乌克兰、乌兹别克斯坦、约旦、智利
8	全方位合作伙伴关系	5	比利时、新加坡
9	全面合作伙伴关系	4	埃塞俄比亚、保加利亚、东帝汶、刚果（布）、荷兰、克罗地亚、罗马尼亚、马尔代夫、孟加拉国、尼泊尔、坦桑尼亚
10	友好合作伙伴关系	3	匈牙利、塞内加尔
11	传统合作伙伴关系	2	阿尔巴尼亚
12	友好伙伴关系	2	牙买加
13	重要合作伙伴关系	2	菲律宾、斐济
14	新型合作伙伴关系	1	芬兰
15	建设性合作伙伴关系	1	美国
16	战略互惠关系	1	日本

【注】表中同程度伙伴关系国家按国名字母排序。用外交伙伴关系等级来近似表示中国政府与外国政府关系在一个时期以来的亲疏程度（程度级别越高越亲密），并非正式固定的外交辞令。随着具体情况变化，等级程度也可能会出现波动，没有绝对的意义。因此，该表仅供参考。

资料来源：http://baike.so.com/doc/6986072-7208825.html。

（五）中国与各国政府的合作关系

截至 2010 年 6 月 12 日，中国已与世界上 171 个国家建立了外交关系，其中亚洲建交国 45 个，非洲建交国 49 个，欧洲建交国 44 个，美洲建交国 23 个，大洋洲太平洋岛屿建交国 10 个。见表 4-2。

表 4-2　中华人民共和国与世界各国建立外交关系汇总表

亚洲			
序号	国名（全称）	国名（简称）	建交日期
1	阿富汗斯坦伊斯兰共和国	阿富汗	1955.1.20
2	亚美尼亚共和国	亚美尼亚	1992.4.6
3	阿塞拜疆共和国	阿塞拜疆	1992.4.2
4	巴林王国	巴林	1989.4.18
5	孟加拉人民共和国	孟加拉国	1975.10.4
6	文莱达鲁萨兰国	文莱	1991.9.30
7	柬埔寨王国	柬埔寨	1958.7.19
8	朝鲜民主主义人民共和国	朝鲜	1949.10.6
9	东帝汶民主共和国	东帝汶	2002.5.20
10	格鲁吉亚	格鲁吉亚	1992.6.9
11	印度共和国	印度	1950.4.1
12	印度尼西亚共和国	印度尼西亚	1950.4.13
13	伊朗伊斯兰共和国	伊朗	1971.8.16
14	伊拉克共和国	伊拉克	1958.8.25
15	以色列国	以色列	1992.1.24
16	日本国	日本	1972.9.29
17	约旦哈希姆王国	约旦	1977.4.7
18	哈萨克斯坦共和国	哈萨克斯坦	1992.1.3
19	科威特国	科威特	1971.3.22
20	吉尔吉斯斯坦共和国	吉尔吉斯斯坦	1992.1.5
21	老挝人民民主共和国	老挝	1961.4.25
22	黎巴嫩共和国	黎巴嫩	1971.11.9

续表

亚洲			
序号	国名（全称）	国名（简称）	建交日期
23	马来西亚	马来西亚	1974.5.31
24	马尔代夫共和国	马尔代夫	1972.10.14
25	蒙古国	蒙古	1949.10.16
26	缅甸联邦共和国	缅甸	1950.6.8
27	尼泊尔联邦民主共和国	尼泊尔	1955.8.1
28	阿曼苏丹国	阿曼	1978.5.25
29	巴基斯坦伊斯兰共和国	巴基斯坦	1951.5.21
30	巴勒斯坦国	巴勒斯坦	1988.11.20
31	菲律宾共和国	菲律宾	1975.6.9
32	卡塔尔国	卡塔尔	1988.7.9
33	大韩民国	韩国	1992.8.24
34	沙特阿拉伯王国	沙特阿拉伯	1990.7.21
35	新加坡共和国	新加坡	1990.10.3
36	斯里兰卡民主社会主义共和国	斯里兰卡	1957.2.7
37	阿拉伯叙利亚共和国	叙利亚	1956.8.1
38	塔吉克斯坦共和国	塔吉克斯坦	1992.1.4
39	泰王国	泰国	1975.7.1
40	土耳其共和国	土耳其	1971.8.4
41	土库曼斯坦	土库曼斯坦	1992.1.6
42	阿拉伯联合酋长国	阿联酋	1984.11.1
43	乌兹别克斯坦共和国	乌兹别克斯坦	1992.1.2
44	越南社会主义共和国	越南	1950.1.18
45	也门共和国	也门	1956.9.24
非洲			
1	阿尔及利亚民主人民共和国	阿尔及利亚	1958.12.20
2	安哥拉共和国	安哥拉	1983.1.12
3	贝宁共和国	贝宁	1964.11.12

续表

序号	国名（全称）	国名（简称）	建交日期
4	博茨瓦纳共和国	博茨瓦纳	1975.1.6
5	布隆迪共和国	布隆迪	1963.12.21
6	喀麦隆共和国	喀麦隆	1971.3.26
7	佛得角共和国	佛得角	1976.4.25
8	中非共和国	中非	1964.9.29
9	乍得共和国	乍得	1972.11.28
10	科摩罗伊斯兰联邦共和国	科摩罗	1975.11.13
11	刚果民主共和国	刚果(金)	1961.2.20
12	刚果共和国	刚果(布)	1964.2.22
13	科特迪瓦共和国	科特迪瓦	1983.3.2
14	吉布提共和国	吉布提	1979.1.8
15	阿拉伯埃及共和国	埃及	1956.5.30
16	赤道几内亚共和国	赤道几内亚	1970.10.15
17	厄立特里亚国	厄立特里亚	1993.5.24
18	埃塞俄比亚联邦民主共和国	埃塞俄比亚	1970.11.24
19	加蓬共和国	加蓬	1974.4.20
20	加纳共和国	加纳	1960.7.5
21	几内亚共和国	几内亚	1959.10.4
22	几内亚比绍共和国	几内亚比绍	1974.3.15
23	肯尼亚共和国	肯尼亚	1963.12.14
24	莱索托王国	莱索托	1983.4.30
25	利比里亚共和国	利比里亚	1977.2.17
26	大阿拉伯利比亚人民社会主义民众国	利比亚	1978.8.9
27	马达加斯加共和国	马达加斯加	1972.11.6
28	马拉维共和国	马拉维	2007.12.28
29	马里共和国	马里	1960.10.25

续表

非洲			
序号	国名（全称）	国名（简称）	建交日期
30	毛里塔尼亚伊斯兰共和国	毛里塔尼亚	1965.7.19
31	毛里求斯共和国	毛里求斯	1972.4.15
32	摩洛哥王国	摩洛哥	1958.11.1
33	莫桑比克共和国	莫桑比克	1975.6.25
34	纳米比亚共和国	纳米比亚	1990.3.22
35	尼日尔共和国	尼日尔	1974.7.20
36	尼日利亚联邦共和国	尼日利亚	1971.2.10
37	卢旺达共和国	卢旺达	1971.11.12
38	塞内加尔共和国	塞内加尔	1971.12.7
39	塞舌尔共和国	塞舌尔	1976.6.30
40	塞拉利昂共和国	塞拉利昂	1971.7.29
41	索马里联邦共和国	索马里	1960.12.14
42	南非共和国	南非	1998.1.1
43	苏丹共和国	苏丹	1959.2.4
44	坦桑尼亚联合共和国	坦桑尼亚	1964.4.26
45	多哥共和国	多哥	1972.9.19
46	突尼斯共和国	突尼斯	1964.1.10
47	乌干达共和国	乌干达	1962.10.18
48	赞比亚共和国	赞比亚	1964.10.29
49	津巴布韦共和国	津巴布韦	1980.4.18
欧洲			
1	阿尔巴尼亚共和国	阿尔巴尼亚	1949.11.23
2	安道尔公国	安道尔	1994.6.29
3	奥地利共和国	奥地利	1971.5.28
4	白俄罗斯共和国	白俄罗斯	1992.1.20
5	比利时王国	比利时	1971.10.25
6	波斯尼亚和黑塞哥维那	波黑	1995.4.3

续表

欧洲			
序号	国名（全称）	国名（简称）	建交日期
7	保加利亚共和国	保加利亚	1949.10.4
8	克罗地亚共和国	克罗地亚	1992.5.13
9	捷克共和国	捷克	1949.10.6
10	丹麦王国	丹麦	1950.5.11
11	爱沙尼亚共和国	爱沙尼亚	1991.9.11
12	芬兰共和国	芬兰	1950.10.28
13	法兰西共和国	法国	1964.1.27
14	德意志联邦共和国	德国	1972.10.11
15	希腊共和国	希腊	1972.6.5
16	匈牙利共和国	匈牙利	1949.10.6
17	冰岛共和国	冰岛	1971.12.8
18	爱尔兰	爱尔兰	1979.6.22
19	意大利共和国	意大利	1970.11.6
20	拉脱维亚共和国	拉脱维亚	1991.9.12
21	列支敦士登公国	列支敦士登	1950.9.14
22	立陶宛共和国	立陶宛	1991.9.14
23	卢森堡大公国	卢森堡	1972.11.16
24	马其顿共和国	马其顿	1993.10.12
25	马耳他共和国	马耳他	1972.1.31
26	摩尔多瓦共和国	摩尔多瓦	1992.1.30
27	摩纳哥公国	摩纳哥	1995.1.16
28	黑山	黑山	2006.7.6
29	尼德兰王国	荷兰	1972.5.18
30	挪威王国	挪威	1954.10.5
31	波兰共和国	波兰	1949.10.7
32	葡萄牙共和国	葡萄牙	1979.2.8
33	罗马尼亚	罗马尼亚	1949.10.5

续表

欧洲			
序号	国名（全称）	国名（简称）	建交日期
34	俄罗斯联邦	俄罗斯	1949.10.2
35	圣马力诺共和国	圣马力诺	1971.5.6
36	塞尔维亚共和国	塞尔维亚	2002.6.22
37	斯洛伐克共和国	斯洛伐克	1949.10.6
38	斯洛文尼亚共和国	斯洛文尼亚	1992.5.12
39	西班牙王国	西班牙	1973.3.9
40	瑞典王国	瑞典	1950.5.9
41	瑞士联邦	瑞士	1950.9.14
42	乌克兰共和国	乌克兰	1992.1.4
43	大不列颠及北爱尔兰联合王国	英国	1972.3.13
44	塞浦路斯共和国	塞浦路斯	1971.12.14
美洲			
1	安提瓜和巴布达	安提瓜和巴布达	1983.1.1
2	阿根廷共和国	阿根廷	1972.2.19
3	巴哈马联邦	巴哈马	1997.5.23
4	巴巴多斯共和国	巴巴多斯	1977.5.30
5	多民族玻利维亚国	玻利维亚	1985.7.9
6	巴西联邦共和国	巴西	1974.8.15
7	加拿大	加拿大	1970.10.13
8	智利共和国	智利	1970.12.15
9	哥伦比亚共和国	哥伦比亚	1980.2.7
10	哥斯达黎加共和国	哥斯达黎加	2007.6.1
11	古巴共和国	古巴	1960.9.28
12	多米尼克	多米尼克	2004.3.23
13	厄瓜多尔共和国	厄瓜多尔	1980.1.2
14	格林纳达	格林纳达	1985.10.1
15	圭亚那共和国	圭亚那	1972.6.27

续表

美洲			
序号	国名（全称）	国名（简称）	建交日期
16	牙买加	牙买加	1972.11.21
17	墨西哥合众国	墨西哥	1972.2.14
18	秘鲁共和国	秘鲁	1971.11.2
19	苏里南共和国	苏里南	1976.5.28
20	特立尼达和多巴哥共和国	特立尼达和多巴哥	1974.6.20
21	美利坚合众国	美国	1979.1.1
22	乌拉圭东岸共和国	乌拉圭	1988.2.3
23	委内瑞拉玻利瓦尔共和国	委内瑞拉	1974.6.28
大洋洲太平洋岛屿			
1	澳大利亚联邦	澳大利亚	1972.12.21
2	库克群岛	库克群岛	1997.7.25
3	斐济群岛共和国	斐济	1975.11.5
4	密克罗尼西亚联邦	密克罗尼西亚	1989.9.11
5	新西兰	新西兰	1972.12.22
6	纽埃	纽埃	2007.12.12
7	巴布亚新几内亚独立国	巴布亚新几内亚	1976.10.12
8	萨摩亚独立国	萨摩亚	1975.11.6
9	汤加王国	汤加	1998.11.2
10	瓦努阿图共和国	瓦努阿图	1982.3.26

二、中国外交的主要内容

中华人民共和国成立初期，外交政策的依据是《中华人民政治协商会议共同纲领》中"为保障本国独立、自由和领土主权的完整，拥护国际的持久和平和各国人民的友好合作，反对帝国主义的侵略政策和战争政策"的原则。70多年来，中国根据国际形势的发展变化，在雅尔塔格局下因势利导，建立了相应的外交战略，其发展大体经历了四个阶段。

（一）第一阶段：联苏反美

20世纪50年代，中国提出和平外交方针：① 另起炉灶——不承认国民政府建立的一切旧的屈辱的外交关系，而要在新的基础上同各国另行建立新的平等的外交关系；② 打扫干净屋子再请客——清除帝国主义在我国的残余势力，取缔帝国主义在华的一切特权，然后再考虑与西方国家建立外交关系的问题；③ 一边倒——倒向社会主义阵营一边，优先发展同苏联和人民民主国家的外交关系。据此，中国外交扎实有序地开展了卓有成效的工作：① 争取国际承认，与苏联及社会主义阵营国家建交；② 同周边国家和新型民族国家发展友好关系，提出"和平共处五项原则"；③ 坚决反对并打击美国的侵略政策和侵略行径；④ 参加日内瓦国际会议，解决印支地区问题；⑤ 参加亚非会议，"求同存异"，加强同亚非各国的联系。

（二）第二阶段：反苏反美

20世纪60年代，苏联对外推行霸权主义政策；社会主义阵营动荡；民族独立运动高涨，第三世界崛起。中国不惧美苏两霸的压力，坚定前行：① 捍卫中国的神圣主权，反对苏联霸权主义的全面威胁；② 坚决反对美帝国主义，号召"全世界人民团结起来，打败美帝国主义及其走狗"，得到第三世界广大国家的拥护；③ 支持世界民族解放运动，迎来与亚非民族独立国家建立外交关系等高潮，扩大了中国在世界上的影响。

（三）第三阶段：联美遏苏

20世纪70年代，美苏较量的天平倾向苏联，美国欲通过改善中美关系以牵制苏联。中国及时提出"一条线，一大片"的外交战略，毛泽东首提"三个世界"思想，推动了中国的对外关系：① 中美关系正常化；② 中日关系正常化；③ 同大批资本主义阵营的国家建立或恢复外交关系；④ 恢复在联合国（包括安理会常任理事国）的合法席位。中国的国际环境得以改善。

（四）第四阶段：全方位友好

20世纪80年代后，国际形势剧变，世界进入后"雅尔塔格局"时代。中国调整外交政策以适应"一超多强"新形势：① 建立了新的世界总趋势观念；② 全面对外开放，进一步接触外部世界；③ 奉行不结盟政策，同世界各国发展友好关系；④ 提出"一国两制"实现国内和平统一、和平解决国际争端的新模式，并取得巨大的成功。在国际事务中，中国已经成为公认的和平发展的中坚。

三、中国当前外交政策的主要内容和基本原则

（1）奉行独立自主的原则。中国不同任何大国或国家集团结盟，不搞军事集团，不参加军备竞赛，不进行军事扩张。对于国际事务，一切从中国和世界人民的根本利益出发，根据事情本身的是非曲直，决定自己的立场和政策，不屈从于任何外来压力。

（2）反对霸权主义，维护世界和平。中国把自己的社会制度和意识形态强加于人，也决不允许别国把他们的社会制度和意识形态强加于中国。中国认为，世界上国家不分大小、强弱、贫富，都是国际社会的平等一员。中国倡导树立互信、互利、平等、协作的新安全观，通过对话与合作解决国与国之间的纠纷和争端。

（3）尊重世界的多样性，并主张维护世界多样性，提倡国际关系民主化和发展模式多样化。各国事务要由各国人民自己作主，国际间事务应通过协商解决。顺应世界多极化和经济全球化的历史潮流，积极推动建立公正合理的国际政治经济新秩序，体现历史发展和时代进步的要求，反映世界各国人民的普遍愿望和共同利益；和平共处五项原则和其他公认的国际关系准则应该成为建立国际政治经济新秩序的基础。

(4) 在和平共处五项原则的基础上,同所有国家建立和发展友好合作关系。积极发展同周边国家的睦邻友好关系;加强同广大发展中国家的团结与合作;重视改善和发展同发达国家的关系,超越社会制度和意识形态的差异,相互尊重,求同存异,扩大互利合作。在平等与相互尊重的基础上坚持进行对话,不搞对抗,妥善解决分歧。

(5) 在平等互利原则的基础上,同世界各国和地区广泛开展贸易往来、经济技术合作和科学文化交流,促进共同繁荣。

(6) 积极参与多边外交活动,维护世界和平和地区稳定,同国际社会一道,加强合作,共同应对人类发展面临的环境恶化、资源匮乏、贫困失业、人口膨胀、疾病流行、毒品泛滥、国际犯罪活动猖獗等全球性问题。积极参与政治解决地区热点问题,坚决反对一切形式的恐怖主义;积极致力于推进国际军控、裁军与防核扩散事业;重视人权并为此做出不懈的努力。

四、中国政府与各国政府合作协议的主要内容

(一) 政治内容

建交两国对共同关心的政治问题的理解、宣示和约束,包括建交联合公报、联合声明、伙伴关系的协定等。

(二) 经济内容

建交两国对两国间经济贸易关系和行为的共同解释和约束,包括两国贸易协定、经济贸易关系协定、经济技术合作协定、鼓励和相互保护投资协定、避免双重征税协定等。

(三) 教科文内容

建交两国对两国间教育、科技、文化合作与交流的规定,包括科学技术协定、教育合作协定、学位互认协定等。

（四）交通运输内容

建交两国对两国间交通运输业合作的规定，包括铁路运输合作协定、公路、汽车运输协定，民用航空运输协定，海运协定等。

（五）双边特殊关系内容

建交两国对双边和国际敏感问题的单独特殊约定，如边境口岸协定、海关互助协定、动植物检验协定、和平利用核能协定、和平开发外层空间协定、共同反恐协定、解决领土争议的协定等、国际裁军协定等。

建交之初，合作协议未必立即全面覆盖。随着合作水平的提高和时间的推移，合作协议会逐渐丰富，两国政府合作会延伸到两国间的各个领域。

第二节 中国与亚洲国家政府间的合作

一、北 亚

北亚沿线国家只有蒙古。蒙古是中国北部的重要邻国，地处中俄两国之间，地理位置独特。中蒙两国政府在政治领域、国防、司法、执法和非传统安全领域、经贸领域、人文领域、国际和地区合作等广阔领域开展合作，为中蒙区域经济合作、东北亚区域经济一体化以及"一带一路"建设创造了条件。中方尊重蒙古的独立与主权，尊重蒙古人民自己选择的发展道路，尊重蒙古的无核区地位。中蒙政府合作主要体现在两个方面：一是签订一系列两国双边关系协议，二是实现双方领导人的互访。

（一）两国政治关系文件

中蒙两国于 1949 年 10 月 16 日建立外交关系。1960 年 5 月 31 日，在乌兰巴托签署《中蒙友好互助条约》。1994 年 4 月 29 日，两国签署的《中蒙友好合作关系条约》，成为规范两国关系的最高政治纲领。1962 年 12 月 26 日，签署《中华人民共和国和蒙古人民共和国边界条约》。1991 年 6 月 24 日，签署《中华人民共和国政府和蒙古人民共和国政府关于中蒙边境口岸及其管理制度的协定》。2004 年 9 月 28 日，签署《中华人民共和国政府和蒙古国政府关于中蒙边境口岸及其管理制度的协定》。2013 年 10 月 25 日，签署《中蒙战略伙伴关系中长期发展纲要》。这些文件巩固了两国的政治关系。

（二）两国经济关系文件

《中华人民共和国与蒙古国经济技术合作协定》《中华人民共和国政府与蒙古国政府经贸合作中期发展纲要》《中华人民共和国商务部与蒙古国经济发展部关于建立中蒙经济合作区的谅解备忘录》《中华人民共和国政府和蒙古国政府经济技术合作协定》规定了两国经贸关系发展的原则和方向。

（三）两国科技文教关系文件

1987 年，中蒙签署了两国政府《1987—1988 年度科技合作计划》；1994 年，签署《中蒙文化合作协定》；1996 年，签署《中蒙 1996—2000 年教育交流与合作计划》；1998 年，签署《中蒙 1998—2000 年文化交流执行计划》和《中华人民共和国政府和蒙古国政府相互承认学位学历的协定》；2000 年，签署《利用中国无偿援助款项培养蒙古留学生项目执行计划》。

（四）两国领导人互访

从 20 世纪末开始，中蒙两国领导人频繁互访，推动两国关系快速发展，对国际区域合作产生了重要的示范作用。蒙古领导人访华的主要有：总理泽登巴尔（1952、1959、1962 年）、大人民呼拉尔主席团主席桑布（1954 年）、蒙古人民革命党中央第一书记丹巴（1956 年）、大人民呼拉尔主席贾尔卡赛汗（1960 年）、大人民呼拉尔主席林钦（1988 年）、大人民呼拉尔主席团主席彭·奥其尔巴特（1990 年）、蒙古人民革命党中央委员会主席贡·奥其尔巴特（1991 年）、副总统兼国家小呼拉尔主席拉·贡其格道尔吉（1991 年）、总理宾巴苏伦（1992 年）、国家大呼拉尔主席那·巴嘎班迪（1994 年）、总理彭·扎斯莱（1996 年）、总统那·巴嘎班迪（1998 年、2004 年）、总理林·阿玛尔扎尔嘎勒（1999 年）、国家大呼拉尔主席拉·贡其格道尔吉（2000 年）、总理那·恩赫巴亚尔（2002 年）、总统那·恩赫巴亚尔（2005 年）、总理米·恩赫包勒德（2006 年）、国家大呼拉尔主席达·登贝尔勒（2008 年）。

中国领导人访蒙的主要有：总理周恩来（1954、1960 年），国家副主席朱德（1956 年），国家主席杨尚昆（1991 年），总理李鹏（1994 年），全国人大常务委员会委员长乔石（1997 年），副总理兼外长钱其琛（1997 年），国家主席江泽民（1999 年），中共中央政治局委员、书记处书记尉健行（2000 年），国家主席胡锦涛（2003 年），副总理吴仪（2005 年），全国政协副主席徐匡迪（2006 年），国家副主席习近平（2008 年）。

二、中　亚

中亚沿线国家有哈萨克斯坦、塔吉克斯坦、乌兹别克斯坦、土库曼斯坦和吉尔吉斯斯坦五个国家。

（一）中国—哈萨克斯坦

中哈两国政府合作通顺高效，关系稳定。

1992 年两国政府签署《中华人民共和国和哈萨克斯坦共和国建交联合公报》和《中华人民共和国政府和哈萨克斯坦共和国政府关于开

放边境口岸的协定》，2002年签署《中华人民共和国和哈萨克斯坦共和国睦邻友好合作条约》，2011年签署《中华人民共和国和哈萨克斯坦共和国关于发展全面战略伙伴关系的联合声明》，2013年签署《中华人民共和国和哈萨克斯坦共和国关于进一步深化全面战略伙伴关系的联合宣言》，2015年签署《中华人民共和国和哈萨克斯坦共和国关于全面战略伙伴关系新阶段的联合宣言》，向全世界阐明了中哈两国双边国际关系的政治态度。

1991年签署《中华人民共和国政府和哈萨克斯坦共和国政府经济贸易协定》，1992年签署《中华人民共和国政府和哈萨克斯坦共和国政府关于鼓励和相互保护投资协定》，2003年签署《中国政府关于向哈萨克斯坦提供安全保证的声明》，2006年签署《中华人民共和国政府和哈萨克斯坦共和国政府关于相互承认学历和学位证书的协定》，2001年签署《中国政府和哈萨克斯坦共和国政府避免双重征税协定》，丰富和深化了两国政府间的合作关系。

上述双边文件折射出两国政府合作已覆盖到包括边境口岸、经贸、投资保护、国家安全、学历互认、征税在内的全面战略伙伴关系的各个方面。

（二）中国—塔吉克斯坦

中塔两国政府合作密切，注重实效。

1992年签署《中华人民共和国和塔吉克斯坦共和国建交联合公报》和《中华人民共和国政府和塔吉克斯坦共和国政府经济贸易协定》，1993年签署《中华人民共和国政府和塔吉克斯坦共和国政府科学技术合作协定》《中华人民共和国政府和塔吉克斯坦共和国政府关于鼓励和相互保护投资协定》和《中华人民共和国政府和塔吉克斯坦共和国政府文化合作协定》；1996年签署《中华人民共和国政府和塔吉克斯坦共和国政府经济贸易关系协定》，1993和1999年签署《中华人民共和国政府和塔吉克斯坦共和国政府汽车运输协定》，2003年签署《中华人民共和国政府和塔吉克斯坦共和国政府关于中塔边境口岸及其管制度的协定》,2008年签署《中华人民共和国政府和塔吉克斯坦共和国政府对所得和财产避免双重征税和防止偷漏税的协定》,2010年签署《中华人民共和国政府和塔吉克斯坦共和国政府关于中塔国界线的勘界议定书》,奠定了两国政治和安全关系,具体规范了两国经济贸易、边境口岸、科技文化、税收运输的活动。

(三)中国—乌兹别克斯坦

两国政府合作平稳通畅,和平友好。

1992签署《中华人民共和国和乌兹别克斯坦共和国建交联合公报》《中华人民共和国政府和乌兹别克斯坦共和国政府经济贸易协定》《中华人民共和国政府和乌兹别克斯坦共和国政府关于鼓励和相互保护投资协定》《中华人民共和国政府和乌兹别克斯坦共和国政府科学技术合作协定》《中华人民共和国政府和乌兹别克斯坦共和国政府关于文化、教育、卫生、旅游和体育合作协定》和《中华人民共和国政府和乌兹别克斯坦共和国政府关于建立中乌政府间经贸合作委员会的协定》,建立了两国政治经济关系的基本框架。

1996年签署《中华人民共和国政府和乌兹别克斯坦共和国政府关于对所得避免双重征税和防止偷漏税的协定》和《中华人民共和国政府和乌兹别克斯坦共和国政府铁路合作协定》,1999年签署《中华人民共和国政府和乌兹别克斯坦共和国政府知识产权保护合作协定》,2003年签署《中华人民共和国政府和乌兹别克斯坦共和国政府汽车运输协定》,将两国经济合作逐步引向深入。

(四)中国—吉尔吉斯斯坦

两国政府合作积极有效。

1992年签署《中华人民共和国和吉尔吉斯斯坦共和国建交联合公报》《中华人民共和国政府和吉尔吉斯斯坦共和国政府经济贸易协定》和《中华人民共和国政府和吉尔吉斯斯坦共和国政府关于鼓励和相互保护投资协定》,确保了两国政治经济关系的基本方向。

2002年签署《中华人民共和国政府和吉尔吉斯共和国政府关于对所得避免双重征税和防止偷漏税的协定》等文件，使两国关系顺利铺开，顺利发展。

（五）中国——土库曼斯坦

两国政府合作稳健务实。

1992年签署的《中华人民共和国和土库曼斯坦建交联合公报》《中华人民共和国政府和土库曼斯坦政府经济贸易协定》《中华人民共和国政府和土库曼斯坦政府文化合作协定》和《中华人民共和国政府和土库曼斯坦政府关于鼓励和相互保护投资协定》，构成了两国关系的顶层设计。

1998年签署的《中华人民共和国政府和土库曼斯坦政府科学技术合作协定》《中华人民共和国政府和土库曼斯坦政府民用航空运输协定》以及2009年签署的《中华人民共和国政府和土库曼斯坦政府对所得避免双重征税和防止偷漏税的协定》，满足了两国关系发展的需求。

三、东南亚

东南亚沿线国家主要有缅甸、越南、老挝、柬埔寨、泰国、新加坡、菲律宾、马来西亚、印度尼西亚。

（一）中国——缅甸

1949年签署《中华人民共和国政府和缅甸联邦政府建交公报》，1971年签署《中华人民共和国政府和缅甸联邦政府贸易协定》，1997年签署《中华人民共和国政府和缅甸联邦政府关于中缅边境管理与合作的协定》和《中华人民共和国政府和缅甸联邦政府关于澜沧江—湄公河客货运输协定》，1980年签署《中华人民共和国政府和缅甸联邦社会主义共和国政府经济技术合作协定议定书》，2001年签署《中华人民共和国政府和缅甸联邦政府关于鼓励促进和保护投资协定》，这些指导和保障了中国、缅甸两国双边关系的发展。

（二）中国—越南

1964 年签署的《中华人民共和国政府和越南社会主义共和国政府邮电合作协定》是两国政府间的早期协议。1992 年签署的《中华人民共和国政府和越南社会主义共和国政府科学技术合作协定》和《中华人民共和国政府和越南社会主义共和国政府关于鼓励和相互保护投资协定》确立了两国技术经济关系；1994 年签署的《中华人民共和国政府和越南社会主义共和国政府关于货物过境的协定》《中华人民共和国政府和越南社会主义共和国政府汽车运输协定》和《中华人民共和国政府和越南社会主义共和国政府关于保证进出口商品质量和相互认证的合作协定》，进一步深化了两国关系。

1995 年签署《中华人民共和国政府和越南社会主义共和国政府关于对所得避免双重征税和防止偷漏税的协定》，1998 年签署《中华人民共和国政府和越南社会主义共和国政府边境贸易协定》，2000 年签署《中华人民共和国政府和越南社会主义共和国政府北部湾渔业合作协定》，2001 年签署《中华人民共和国政府和越南社会主义共和国政府关于打击犯罪和维护社会治安的合作协定》，2009 年签署《中华人民共和国政府和越南社会主义共和国政府关于中越陆地边境口岸及其管理制度的协定》，这些文件折射出两国政府合作多领域发展的现实。

（三）中国—老挝

中国与老挝于 1961 年建交。

1978 年签署《中华人民共和国政府和老挝人民民主共和国政府民用航空运输协定》，1989 签署《中华人民共和国政府和老挝人民民主共和国政府关于处理两国边境事务的临时协定》和《中华人民共和国政府和老挝人民民主共和国政府文化协定》，1993 年签署《中华人民共和国政府和老挝人民民主共和国政府汽车运输协定》，1994 年签署

《中华人民共和国政府和老挝人民民主共和国政府关于澜沧江—湄公河客货运输协定》，1997 签署《中华人民共和国政府和老挝人民民主共和国政府贸易协定》，1999 年签署《中华人民共和国政府和老挝人民民主共和国政府关于对所得避免双重征税和防止偷漏税的协定》，2011 年签署《中华人民共和国政府和老挝人民民主共和国政府关于边境口岸及其管理制度的协定》和 2011 年签署《中华人民共和国政府和老挝人民民主共和国政府关于边界管理制度的协定》等重要的双边合作协议。

（四）中国—柬埔寨

中国与柬埔寨于 1958 年建交。

1963 年签署《中华人民共和国政府和柬埔寨王国政府航空运输协定》，1965 年签署《中华人民共和国政府和柬埔寨王国政府文化科学合作协定》，1996 年签署《中华人民共和国政府和柬埔寨王国政府关于促进和保护投资协定》《中华人民共和国政府和柬埔寨王国政府贸易协定》《中华人民共和国政府和柬埔寨王国政府经济文化合作协定》《中华人民共和国政府和柬埔寨王国政府关于促进和保护投资协定》，2001 年签署《中华人民共和国政府和柬埔寨王国政府经济技术合作协定》，这些协定的签署与两国合作关系发展的需要相适应。

（五）中国—泰国

中泰两国政府精诚合作，平稳和谐。

1975 年签署《中华人民共和国和泰王国关于建立外交关系的联合公报》，1978 年签署《中华人民共和国政府和泰王国政府贸易协定》，1980 年签署《中华人民共和国政府和泰王国政府民用航空运输协定》，1985 年签署《中华人民共和国政府和泰国政府关于促进和保护投资的协定》，1986 年签署《中华人民共和国政府和泰国王国政府关于对所得避免双重征税和防止偷漏税的协定》，2015 年达成《中泰就政府间铁路合作框架协议》文本共识，指导和保护两国合作关系的发展。

（六）中国—新加坡

1990 年签署《中国政府和新加坡政府关于建立外交关系的联合公报》，两国正式建交。随后，1992 年签署《中华人民共和国政府和新加坡共和国政府科学技术合作协定》、1985 年签署《中华人民共和国政府和新加坡共和国政府关于促进和保护投资协定》、1986 年签署《中华人民共和国政府和新加坡共和国政府关于对所得避免双重征税和防止偷漏税的协定》、2008 年签署《中华人民共和国政府和新加坡共和国政府自由贸易协定》等双边务实合作文件。

（七）中国—菲律宾

1975 年签署《中华人民共和国政府和菲律宾共和国政府建交联合公报》和《中华人民共和国政府和菲律宾共和国政府贸易协定》，规定了两国政治经济基本关系。

1979 年签署《中华人民共和国政府和菲律宾共和国政府民用航空运输协定》，1990 年签署《中华人民共和国政府和菲律宾共和国政府关于旅游合作的协定》，1997 年签署《中华人民共和国政府和菲律宾共和国政府关于菲律宾保留在中华人民共和国香港特别行政区总领事馆的协定》，1999 年签署《中华人民共和国政府和菲律宾共和国政府关于对所得避免双重征税和防止偷漏税的协定》，2009 年签署《中华人民共和国政府和菲律宾共和国政府关于相互承认高等教育学历和学位的协议》，顺应了两国关系发展的趋势和要求。

（八）中国—马来西亚

中国与马来西亚于 1974 年建交。

建交后，两国政府签署了一系列重要的双边合作文件，这些文件主要包括（按时间排序）：1985 年《中华人民共和国政府和马来西亚政府关于对所得避免双重征税和防止偷漏税的协定》、1987 年《中华人民共和国政府和马来西亚政府海运协定》、1988 年《中华人民共和国政府和马来西亚政府关于鼓励和相互保护投资协定》、1989 年《中华人民共和国政府和马来西亚政府民用航空运输协定》、1992 年《中华人民共和国政府和马来西亚政府新闻合作协议》、1999 年《中华人民共和国政府和马来西亚政府关于未来双边合作框架的联合声明》、2004 年《中华人民共和国和马来西亚联合公报》、2005 年《中华人民共和国和马来西亚联合公报》、2009 年《中华人民共和国政府与马来西亚政府关于中马战略性合作共同行动计划》和 2011 年《中华人民共和国政府和马来西亚政府关于相互承认高等教育学历和学位的协定》。

（九）中国—印度尼西亚

中国与印尼于 1950 年 4 月 13 日建交。

建交后，两国政府签署的双边文件主要有（按时间排序）：1965 年《中华人民共和国政府和印度尼西亚共和国政府海运协定》、1990 年《中华人民共和国政府和印度尼西亚共和国政府贸易协定》、1991 年《中华人民共和国政府和印度尼西亚共和国政府定期航空运输协定》、1994 年《中华人民共和国政府和印度尼西亚共和国政府关于促进和保护投资协定》、2001 年《中华人民共和国政府和印度尼西亚共和国政府关于对所得避免双重征税和防止偷漏税的协定》、2010 年《中华人民共和国政府与印度尼西亚共和国政府关于落实战略伙伴关系联合宣言的行动计划》、2011 年《中华人民共和国政府和印度尼西亚共和国政府关于进一步加强战略伙伴关系的联合公报》等。

四、南 亚

南亚沿线国家有斯里兰卡、孟加拉国、印度、尼泊尔和巴基斯坦等国。

（一）中国—斯里兰卡

中国与斯里兰卡于 1957 年建交。

建交后，两国政府签署的双边文件主要有（按时间排序）：1972年《中华人民共和国政府和斯里兰卡共和国政府贸易和支付协定》、1979年《中华人民共和国政府和斯里兰卡民主社会主义共和国政府文化合作协定》、1980年《中华人民共和国政府和斯里兰卡民主社会主义共和国政府经济技术合作协定》、1984年《中华人民共和国政府和斯里兰卡民主社会主义共和国政府科学技术合作协定》、1986年《中华人民共和国政府和斯里兰卡民主社会主义共和国政府关于相互促进和保护投资协定》、2003年《中华人民共和国政府和斯里兰卡民主社会主义共和国政府关于对所得避免双重征税和防止偷漏税的协定》等。

（二）中国—孟加拉国

中国与孟加拉国于1975年建交。

建交后，两国政府签署的双边文件主要有（按时间排序）：1978年《中华人民共和国政府和孟加拉人民共和国政府科学技术合作协定》《中华人民共和国政府和孟加拉人民共和国政府海运协定》《中华人民共和国政府和孟加拉人民共和国政府经济技术合作协定》，1980年《中华人民共和国政府和孟加拉人民共和国政府民用航空运输协定》，1983年《中华人民共和国政府和孟加拉人民共和国政府关于成立经济、贸易和科学技术合作联合委员会的协定》，1984年《中华人民共和国政府和孟加拉人民共和国政府长期贸易协定》，1989年《中华人民共和国政府和孟加拉人民共和国政府关于互免签证的协议》《中华人民共和国政府和孟加拉人民共和国政府贸易协定》，1996年《中华人民共和国政府和孟加拉人民共和国政府关于对所得避免双重征税和防止偷漏税的协定》等。

（三）中国—印度

中国与印度于1950年建交。

建交后，两国政府签署的双边文件主要有（按时间排序）：1984年《中华人民共和国政府和印度共和国政府贸易协定》，1988年《中国政府和印度政府文化合作协定》《中华人民共和国政府和印度共和国政府文化合作协定》《中华人民共和国政府和印度共和国政府科学技术合作协定》，1989 年《中华人民共和国政府和印度共和国政府民用航空运输协定》，1991 年《中华人民共和国政府和印度共和国政府关于扩大边境贸易的备忘录》，1993 年《中华人民共和国政府和印度共和国政府环境合作协定》，1994 年《中华人民共和国政府和印度共和国政府关于对所得避免双重征税和防止偷漏税的协定》，1996 年《中华人民共和国政府和印度共和国政府关于在中印边境实际控制线地区军事领域建立信任措施的协定》《中华人民共和国政府和印度共和国政府卫生和医学科学合作协定》《中华人民共和国政府和印度共和国政府海运协定》，2002 年《中华人民共和国政府和印度共和国政府旅游合作协定》，2005 年《中华人民共和国政府和印度共和国政府关于解决中印边界问题政治指导原则的协定》，2006 年《中华人民共和国政府和印度共和国政府关于促进和保护投资的协定》，2012 年《中华人民共和国政府和印度共和国政府关于建立中印边境事务磋商和协调工作机制的协定》，2015 年《中华人民共和国政府和印度共和国政府关于气候变化的联合声明》等。

（四）中国—尼泊尔

中国与尼泊尔于 1955 年建交。

建交后，两国政府签署的双边文件主要有（按时间排序）：1960 年《中华人民共和国政府和尼泊尔国王陛下政府关于两国边界问题的协定》，1961 年《中华人民共和国政府和尼泊尔国王陛下政府关于修建公路的协定》，1964 年《中华人民共和国政府和尼泊尔国王陛下政府贸易协定》，1964 年《中华人民共和国政府和尼泊尔国王陛下政府文化合作协定》，1968 年《中华人民共和国政府和尼泊尔国王陛下政府贸易协定议定书》，1978 年《中华人民共和国政府和尼泊尔国王陛下政府关于建设成套项目的协定》，1981 年《中华人民共和国政府和尼泊尔国王陛下政府贸易和支付协定》，1986 年《中华人民共和国政府和尼泊尔国王陛下政府关于修改边民过境放牧协议的换文》《中华人民共和国政府和尼泊尔国王陛下政府关于中国西藏自治区和尼泊尔之间的通商、交通和其他有关问题的协定》，1994年《中华人民共和国政府和尼泊尔国王陛下政府汽车运输协定》，2001年《中华人民共和国政府和尼泊尔王国政府关于对所得避免双重征税和防止偷漏税的协定》，2003年《中华人民共和国政府和尼泊尔国王陛下政府民用航空运输协定》，2012年《中华人民共和国政府和尼泊尔政府关于边境口岸及其管理制度的协定》等。

（五）中国—巴基斯坦

中国与巴基斯坦于1951年建交。

建交后，两国政府签署的双边文件主要有（按时间排序）：1963年《中华人民共和国政府和巴基斯坦政府关于中国新疆和由巴基斯坦实际控制其防务的各个地区相接壤的边界的协定》《中华人民共和国政府和巴基斯坦政府航空运输协定》，1965年《中华人民共和国政府和巴基斯坦伊斯兰共和国政府文化协定》，1966年《中华人民共和国政府和巴基斯坦伊斯兰共和国政府海运协定》，1986年《中华人民共和国政府和巴基斯坦伊斯兰共和国政府科学技术合作协定》《中华人民共和国政府和巴基斯坦伊斯兰共和国政府和平利用核能合作协定》，1988年《中华人民共和国政府和巴基斯坦伊斯兰共和国政府旅游合作协定》，1989年《中华人民共和国政府和巴基斯坦伊斯兰共和国政府关于对所得避免双重征税和防止偷漏税的协定》，1993年《中华人民共和国政府和巴基斯坦伊斯兰共和国政府汽车运输协定》，1998年《中华人民共和国政府和巴基斯坦伊斯兰共和国政府关于植物检疫的协定》，2005年《中华人民共和国政府和巴基斯坦伊斯兰共和国政府关于打击恐怖主义、分裂主义和极端主义的合作协定》，2006年《中华人民共和国政府和巴基斯坦伊斯兰共和国政府自由贸易协定》《中华人民共和国政府和巴基斯坦伊斯兰共和国政府关于扩大和深化双边经济贸易合作的框架协定》；2007年《中华人民共和国政府和巴基斯坦伊斯兰共和国政府关于刑事司法协助的协定》，2009 年《中华人民共和国政府和巴基斯坦伊斯兰共和国政府自由贸易区服务贸易协定》，2013 年《中华人民共和国政府和巴基斯坦伊斯兰共和国政府关于边境口岸及其管理制度的协定》等。

五、西　亚

西亚部分国家属于沿线国家，主要有阿富汗、伊朗、伊拉克、土耳其、以色列、亚美尼亚等国。

（一）中国—阿富汗

中国与阿富汗于 1955 年建交。

建交后，两国政府签署的双边文件主要有（按时间排序）：1957 年《中华人民共和国和阿富汗王国交换货物和支付协定》，1965 年《中华人民共和国政府和阿富汗王国政府文化合作协定》《中华人民共和国政府和阿富汗王国政府关于两国边界的议定书》，1972 年《中华人民共和国政府和阿富汗王国政府民用航空运输协定》，2002 年《中华人民共和国政府和阿富汗临时政府经济技术合作协定》，2006 年《中华人民共和国政府和阿富汗伊斯兰共和国政府贸易和经济合作协定》《中华人民共和国政府和阿富汗伊斯兰共和国政府关于禁止非法贩运和滥用麻醉药品和精神药物的合作协议》，2012 年《中华人民共和国与阿富汗伊斯兰共和国关于建立战略合作伙伴关系的联合宣言》，2013 年《中华人民共和国与阿富汗伊斯兰共和国关于深化战略合作伙伴关系的联合声明》，2015 年《中华人民共和国政府和阿富汗伊斯兰共和国政府关于互免持外交护照人员签证的协定》等。

（二）中国—伊朗

伊朗古称波斯，是古"丝绸之路"上的重要国家，与中国的友好关系源远流长。中国与伊朗于 1971 年建交。

建交后，两国政府签署的双边文件主要有（按时间排序）：1971年《中华人民共和国政府和伊朗王国政府建交联合公报》，1972年《中华人民共和国政府和伊朗政府民用航空运输协定》，1973年《中华人民共和国政府和伊朗王国政府支付协定》《中华人民共和国政府和伊朗王国政府贸易协定》，1985年《中华人民共和国政府和伊朗伊斯兰共和国政府关于成立经济、贸易和科学技术合作联合委员会的协定》，1988年《中华人民共和国政府和伊朗伊斯兰共和国政府关于互设总领事馆的协定》，1992年《中华人民共和国政府和伊朗伊斯兰共和国政府和平利用核能合作协定》，1993年《中华人民共和国政府和伊朗伊斯兰共和国政府文化、科学、教育交流计划》，2000年《中华人民共和国政府和伊朗伊斯兰共和国政府关于相互促进和保护投资协定》《中华人民共和国政府和伊朗伊斯兰共和国政府关于植物保护和检疫合作协定》，2002年《中华人民共和国政府和伊朗伊斯兰共和国政府关于对所得避免双重征税和防止偷漏税的协定》，2002年《中华人民共和国政府和伊朗伊斯兰共和国政府商船海运协定》，2013年《中华人民共和国政府和伊朗伊斯兰共和国政府关于打击跨国犯罪的合作协议》等。

（三）中国—叙利亚

中国与叙利亚于1956年建交。

建交后，两国政府签署的双边文件主要有（按时间排序）：1963年《中华人民共和国政府和阿拉伯叙利亚共和国政府贸易协定》，1975年《中华人民共和国政府和阿拉伯叙利亚共和国政府民用航空运输协定》，1977年《中华人民共和国政府和阿拉伯叙利亚共和国政府对所得避免双重征税和防止偷漏税的协定》，1996年《中华人民共和国政府和叙利亚阿拉伯共和国政府关于相互促进和保护投资协定》《中华人民共和国政府和阿拉伯叙利亚共和国政府科学技术合作协定》，2010年《中华人民共和国政府和阿拉伯叙利亚共和国政府对所得避免双重征税和防止偷漏税的协定》《中华人民共和国政府与阿拉伯叙利亚共和国政府旅游合作协定》《中华人民共和国政府和阿拉伯叙利亚共和国政府卫生合作协议》等。

（四）中国—土耳其

中国与土耳其于 1971 年建交。

建交后，两国政府签署的双边文件主要有（按时间排序）：1972 年《中华人民共和国政府和土耳其共和国政府民用航空运输协定》，1981 年《中华人民共和国政府和土耳其共和国政府经济、工业和技术合作协定》，1984 年《中华人民共和国政府和土耳其共和国政府关于互设总领事馆问题的换文》，1989 年《中华人民共和国政府和土耳其共和国政府海运协定》《中华人民共和国政府和土耳其共和国政府关于互免持外交、公务、因公普通护照签证的换文》，1991 年《中华人民共和国政府和土耳其共和国政府旅游合作协定》，1993 年《中华人民共和国政府和土耳其共和国政府文化协定》，1995 年《中华人民共和国和土耳其共和国关于对所得避免双重征税和防止偷漏税的协定》，1996 年《中华人民共和国政府和土耳其共和国政府关于土耳其在中国上海设立总领事馆的换文》，2002 年《中华人民共和国政府与土耳其共和国政府关于海关事务的合作互助协定》，2009 年《中华人民共和国外交部与土耳其共和国外交部建立联合工作小组谅解备忘录》《中国国家能源局与土耳其共和国能源和自然资源部关于在能源领域合作的谅解备忘录》《中华人民共和国政府和土耳其共和国政府关于防止盗窃、盗掘和非法进出境文化财产的协定》《新华通讯社和阿纳多卢通讯社视频新闻互换协议》《中国进出口银行与土耳其电信贸易融资额度框架协议》《中国进出口银行与土耳其实业银行贸易融资额度框架协议》《中国进出口银行与土耳其 AK 银行贸易融资额度框架协议》等。

（五）中国—以色列

中国与以色列于 1950 年开始建交谈判，1992 年正式建交。

建交后，两国政府签署的双边文件主要有（按时间排序）：1992

年《中华人民共和国政府和以色列国政府贸易协定》，1993 年《中华人民共和国政府和以色列国政府文化协定》《中华人民共和国政府和以色列国政府民用航空运输协定》《中华人民共和国政府和以色列国政府科学技术合作协定》，1994 年《中华人民共和国政府和以色列国政府旅游合作协定》《中华人民共和国政府和以色列国政府邮电领域合作协定》，1995 年《中华人民共和国政府和以色列国政府关于对所得和财产避免重征税和防止偷漏税的协定》《中华人民共和国政府和以色列国政府关于促进和相互保护投资协定》，1996 年《中华人民共和国政府和以色列国政府关于卫生和医学科学合作协定》，1997 年《中华人民共和国政府和以色列国政府关于海关行政互助与合作的协定》，2003 年《中华人民共和国政府和以色列政府关于植物检疫的合作协定》，2007 年《中华人民共和国政府和以色列国政府海运协定》，2010 年《中华人民共和国政府和以色列国政府关于促进产业研究和开发的技术创新合作协定》，2016 年《中华人民共和国政府和以色列国政府关于为持中国普通护照和以色列国民护照人员颁发多次签证安排的协定》等。

（六）中国—亚美尼亚

中国与亚美尼亚于 1992 年建交。

建交后，两国政府签署的双边文件主要有（按时间排序）：1992 年《中华人民共和国政府和亚美尼亚共和国政府关于鼓励和相互保护投资协定》《中华人民共和国政府和亚美尼亚共和国政府经济贸易协定》《中华人民共和国政府和亚美尼亚共和国政府文化、教育、卫生、体育和旅游合作协定》，1994 年《中华人民共和国政府和亚美尼亚共和国政府关于互免签证的换文》，1996 年《中华人民共和国政府和亚美尼亚共和国政府民用航空运输协定》，1997 年《中华人民共和国政府和亚美尼亚共和国政府关于对所得和财产避免双重征税和防止偷漏税的协定》，2005 年《中华人民共和国政府和亚美尼亚共和国政府关于相互提供使馆馆舍和地皮的协议》，2015 年《中华人民共和国政府和亚美尼亚共和国政府旅游合作协议》等。

第三节　中国与欧洲国家政府间的合作

一、东　欧

东欧沿线国家主要有波兰、白俄罗斯、俄罗斯等国。

（一）中国—波兰

中国与波兰于1949年建交。

建交后，两国政府签署的双边文件主要有（按时间排序）：《中华人民共和国政府和波兰人民共和国政府经济技术合作协定》(1984)、《中华人民共和国政府和波兰人民共和国政府民用航空运输协定》(1986)、《中华人民共和国政府和波兰人民共和国政府关于互设总领事馆的换文》(1987)、《中华人民共和国政府和波兰人民共和国政府关于互设总领事馆的换文》(1987)、《中华人民共和国政府和波兰人民共和国政府关于对所得避免双重征税和防止偷漏税的协定》(1988)、《中华人民共和国政府和波兰人民共和国政府关于对所得避免双重征税和防止偷漏税的协定》(1988)、《中华人民共和国政府和波兰人民共和国政府关于互免公务旅行签证的协定》(1988)、《中华人民共和国政府和波兰人民共和国政府贸易协定》(1990)、《中华人民共和国政府和波兰共和国政府关于两国经济贸易关系的协定》(1993)、《中华人民共和国政府和波兰共和国政府关于两国经济贸易关系的协定》(1993)、《中华人民共和国政府和波兰共和国政府海运合作协定》(1997)、《中华人民共和国政府与波兰共和国政府动物检疫及动物卫生合作协定》(1997)、《中华人民共和国政府和波兰人民共和国政府关于相互鼓励和保护投资协定》(1998)、《中华人民共和国政府与波兰共和国政府签署〈关于共同编制中波合作规划纲要的谅解备忘录〉》(2016)、《中华人民共和国和波兰共和国关于建立全面战略伙伴关系的联合声明》(2016)等。

（二）中国—白俄罗斯

中国与白俄罗斯于1992年建交。

建交后，两国政府签署的双边文件主要有（按时间排序）：《中华人民共和国政府和白俄罗斯共和国政府经济贸易合作协定》（1992），《中华人民共和国政府和白俄罗斯共和国政府文化合作协定》（1992），《中华人民共和国政府和白俄罗斯共和国政府关于在卫生领域合作的协定》（1992），《中华人民共和国政府和白俄罗斯共和国政府科学技术合作协定》（1992），《中华人民共和国政府和白俄罗斯共和国政府关于互免公务旅行签证的协定》（1993），《中华人民共和国政府和白俄罗斯共和国政府关于鼓励和相互保护投资协定》（1993），《中华人民共和国政府和白俄罗斯共和国政府关于互免团体旅游签证的协定》（1993），《中华人民共和国政府和白俄罗斯共和国政府关于对所得和财产避免双重征税和防止偷漏税的协定》（1995），《中国政府和白俄罗斯共和国政府关于对所得和财产避免双重征税和防止偷漏税的协定》（1995），《中华人民共和国政府和白俄罗斯共和国政府民用航空运输协定》（1995），《中华人民共和国政府和白俄罗斯共和国政府进出口商品质量保证协定》（1996），《中华人民共和国政府和白俄罗斯共和国政府关于相互承认学位证书的协议》（2000），《中华人民共和国政府和白俄罗斯共和国政府关于相互提供大使馆馆舍的协议》（2004），《中华人民共和国政府和白俄罗斯共和国政府关于中华人民共和国地方政府与白俄罗斯共和国地方执行管理机关合作原则的协定》（2005），《中华人民共和国政府和白俄罗斯共和国政府旅游合作协定》（2005），《中华人民共和国政府和白俄罗斯共和国政府和平利用核能合作协定》（2008）等。

（三）中国—俄罗斯

中国与俄罗斯于1949年建交。

建交后，两国政府签署的双边文件主要有（按时间排序）：《中华人民共和国政府和俄罗斯联邦政府关于派遣和吸收中国公民在俄罗斯联邦企业、联合公司及机构工作的原则协定》(1992)、《中华人民共和国政府与俄罗斯联邦政府汽车运输协定》(1992)、《中华人民共和国政府和俄罗斯联邦政府关于经济贸易关系的协定》(1992)、《中华人民共和国政府和俄罗斯联邦政府关于互免团体旅游签证的协定》(1992)、《中华人民共和国政府和俄罗斯联邦政府关于公民往来签证协定》(1993)、《中华人民共和国政府和俄罗斯联邦政府旅游合作协定》(1993)、《中华人民共和国政府和俄罗斯联邦政府关于对所得避免双重征税和防止偷漏税的协定》(1994)、《中华人民共和国政府和俄罗斯联邦政府关于互免持外交、公务护照者签证的协定》(1994)、《中华人民共和国政府和俄罗斯联邦政府关于农工综合体经济与科技合作协定》(1994)、《中华人民共和国政府和俄罗斯联邦政府环境保护合作协定》(1994)、《中华人民共和国政府和俄罗斯联邦政府海运合作协定》(1994)、《中华人民共和国政府和俄罗斯联邦政府关于共同建设黑河—布拉戈维申斯克黑龙江（阿穆尔河）大桥的协定》(1995)、《中华人民共和国政府和俄罗斯联邦政府海关合作与互助协定》(1995)、《中华人民共和国政府和俄罗斯联邦政府关于森林防火联防协定》(1995)、《中华人民共和国政府和俄罗斯联邦政府关于相互承认学历、学位证书的协议》(1995)、《中华人民共和国政府和俄罗斯联邦政府关于在载人航天领域进行合作的协议》(1996)、《中华人民共和国政府与俄罗斯联邦政府关于兴凯湖自然保护区协定》(1996)、《中华人民共和国政府和俄罗斯联邦政府关于中俄国界管理制度的协定》(1996)、《中华人民共和国政府和俄罗斯联邦政府关于共同开展能源领域合作的协定》(1996)、《中华人民共和国政府和俄罗斯联邦政府关于中俄国界线东西两段的叙述议定书》(1999)、《中华人民共和国政府和俄罗斯联邦政府关于公民相互往来的协定》(2000)、《中华人民共和国政府和俄罗斯联邦政府关于促进和相互保护投资协定》(2006)、《中华人民共和国政府和俄罗斯联邦政府关于中俄国界管理制度的协定》(2006)、《中华人民共和国政府和俄罗斯联邦政府关于合理利用和保护跨界水的协定》(2008)、《中国政府和俄罗斯联邦政府关于便利公民往来的协议》(2014)等。

二、中 欧

中欧沿线国家主要有德国、奥地利、荷兰等国。

（一）中国—德国

战后德国分裂为东德和西德，分属两大阵营。中国与东德于 1950 年建交，与西德于 1972 年建交。两德统一后，中德建交时间以中国与西德建交为准。

建交后，两国政府签署的双边文件主要有（按时间排序）：《中华人民共和国政府和德意志联邦共和国政府贸易和支付协定》（1973），《中华人民共和国政府和德意志联邦共和国政府民用航空运输协定》（1975），《中华人民共和国政府和德意志联邦共和国政府和平利用核能合作协定》（1984），《中华人民共和国政府和德意志联邦共和国关于对所得和财产避免双重征税的协定》（1985），《中华人民共和国政府和德意志联邦共和国政府关于修改民用航空运输协定的议定书》（1995），《中华人民共和国政府和德意志联邦共和国政府关于互相承认高等教育等值的协定》（2002），《中华人民共和国国家发展和改革委员会与德意志联邦共和国联邦经济和技术部关于在中德经济技术合作论坛框架下生物技术和医药经济工作组继续进行合作的框架协议》（2002），《中华人民共和国国家发展和改革委员会与德意志联邦共和国联邦经济和技术部关于在中德经济技术合作论坛框架下能源工作组继续进行合作的框架协议》（2002），《中华人民共和国教育部与德意志联邦共和国外交部关于共同举办中德语言年活动的联合意向性声明》（2002），《中华人民共和国科学技术部与德意志联邦共和国联邦教育和研究部关于在半导体照明技术领域合作的联合声明》（2002），《中华人民共和国科学技术部与德意志联邦共和国联邦环境、自然保护和核安全部关于拓展在电动汽车和气候保护方面合作的联合声明》（2002），《中华人民共和国工业和信息化部与德意志联邦共和国联邦环境、自然保护和核安全部关于汽车燃料经济性领域合作的谅解备忘录》（2002），《中华人民共和国人力资源和社会保障部与德意志联邦共和国联邦劳动和社会部联合声明》(2002),《中华人民共和国环境保护部和德意志联邦共和国联邦环境、自然保护和核安全部关于进一步发展中德环境伙伴关系行动的联合意向声明》(2002),《中华人民共和国农业部和德意志联邦共和国联邦食品、农业和消费者保护部沼气合作谅解备忘录》(2002),《中华人民共和国商务部与德意志联邦共和国联邦经济和技术部关于进一步促进双向投资的联合声明》(2002),《中华人民共和国商务部与德意志联邦共和国联邦经济和技术部关于建立中德经济顾问委员会的联合声明》(2002),《中华人民共和国卫生部和德意志联邦共和国联邦卫生部关于公共卫生应急与灾害医学合作的联合声明》(2002),《中华人民共和国国家海洋局与德意志联邦共和国联邦教育和研究部关于加强中德海洋与极地领域合作的联合声明》(2002)等。

(二)中国—奥地利

中国与奥地利于 1971 年建交。

建交后,两国政府签署的双边文件主要有(按时间排序):《中华人民共和国政府和奥地利共和国政府关于〈中华人民共和国出土文物展览〉协定》(1971),《中华人民共和国政府和奥地利共和国政府贸易和支付协定》(1972),《中华人民共和国政府和奥地利联邦政府经济、工业和技术合作协定》(1980),《中华人民共和国政府和奥地利共和国政府科学技术合作协定》(1984),《中华人民共和国政府和奥地利共和国政府科学技术合作协定》(1984),《中华人民共和国政府和奥地利联邦政府民用航空运输协定》(1985),《中华人民共和国政府和奥地利共和国政府卫生合作协定》(1989),《中华人民共和国政府和奥地利共和国政府关于对所得和财产避免双重征税和防止偷漏税的协定》(1991),《中华人民共和国政府和奥地利共和国政府关于互设总领事馆及领区问题的换文》(1994),《中华人民共和国政府和奥地利联邦政府经济、工业、技术和工艺合作协定》(1996),《中华人民共和国政府和奥地利共和国政府文化合作协定》(2001),《中华人民共和国政府和奥地利共和国政府关于互相承认高等教育等值的协定》(2004),《中华人民共和国政府和奥地利共和国政府关于动物检疫及动物卫生合作协定》(2005)等。

(三)中国—荷兰

中国与荷兰于1972年建交。荷兰是"一带一路"战略西部端点之一,中荷政府合作具有特殊的意义。

建交后,两国政府签署的双边文件主要有(按时间排序):《中华人民共和国政府和荷兰王国政府海运协定》(1975),《中华人民共和国政府和荷兰王国政府海洋运输合作协定》(1976),《中华人民共和国政府和荷兰王国政府关于商标互惠协议》(1977),《中华人民共和国政府和荷兰王国政府经济技术合作协定》(1984),《中华人民共和国政府和荷兰王国政府关于鼓励和相互保护投资协定》(1985),《中华人民共和国政府和荷兰王国政府植物检疫协定》(1986),《中华人民共和国政府和荷兰王国政府关于植物检疫合作协定》(1986),《中华人民共和国政府和荷兰王国政府科学技术合作谅解备忘录》(1987),《中华人民共和国政府和荷兰王国政府农业科学和技术合作协定》(1987),《中华人民共和国政府和荷兰王国政府关于对所得避免双重征税和防止偷漏税的协定议定书》(1987),《中华人民共和国政府和荷兰王国政府关于进一步加强经贸合作的谅解备忘录》(1992),《中华人民共和国政府和荷兰王国政府关于互设总领事馆的换文》(1994),《中华人民共和国政府和荷兰王国政府关于中小企业合作谅解备忘录》(1995),《中华人民共和国政府与荷兰王国政府动物检疫及动物卫生合作协定》(1995),《中华人民共和国政府和荷兰王国政府民用航空合作协定》(1996),《中华人民共和国政府和荷兰王国政府关于发展合作的谅解备忘录》(1996),《中华人民共和国政府和荷兰王国政府科学技术合作协定》(1999),《中华人民共和国政府和荷兰王国政府农业科学和技术合作协定》(2001),《中华人民共和国政府和荷兰王国政府关于鼓励和相互保护投资协定》(2001),《中华人民共和国政府和荷兰王国政府关于鼓励和相互保护投资协定》(2001),《中华人民共和国政府和荷兰王国政府环境保护合作谅解备忘录》(2002),《中华人民共和国政府和荷兰王国政府科学技术合作谅解备忘录》(2002),《中华人民共和国政府和荷兰王国政府关于新兴市场促进(PSOM)项目谅解备忘录》(2003),《中华人民共和国政府和荷兰王国政府关于创新科研合作谅解备忘录》(2005),《中华人民共和国政府和荷兰王国政府卫生合作协议》(2005),《中华人民共和国政府与荷兰王国政府关于相互承认高等教育学位证书及入学的协议》(2005)等。

三、西 欧

西欧沿线国家主要有西班牙、法国、葡萄牙、英国等国。这些国家都属于"一带一路"战略的西部端点,中国与这些国家政府的合作具有特殊的重要作用。

(一)中国—西班牙

中国与西班牙于1973年建交。

建交后,两国政府签署的双边文件主要有(按时间排序):《中华人民共和国政府和西班牙国政府关于中、西两国建立外交关系的联合公报》(1973),《中华人民共和国政府和西班牙王国政府贸易协定》(1978),《中华人民共和国政府和西班牙政府文化、教育、科学合作协定》(1981),《中华人民共和国政府和西班牙政府发展经济和工业合作协定》(1984),《中华人民共和国政府和西班牙政府发展经济和工业合作协定》(1984),《中华人民共和国政府和西班牙政府关于对所得和财产避免双重征税和防止偷漏税的协定》(1990),《中华人民共和国政府和西班牙王国政府关于西班牙在中华人民共和国香港特别行政区保留总领事馆的协定》(1997),《中华人民共和国政府和西班牙王国政府打击有组织犯罪的合作协定》(2000),《中华人民共和国政府和西班牙王国政府关于互设文化中心的协议》(2005),《中华人民共和国政府和西班牙王国政府关于互免持外交护照者签证的协定》(2006),《中华人民共和国政府与西班牙王国政府关于相互承认学历学位的协议》(2007),《中华人民共和国政府和西班牙王国政府民用航空运输协定》(2007),《中华人民共和国政府与西班牙王国政府就西在广州设立总领事馆事达成协议的换文》(2007),《中华人民共和国政府和西班牙王国政府关于进一步深化两国全面战略伙伴关系的联合声明》(2009),《中华人民共和国政府与西班牙王国政府关于合作拍摄电影的协议》(2014)等。

（二）中国—法国

中国与法国于1964年建交。

建交后，两国政府签署的双边文件主要有（按时间排序）：《中华人民共和国政府和法兰西共和国政府航空交通协定》(1966),《中华人民共和国政府和法兰西共和国政府海运协定》(1975),《中华人民共和国政府和法兰西共和国政府科学技术协定》(1978),《中华人民共和国政府和法兰西共和国政府关于互免航空运输企业税捐的规定》(1979),《中华人民共和国政府和法兰西共和国政府关于设立领事机构的协议》(1980),《中华人民共和国政府和法兰西共和国政府对所得避免双重征税和防止偷漏税的协定》(1984),《中华人民共和国政府和法兰西共和国关于民事、商事司法协助的协定》(1987),《中华人民共和国政府和法兰西共和国政府关于发展和平利用核能合作的协定》(1997),《中华人民共和国政府和法兰西共和国政府关于研究与和平利用外层空间合作的协定》(1997),《中华人民共和国政府和法兰西共和国政府关于卫生与医学科学合作协定》(1997),《中华人民共和国政府和法兰西共和国政府环境保护合作协定》(1997),《中华人民共和国政府和法兰西共和国政府关于知识产权的合作协定》(1998),《中华人民共和国政府与法兰西共和国政府关于动物检疫的合作协定》(1998),《中华人民共和国政府和法兰西共和国政府关于公务员制度的合作协定》(1999),《中华人民共和国政府和法兰西共和国政府关于刑事司法协助的协定》(2005),《中华人民共和国政府和法兰西共和国政府关于相互促进和保护投资的协定》(2007)、《中华人民共和国政府和法兰西共和国政府关于在中医药领域合作的协议》(2007)、《中华人民共和国政府与法兰西共和国政府关于合作拍摄电影的协议》(2010) 等。

（三）中国—葡萄牙

中国与葡萄牙于 1979 年建交。

建交后，两国政府签署的双边文件主要有（按时间排序）：《中华人民共和国政府和葡萄牙共和国政府贸易协定》(1980)、《中华人民共和国政府和葡萄牙共和国政府文化和科技合作协定》(1982)、《中华人民共和国政府和葡萄牙共和国政府关于澳门问题的联合声明 1987)、《中华人民共和国政府和葡萄牙共和国政府关于澳门问题的联合声明》(1987)、《中华人民共和国政府和葡萄牙共和国政府关于中华人民共和国外交部在澳门设立签证办事处的换文》(1991)、《中华人民共和国政府和葡萄牙共和国政府关于鼓励和相互保护投资协定》(1992)、《中华人民共和国政府和葡萄牙共和国政府科学技术合作协定》(1993)、《中华人民共和国政府和葡萄牙共和国政府关于对所得避免双重征税和防止偷漏税的协定》(1998)、《中华人民共和国政府和葡萄牙共和国政府经济合作协定》(2005)、《中华人民共和国政府和葡萄牙共和国政府关于设立葡萄牙共和国驻上海总领事馆的协定 2005)、《中华人民共和国政府和葡萄牙共和国政府关于相互承认高等教育学历、学位证书的协定》(2005)、《中华人民共和国政府和葡萄牙共和国政府关于加强双边关系的联合声明》(2006) 等。

（四）中国—英国

中国与英国于 1972 年建交。

建交后，两国政府签署的双边文件主要有（按时间排序）：《中华人民共和国政府和大不列颠及北爱尔兰联合王国政府民用航空运输协定》(1979)、《中华人民共和国政府和大不列颠及北爱尔兰联合王国政府关于在曼彻斯特设立中国总领事馆和在上海设立英国总领事馆的协议》(1984)、《中华人民共和国政府和大不列颠及北爱尔兰联合王国政府关于香港问题的联合声明》(1985)、《中华人民共和国政府和大不列颠及北爱尔兰联合王国政府和平利用核能合作协定》(1985)、《中华人民共和国政府和大不列颠及北爱尔兰联合王国政府关于促进和相互保护投资协定》(1986)、《中华人民共和国政府和大不列颠及北爱尔兰联合王国政府关于解决历史遗留的相互资产要求的协定》(1987)、《中华人民共和国政府和大不列颠及北爱尔兰联合王国政府海运协定》(1996)、《中华人民共和国政府和大不列颠及北爱尔兰联合王国政府海运协定》(1996)、《中华人民共和国政府与大不列颠及北爱尔兰联合王国政府及托管政府关于相互承认高等教育学位证书的协议》(2000)、《中华人民共和国政府与大不列颠及北爱尔兰联合王国政府教育合作框架协议》(2000)、《中华人民共和国政府和大不列颠及北爱尔兰联合王国政府对所得和财产收益避免双重征税和防止偷漏税的协定》(2013)等。

第四节　中国与大洋洲国家政府间的合作

一、中国—澳大利亚

中国与澳大利亚于1972年建交。

建交后，两国政府签署的双边文件主要有（按时间排序）：《中华人民共和国政府和澳大利亚政府科学技术合作协定》(1980)、《中华人民共和国政府和澳大利亚政府文化合作协定》(1981)、《中华人民共和国政府和澳大利亚政府经济合作议定书》(1981)、《中华人民共和国政府和澳大利亚政府关于技术合作促进发展计划的协定》(1981)、《中华人民共和国政府和澳大利亚政府民用航空运输协定》(1984)、《中华人民共和国政府和澳大利亚政府关于空运企业在国际空运中取得的所得和收入避免双重征税的协定》(1985)、《中国政府和澳大利亚政府保护候鸟及其栖息环境的协定》(1986),《中华人民共和国政府与澳大利亚政府相互鼓励和保护投资协定》(1988),《中华人民共和国政府和澳大利亚政府关于对所得避免双重征税和防止偷漏税的协定》(1988),《中华人民共和国政府和澳大利亚联邦政府渔业协定》(1988);《中华人民共和国政府和澳大利亚政府关于澳大利亚在中华人民共和国香港特别行政区保留总领事馆的协定》(1996),《中华人民共和国政府与澳大利亚政府关于相互承认高等教育学历和学位的协议》(2007),《中华人民共和国政府和澳大利亚政府自由贸易协定》(2015)等。

二、中国—新西兰

中国与新西兰于1972年建交。

建交后,两国政府签署的双边文件主要有(按时间排序):《中华人民共和国政府和新西兰政府贸易协定》(1973),《中华人民共和国政府和新西兰政府关于对所得避免双重征税和防止偷漏税的协定》(1986),《中华人民共和国政府和新西兰政府关于鼓励和相互保护投资协定》(1988),《中华人民共和国政府和新西兰政府民用航空运输协定》(1993),《中华人民共和国政府与新西兰政府科学技术合作协定》(2003),《中华人民共和国政府与新西兰政府关于在高等教育领域内相互承认学历和学位的协议》(2008),《中华人民共和国政府和新西兰政府自由贸易协定》(2008),《中华人民共和国政府与新西兰政府关于合作制作电视片的协议》(2014)等。

第五节 中国与南美洲国家政府间的合作

南美洲处于"一带一路"战略南下东折沿线的国家主要有巴西、智利、阿根廷等国家。

一、中国—巴西

中国与巴西于 1974 年建交。

建交后,两国政府签署的双边文件主要有(按时间排序):《中华人民共和国政府和巴西联邦共和国政府关于对所得避免双重征税和防止偷漏税的协定》(1991),《中华人民共和国政府的巴西联邦共和国政府海运协定》(1979),《中华人民共和国政府和巴西联邦共和国政府科学技术合作协定》(1982),《中华人民共和国政府和巴西联邦共和国政府和平利用核能合作协定》(1984),《中华人民共和国政府和巴西联邦共和国政府关于互设武官处问题的换文》(1984),《中华人民共和国政府和巴西联邦共和国政府文化教育合作协定》(1985),《中华人民共和国政府和巴西联邦共和国政府关于地质科学合作的议定书》(1985),《中华人民共和国政府和巴西联邦共和国政府文化教育合作协定》(1988),《中华人民共和国政府和巴西联邦共和国政府关于在防治严重流行病药物领域的科技合作协定》(1988),《中华人民共和国政府和巴西联邦共和国政府航班协定》(1994),《中华人民共和国政府和巴西联邦共和国政府关于和平利用外层空间科学技术合作协定》(1994),《中华人民共和国政府和巴西联邦共和国政府关于植物检疫的协定》(1995),《中华人民共和国政府和巴西联邦共和国政府关于联合研制地球资源卫星的技术安全协议》(1995),《中华人民共和国和巴西联邦共和国关于进一步深化中巴全面战略伙伴关系的联合声明》(2014),《中华人民共和国政府和巴西联邦共和国政府关于气候变化的联合声明》(2015)等。

二、中国—智利

中国与智利于 1970 年建交。智利是第一个承认中国完全市场地位、与中国签署双边自由贸易协定的南美国家。

建交后,两国政府签署的双边文件主要有(按时间排序):《中华人民共和国政府和智利共和国政府贸易协定》(1971)、《中华人民共和国政府和智利共和国政府长期贸易协议》(1972)、《中华人民共和国政府和智利共和国政府支付协定》(1972)、《中华人民共和国政府和智利共和国政府科学技术合作协定》(1980)、《中华人民共和国政府和智利共和国政府文化协定》(1987)、《中华人民共和国政府和智利共和国政府关于鼓励和相互保护投资协定》(1994)、《中华人民共和国政府和智利共和国政府海运协定》(1995)、《中华人民共和国政府和智利共和国政府渔业合作谅解备忘录》(1995)、《中华人民共和国政府和智利共和国政府关于鼓励和相互保护投资协定》(1995)、《中华人民共和国政府和智利共和国政府海运协定》(1995)、《中华人民共和国政府和智利共和国政府民用航空》(1996)、《中华人民共和国政府和智利共和国政府农牧科技合作协定》(1996)、《中华人民共和国政府和智利共和国政府民用航空运输协定》(1996)、《中华人民共和国政府和智利共和国政府关于动物检疫及动物卫生的合作协定》(2002)、《中华人民共和国政府和智利共和国政府关于空间合作的协定》(2007)、《中华人民共和国政府和智利共和国政府自由贸易协定》(2007)、《中华人民共和国政府和智利共和国政府自由贸易协定关于服务贸易的补充协定》(2008)、《中华人民共和国政府和智利共和国政府关于海关合作与行政互助的协》(2009)等。

三、中国—阿根廷

中国与阿根廷于1972年建交。

建交后，两国政府签署的双边文件主要有（按时间排序）：《中华人民共和国政府和阿根廷共和国政府海运协定》(1978)、《中华人民共和国政府和阿根廷共和国政府海运协定》(1978)、《中华人民共和国政府和阿根廷共和国政府经济合作协定》(1980)、《中华人民共和国政府和阿根廷共和国政府经济合作协定》(1980)、《中华人民共和国政府和阿根廷共和国政府科学技术合作协定》(1980)、《中华人民共和国政府和阿根廷共和国政府南极合作协定》(1988),《中华人民共和国政府和阿根廷共和国政府关于航天科学研究和应用合作协定》(1988),《中华人民共和国政府和阿根廷共和国政府关于中国农业科学院和阿根廷全国农牧技术研究所合作计划的协定》(1988),《中华人民共和国政府和阿根廷共和国政府关于促进建立合营企业的协议》(1990),《中华人民共和国政府和阿根廷政府关于促进和相互保护投资协定》(1992),《中华人民共和国政府与阿根廷共和国政府生物技术和生物安全协议》(2001),《中华人民共和国政府和阿根廷共和国政府民用航空运输协定》(2004),《中华人民共和国政府和阿根廷共和国政府关于税收情报交换的协定》(2010),《中华人民共和国政府与阿根廷共和国政府关于合作在阿根廷建设重水堆核电站的协议》(2014)等。

第五章 基础设施的互联互通

基础设施是用于保证国家或地区社会经济活动正常进行的公共服务系统，关系到一个国家或地区的经济是否能够长期持续稳定发展，也是"一带一路"的基本问题：全域基础设施的完善与否关乎"一带一路"的成功与否。而依靠民间的力量或市场的力量在保障基础设施方面既缺乏可行性，也缺乏必要性，是一种社会职责的错位。基础设施建设的主角是政府，"一带一路"基础设施建设的任务应由沿线国家政府承担。这是由政府的职责所决定的。历史上有过这样的例子——20世纪30年代的罗斯福新政：当时，美国因遭遇"黑色星期四"而陷入空前的经济大萧条。为了摆脱困境，美国总统罗斯福推行"3R"新政，要求由政府主导基础设施建设，这不仅在当时产生了扩大就业、增加收入的"乘数效应"，而且为美国经济的后期大发展奠定了基础。当前，全球性金融危机和其他因素造成的经济下行风险并没有解除，世界各国（包括"一带一路"沿线国）的压力沉重。为了扭转局面，沿线各国政府应在共同合作愿景的基础上，按照互联互通的要求对各自的相关基础设施进行升级改造，确保"一带一路"的顺利进行。

第一节 基础设施

一、基本概念

(一) 定 义

基础设施是为社会生产和居民生活提供公共服务的人为有形工程设施,是整个社会生存发展所依托的一般物质条件。

(二) 分 类

基础设施一般分为公共生活服务设施和市政公用工程设施。前者主要包括铁路、公路、机场、港口、桥梁、通信、水利、水电煤气、商业服务、园林绿化、环境保护等设施;后者主要包括教育、科技、医疗卫生、体育、文化等设施。

(三) 发展要求

在现代社会条件下,对基础设施的要求与当地社会发展水平成正比。作为一种投资巨大、工期较长的固定资产,对远离城市的重大项目和基地,需优先发展基础设施,以保证整体建设项目的实施以及竣工后尽快发挥效益。

二、基础设施建设

(一) 国家政策

2013年9月6日,国务院发布《关于加强城市基础设施建设的意见》(国发〔2013〕36号),这是指导今后一个时期中国城市基础设施建设的纲领性政策文件。该文件指出,城市基础设施建设要以邓小平理论、"三个代表"重要思想、科学发展观为指导，围绕推进新型城镇化的重大战略部署，立足于稳增长、调结构、促改革、惠民生，科学研究、统筹规划，提升城市基础设施建设和管理水平，提高城镇化质量；深化投融资体制改革，充分发挥市场配置资源的基础性作用；着力抓好既利当前又利长远的重点基础设施项目建设，提高城市综合承载能力；保障城市运行安全，改善城市人居生态环境，推动城市节能减排，促进经济社会持续健康发展。

基本原则是规划引领、民生优先、安全为重、机制创新、绿色优质。确保基础设施建成后的合理有效使用期限和服务等级，确保广大居民对基础设施建设与服务有良好的切身获得感，提升城市的综合现代化品质，树立有特色、有潜力、有希望的城市品牌。

重点领域要点如下：

（1）城市道路交通基础设施建设：① 推进地铁、轻轨等城市轨道交通系统建设，发挥其公共交通骨干的作用，带动城市公共交通和相关产业发展；② 城市道路、桥梁建设改造；③ 城市步行和自行车交通系统建设。

（2）加大城市管网建设和改造力度：① 市政地下管网建设改造；② 城市供水、排水防涝和防洪设施建设；③ 城市电网建设。

（3）加快污水和垃圾处理设施建设：① 城市污水处理设施建设；② 城市生活垃圾处理设施建设。

（4）加强生态园林建设：① 城市公园建设；② 提升城市绿地功能。

文件还要求，科学编制规划，发挥调控引领作用，总体规划与专项规划相结合，加强配套设施的统筹规划；抓好项目落实，加快建设进度；确保政府投入，推进基础设施建设投融资体制和运营机制改革；科学管理，明确责任，加强协调配合。

（二）先行先试的引领：城市轨道交通

交通历来都是引发城市崛起和衰落的原因。

在不同的城市交通规划之下，有些城市的强势或发达地位将得以巩固；有些原来水平较低的城市将乘势崛起；有些城市则可能会长势趋缓而淡出视野。值得注意的是，航空交通与轨道交通的布局并不完全重合，而是各有千秋。根据国发〔2013〕36号文件的精神，城市道路交通在城市基础设施建设中居于首要地位，而其中的城市轨道交通又是重中之重，需要集中全力首先加以突破。

第二节 交通基础设施的互联互通

一、综合交通运输系统

（一）定　义

综合交通运输系统是各种交通运输方式有效集成的交通运输系统。狭义的综合交通运输系统是指各种传统交通运输方式（如公路、铁路、水路、航空和管道）的有效集成；广义的综合交通运输系统是指各种现代化或超现代化运输（如气垫公路、磁悬浮列车）方式与数字化信息传输设施的集成。"一带一路"综合交通运输系统以狭义系统为基点，逐步过渡到广义系统。这里的综合交通运输系统特指狭义系统。

（二）现　状

（1）国际方面。目前，世界上的主要工业化国家在综合交通运输系统建设方面都取得了较大进展，在发挥装备潜力、提高运转速度、提升服务等级、保证安全可靠、降低系统成本等方面都达到了世界领先的水平，各国（美国、加拿大、欧洲、日韩等）都拥有自己的关键技术产品和应用经验，在综合交通运输系统科技发展及竞争中稳居第一集团。

（2）国内方面。改革开放后，中国仅用20多年的时间，就通过科技创新和产业改造，一扫过去交通运输"傻大黑粗"的形象，迅速扭转了交通运输的落后局面，实现了交通运输软硬件的升级换代，跻身交通运输世界发达国家俱乐部。除管道运输尚有较大差距外，公路、铁路、水运、航空等产业的水平均不逊于外国同行，尤其是高速铁路业的进展，已成为中国鲜亮的国家名片。

（三）趋 势

世界交通运输的发展趋势是智能化、一体化①。"一带一路"沿线国家应根据这种大趋势，积极推动本国交通运输业向基础设施互联互通的目标发展。

（四）方 略

交通基础设施的互联互通，应按建设工程的难易程度有序进行：先陆路、后水路和航空，先公路、后铁路（或公铁并进），先通咽喉、后连干支，能改就改，不能改就新建……策略，以互联互通为既定目标，随形势组织具体项目。

二、国际公路基础设施的互联互通

建立国际公路网，联沿线各国区域公路运输通道是全面发展欧亚区域经济合作的先决条件。中国正在建设（或规划建设）通往上合组织区域国家的12条公路运输线路的中国境内路段，总长达5200千米。这些线路将通过霍尔果斯、伊尔克什坦、卡拉苏等口岸，把乌鲁木齐、喀什等中国西部的重要城市与中亚、俄罗斯和欧洲连接起来。

上述12条公路运输线路中有3条是贯通中国—中亚—欧洲的东西运输大通道：

第一条，欧亚洲际运输北部通道，路标为：中国—哈萨克斯坦—

---

① 世界知识出版社编辑：《国际条约集 1945—1947》[M]，北京：世界知识出版社，1959年版，第6页。

俄罗斯—欧洲。由中国连云港—霍尔果斯国道主干线和霍尔果斯、吉木乃、巴克图、阿拉山口口岸公路组成，目前已基本完成高等级公路改造；

第二条，欧亚洲际运输中部通道，路标为：中国—哈萨克斯坦—里海—欧洲。由中国经过哈萨克斯坦腹地再至里海，延伸至欧洲，是一条较为便捷的通道。

第三条，欧亚洲际运输南部通道，路标为：中国—中亚—伊朗—土耳其—欧洲。由中国东部的连云港，经西安，西抵新疆乌鲁木齐、阿克苏、喀什，通过吐尔尕特和伊尔克什坦口岸连接吉尔吉斯斯坦，通过吉尔吉斯斯坦到达乌兹别克斯坦、塔吉克斯坦和土库曼斯坦，通过卡拉苏等口岸到达塔吉克斯坦等中亚国家，再经高加索地区到欧洲，经伊朗和土耳其，通过博斯普鲁斯海峡到达欧洲。沿线经过中亚的比什凯克、杜尚别、塔什干、霍罗格、胡詹等中亚国家的首都和重要城市，是经过中亚国家最多、沿线人口最密集的通道。

三、国际铁路基础设施的互联互通

铁路问世已经 190 多年了。全世界 41 个主要国家铁路运营总里程约为 80 万千米，其中电气化铁路 19.4 万千米，分布在 117 个国家和地区。先后出现了英国、美国、德国、法国、苏联/俄罗斯、南非、墨西哥等铁路先行国，各自主宰或引领了铁路行业特定时域和空间的主流面貌。若有幸将这些主流代表作并列在一起，会发现它们类似而又有不同：首先是轨距宽窄不同；其次是机车车辆外观不同（如车钩、缓冲器）；再次是限界不同……仔细观察，就会发现更多的不同。这些不同自然与不同国家的铁路装备制造商及其工业标准有关，更与其所属的铁路组织不同有关。如果要提问：A 国的火车能在开进 B 国吗？恐怕难以立即直接回答。但"一带一路"建设要求，A 国的火车不但能开进 B 国，而且可以畅通无阻。这就是国际铁路基础设施的互联互通。

(一) 轨　距

轨距是指铁路轨道两条钢轨内侧之间的距离。不同轨距在不同国家（地区）的分布见表 5-1。未来的趋势是各国轨距逐渐向标准轨距（1435）靠拢，"车同轨"的局面有望在世界范围内实现。"一带一路"的互联互通需求无疑将加速这个进程。

表 5-1　不同轨距在不同国家（地区）的分布

大洲	国家（地区）	轨距（mm）
亚洲	中国	1435（1432、1520、1067、762）
	日本	1435、1067、762
	印度尼西亚	1067
	越南、柬埔寨、老挝、泰国、缅甸、马来西亚	1000
	印度、巴基斯坦、孟加拉、斯里兰卡	1676
	土库曼、乌兹别克斯坦、塔吉克斯坦	1520
美洲	美国、加拿大	1435
	阿根廷、智利	1676
欧洲	英国	1435
	爱尔兰	1600
	伦敦地铁	1432
	西班牙	1674
	葡萄牙	1665
	独联体国家及芬兰	1524
	立陶宛、拉脱维亚、爱沙尼亚	1520
大洋洲	新西兰	1067
	澳大利亚	1600、1067
非洲	南非、安哥拉、博茨瓦纳、刚果、加纳	1067

（二）限　界

限界即对机车车辆和接近线路的建筑物、设备所规定的不允许超越的轮廓尺寸线，包括机车车辆限界和建筑限界。这两种轮廓线之间在垂直方向和水平方向上的间隙，是为确保行车安全的裕留空间。世界各国铁路基于其历史原因、运营情况、管理方法等各方面的差别，裕留空间所包含的内容及取值不尽相同。"一带一路"建设的桥梁、隧道需要保证合理的限界以保证列车安全通过。

（三）荷　载

其是指在铁路上的荷载，包括恒载、活载、附加力、特殊荷载。铁路荷载的设计应符合规范，便于通过线路的单位进行审核。

（四）系　统

铁路是由机务、车辆、工务、电务、调度、车站等多个部门组成的综合系统。在铁路基础设施设计、建设和运行过程中，要注意系统的均衡。在"一带一路"建设中，更要注意国际铁路同行的系统特征，保证足够的冗余度，消化因局部差异带来的整个系统浮动。

（五）泛亚铁路

泛亚铁路网是连接昆明到新加坡的铁路线，规划全长6617千米，途经柬埔寨、马来西亚、缅甸、新加坡、泰国和越南，是一条连接中国与东南亚的"黄金走廊"，有利于中国与东南亚国家的合作。

泛亚铁路的进展：

2015年，中国和越南共同研究从河内至边境城市老街，并连接越南第三大城市海防的铁路项目，规划长度约381千米。该铁路将并入泛亚铁路；2015年12月，采用国际技术标准，由中方负责建设，全长417千米、客运时速160千米/小时、货运时速120千米/小时的中老快速铁路动工建设；2015年8月，中国和泰国达成修建中泰铁路的意向，规划全长 867 千米，运行时速 180 千米。由于泛亚铁路理论上由中国主导、掌握规划设计的决策权，因此可从根本上解决铁路基础设施互联互通的问题。

（六）中国高铁"走出去"势不可挡

当今中国，高铁成为代表中国制造业水平的"国家名片"。中国高铁"走出去"参与国际现代化铁路运输装备体系竞争是时代赋予的使命和机遇。

2016 年 1 月 21 日，由中国设计承建的印度尼西亚"雅万高铁"项目正式在印尼瓦利尼开工。这是中国铁路"走出去"战略具有里程碑意义的事件。随后，更多的海外铁路基础建设项目，如俄罗斯莫斯科—喀山高铁、美国西部快线、马来西亚—新加坡高铁、横跨南美洲大陆的两洋铁路、坦赞铁路等纷纷开工建设。它们与目前在建的重大项目包括中老铁路、中泰铁路、匈塞铁路、巴基斯坦拉合尔橙线轻轨、印尼雅万高铁等项目一起，昭示着西方铁路强国近百年来的垄断地位分崩离析，世人对中国铁路基础设施刮目相看。

尽管中国高铁"走出去"的过程不会一帆风顺，但作为一种历史大趋势是不可阻挡的：一方面，清洁能源、绿色环保正成为世界共识，加之国际钢材价格下降和"一带一路"的不断推进，世界各国特别是沿线国家越来越多的铁路交通基础设施开工建设，将会"本能"地选择高端技术装备和成功经验。另一方面，中国高铁及城轨成套技术世界领先，适应面广，可供选用国家低成本、快捷"复制"应用。因此，中国高铁工业化水平和对外铁路基础设施建设项目出口能力极为强大，铁路设备的出口市场已实现六大洲全覆盖，铁路装备也实现了从单纯的产品出口向产品、工程、技术、标准全方位输出转变，因而可有效抵御个别高铁海外项目建设的不确定因素。①

---

① 《中国骄傲！2016 年高铁"走出去"这些项目值得关注》[EB/OL]，http://news.mydrivers.com/1/469/469521.htm。

四、国际民用航空基础设施的互联互通

(一) 定 义

航空是指飞行器在地球大气层中飞行的复杂而有战略意义的人类活动,与科研教育、工业制造、公共运输、航空运动、国防军事、政府管理等众多领域关联。用于军事的航空称为空军,用于非军事的航空称为民航。

(二) 民航的种类

民航是一切非军事航空活动的总称,包括航空运输及通用航空。

(1) 客机厂商。目前世界有5大民航客机生产企业:① 空中客车公司(总部在欧洲);② 波音公司(总部在美国);③ 庞巴迪公司(总部在加拿大);④ 巴西航空工业公司(总部在巴西);⑤ 图波列夫设计局(总部在俄罗斯)。波音、空中客车和图波列夫三家公司都集中生产远程干线大型客机;庞巴迪和巴西航空工业主要生产中型中短程支线客机。

飞机生产企业通常只负责客机的设计、组装及试飞,客机的零部件则按照规定的要求由世界各地不同制造生产商提供。

(2) 通用航空。通用航空是指所有非定期航班,包括公务航班、不定期航班、私人航班、飞行训练、降落伞、热气球、滑翔飞行、空中摄影、救护航班、特技飞行、空中巡逻警务或森林消防巡航。

(三) 互联互通

由于民用航空器属于尖端科技制造产品,全世界客机制造商屈指可数,形成客观上的垄断,全球各地民航基础设施(如机场、管制与环保)基本趋同,互联互通的阻力一般会相对小得多。

(1) 交通管制。航空交通管制是空中调度人员与飞行员沟通的管控机制,确保飞机保持安全的间距,避免发生碰撞,同时保证飞行空

域和机场设施维持良好的利用率。① 中央管制员和控制台负责管制机场范围内的飞机；② 海洋管制员负责管制飞机（一般为国际航班）；③ 终端管制员负责管制机场范围外 50～80 千米的飞机。交通管制国际化可减少对国际航班的限制。

（2）环保影响。飞机发动机会释放二氧化碳、炭黑等温室气体，影响环境质量。按照国际标准维护本国航空业环保条件，减少当地对国际航班的恐惧和排斥心理。

五、国际海运基础设施的互联互通

（一）定　义

海运是指一切与海洋有关的经营活动，即港口到港口的海上交通运输，如散杂货运输、集装箱运输等。随着新的运输元素的加入，未来海运将会是门到门的、贯穿海陆的一体化运输产业。

（二）种　类

班轮运输：有固定的船期、航线、停靠港口和相对固定的运费率（运费中包括装卸费），适合于一般件杂货和集装箱货物的运输。

租船运输：主要有定程租船和定期租船两种。租船费用较班轮低廉，且可选择直达航线，大宗货物一般采用租船运输。

（三）作　用

海运是国际物流中最主要的运输方式，国际贸易总运量中的 2/3 以上，中国进出口货运总量的约 90%，都由海运来承担。

（四）航　线

海运航线是指船舶航线的路线。按航行范围划分，全世界主要有 5 大海运航线（各含若干子航线）：大西洋航线（8 条）、太平洋航线（10

条)、印度洋航线(6条)、北冰洋航线(3条)和环球航线。这些航线有的要穿过被称为"咽喉"的运河、海峡等狭窄水道,这样的咽喉水道全世界有9个:苏伊士运河、巴拿马运河、基尔运河/北海—波罗的海运河、马六甲海峡、英吉利海峡、霍尔木兹海峡、直布罗陀海峡、曼德海峡、土耳其海峡/黑海海峡。其中有的咽喉(如马六甲,海峡、霍尔木兹海峡、直布罗陀海峡、曼德海峡、土耳其海峡)处于"21世纪海上丝绸之路"上,是要全力确保其畅通的关键部位。例如,中泰合作的克拉运河就具有破解"马六甲困局"的作用。

六、国际管道运输基础设施的互联互通

管道运输是国际货物运输方式之一,具有运量大、全天候和随地势而行、可连续作业以及成本低等优点。在中国,管道运输已成为继公路、铁路、水路(海路)、航空运输之后的第五大运输行业。跨国境敷设的运输管道与两国各自的管道网络相连接,以达成运输液体/气体产品的目的,具有互联互通的天然特点。

中国的管道运输业正迎来"管道机遇"。① 2015 年中国油气管道达 15 万千米(仅中国石油一家,2014 年至 2020 年间,年均建设管道里程就在 8000 千米以上)。中国管道正朝着更大口径、更高压力和更高钢级的方向发展。② 中国管道输送介质也日益多元化,除传统的油气介质外,矿浆也加入管道运输之列。③ 管道管控一体化的智慧管道崭露头角。

管道运输在"一带一路"建设基础设施互联互通中,应侧重国内管网经验的国际交流共享,共同提高沿线国家区域管道运输的综合水平。同时,鉴于"一带一路"建设中部分路段社会形势复杂,应高度关注管道的维护保养、安全防护和事故救援等方面力量的配置。

第三节 能源基础设施的互联互通

一、能源基础设施

能源基础设施是指用于能源建设的基础设施，包括电能、水能、风能、化学能（煤炭、煤气、天然气、液化石油气）、潮汐能、新兴太阳能、核能设施等。能源基础设施为社会生产和生活提供不可或缺的持续动力。这些动力最终都将转变为电能驱动电力系统提供服务。

二、能源基础设施互联互通

能源基础设施的输出形式或为个性化的机械能，或为共性化的电能。能源基础设施互联互通指的是各类能源基础设施产生的电能共享。"一带一路"线路行程遥远，交通运输工具自持能力有限，必须依靠沿线国家为国际电网提供电压偏差、频率偏差、三相电压不平衡、电压波动和闪变、公用电网谐波和公用电网间谐波均达标的优质电能。

配电线路从降压变电站把电力送到配电变压器或将配电变电站的电力送到用电单位。

对于"一带一路"国际陆路长途交通运输来讲，"电压"是一个特别值得关注的电能参数，因为世界各国配电线路的电压并不相同，跨国运行时会受到干扰：在使用低压民用电器时要注意与当地电压的匹配问题。为此，要在沿线国家停靠点设置国际通用的调压变压器，满足过往人员的需求（见表 5-2）。

表 5-2 沿线国家（地区）电压和频率

国家（地区）	电压	频率	国家（地区）	电压	频率
美国	120	60	英国	240	50
夏威夷	120	60	法国	127/220	50

续表

国家（地区）	电压	频率	国家（地区）	电压	频率
智利	220	50	西班牙	127/220	50
加拿大	120	60	希腊	220	50
墨西哥	127	60	瑞典	220	50
韩国	110/220	60	奥地利	220	50
日本	110	50	德国	220	50
中国	220	50	荷兰	220	50
菲律宾	220	60	挪威、瑞典	220	50
泰国	220	50	俄罗斯	127/220	50
意大利	127/220	50			

第四节 通信基础设施的互联互通

一、通信基础设施

（一）定 义

通信基础设施是通信行业所依托的基础设施，包括有线和无线通信。

（二）特 点

有线通信是指通信设备之间需要经过线缆（架空线缆、同轴线缆、光纤、音频线缆）等传输介质连接才能传输信号；无线通信是指不需连接线，而是利用电磁波信号进行信息交换。通信基础设施是国家基础设施的重要内容，对国民生产生活和"一带一路"建设发挥着巨大的作用。

有线通信抗干扰性强，稳定性高，具备一定的保密性，传输速率快，带宽可无限大，但受环境影响较大，扩展性较弱，有衰减，施工难度大，移动性差。无线通信不受环境、线路的限制，具有一定的移动性，可在移动状态下进行通信，施工难度低，成本低，但抗干扰较弱，传输速率较慢，带宽有限，传输距离也有限制。未来无线通信的传输速率更高（不低于有线通信），而且更稳定方便，所以是今后的发展趋势。

常用的有线通信设备主要有电脑、电视、电话、PCM、光端机等，无线通信设备主要有卫星、无线电台、无线电视、无线局域网、移动电话（手机）、手机GPRS上网等。

二、通信基础设施互联互通

（一）意　义

中国正进入工业化、信息化、城镇化快速发展的关键时期，加快通信基础设施建设，有助于云计算、大数据、物联网等新兴产业发展，培育电子商务、现代物流等新兴服务业态，保障"互联网+"的实现，提升信息消费水平，建设智慧城市。

（二）现　状

在中国，通信基础设施建设是市政基础设施建设中管理最好的部分。通信基础设施建设趋于标准化和规范化。当然，也存在无线通信基站、宽带网络设施等规划不完善，选址难、建设难等比较突出的问题，"光纤到户"还面临诸多困难，制约了城市信息通信网络的快速发展。通信基础设施建设没有形成共享机制，造成一定的资源和空间浪费。

（三）转　变

从2016年1月1日起，各地通信行业主管部门会同城乡规划主管部门，组织开展通信基础设施专项规划编制工作。专项规划应以城市总体规划、通信行业发展规划和有关业务标准规范为依据，科学预测各类通信用户规模，并根据城市发展布局、人口分布和信息化发展规划等，统筹各类通信管线、宽带网络建设和建设时序，充分考虑与地下综合管廊建设衔接，合理布局通信光缆、通信局房、基站等各类通信设施。统一规划建设通信基础设施，采用通信运营商租用通信基础设施的形式，对节省地下空间和有序建设地下管线都将有利于促进中国通信的市场化。

（四）国际合作

通信基础设施的国际合作要依靠各国主流通信运营商通过整合通信设施标准和规范来落实。2011年世界主流通信运营商来自美国、英国、德国、法国、俄罗斯、韩国、日本、新加坡、意大利、中国、越南、泰国、印度尼西亚、菲律宾、巴基斯坦、印度、孟加拉、哈萨克斯坦、西班牙、巴西、芬兰、肯尼亚等国。

目前，各国通信标准大多由各国单独制定并实行。要实现"一带一路"沿线各国通信设施的互联互通，应采用向后（向下）兼容的方式，制定更高级别的通用国际标准，并由签约国自主或合作建设。

第六章　投资贸易合作

中国有一句谚语：要想富，先修路。它反映出"路"与"富"的某种逻辑关系。"一带一路"的直接结果就是构建一条贯通沿线各国的富裕道路。这种富裕集中体现在经济水平的提高和普惠，主要表现是各国投资贸易的合作。

第一节　贸易自由与便利

一、相关概念

（1）贸易自由，是指交易双方在没有外力干预下自愿互利让渡商品的原则。贸易自由体现了买卖双方地位平等、等价交换、自愿让渡的一种意志关系，反映了交换双方谋取共同利益的要求。而非贸易自由则在交易过程中添加了限制，使得交易双方无法自愿达成资源让利关系，也就无法实现商品所有权的互让转移，交易过程阻力加大。非贸易自由的例子很多，如2011年俄罗斯MTC等四家国内企业在俄境内共建4G网络，瑞典第二通信公司申请加入参与，但俄通信部担心军事泄密而态度消极。

（2）自由贸易（"保护贸易"的对称），是指交易国家政府不干预国际贸易的政策。具体来说，就是国家取消对进出口贸易的限制和障碍，取消本国进出口商品各种优待和特权，对进出口商品不加干涉和限制，使商品自由进出口，在国内市场上自由竞争的贸易政策。贸易自由与自由贸易密切相关，只是自由贸易对"外力"的界定确定具体，在实践中更具有可操作性。

（3）自由贸易区，简称自贸区。是指在投资和贸易等方面比世贸组织有关规定更加优惠的贸易安排；在主权国家或地区行使海关主权的执法空间以外，划出特定的区域，准许外国商品豁免关税自由进出，实质上是采取自由港政策的关税隔离区。狭义的自贸区仅指提供区内加工出口所需原料等货物的进口豁免关税的地区，类似出口加工区；广义的自贸区还包括自由港和转口贸易区。在国内，已有上海、广州、深圳、天津、福建等地在建设自贸区；在国际，中国已与澳大利亚、瑞士、哥斯达黎加、新加坡、智利、东盟、韩国、冰岛、秘鲁、新西兰、巴基斯坦等国签署自贸区协议，与挪威、斯里兰卡、马尔代夫、格鲁吉亚的自贸区谈判正在进行，与印度、哥伦比亚、摩尔多瓦、斐济、尼泊尔的自贸区问题也已提上日程。

（4）贸易便利（贸易便利化），是指简化和协调贸易程序，加速要素跨境流通的机制努力，是对国际贸易制度和手续的简化与协调。贸易便利是国际自由贸易中的重要因素，涉及交易商的操作效率和主观感受。如果贸易繁缛，有可能导致交易项目的搁浅或取消。贸易便利的内容十分广泛，核心是海关与跨境制度，其他还包括运输、许可、检疫、电子数据传输、支付、保险和金融要求、企业信息等多方面的内容。

二、"一带一路"与贸易自由

贸易自由与贸易便利是"一带一路"沿线国家间的互惠贸易体制机制。贸易自由可在指导思想上消除对国际贸易的种种限制，在制度上消除国际贸易中的各种壁垒。贸易便利则把贸易自由的指导思想落到实处，通过周密的、人性化的机制安排，降低国际贸易过程中的各种复杂度，力求交易全过程的简捷通畅，减少商品停留和通关的时间，提高交易操作的效率和双方交易商的满意度，为沿线国家的贸易自由增添正向的主观因素。

三、"一带一路"与自由贸易

自由贸易以及自贸区既是"一带一路"沿线国际贸易的体制机制设计,也是"一带一路"沿线国际贸易的基础设施。"一带一路"沿线的许多国家政府和民间有深厚的历史渊源,即所谓"山同形、水同源、人同种、语同音",限制双边贸易既缺乏法理的依据,也缺乏民情的认同。因此,沿线国家的政府应着眼大局,顺应趋势,用最大的诚意和强有力的物质支持,为国际自由贸易创造互惠环境,在关键口岸设立自贸区,加速商品的跨国流动,维护和促进区域经济的合作。中国与周边国家资源贸易正在稳步推进之中。

据报道,中国商务部正与中亚国家商讨新自贸区建设以发挥新疆区位优势:① 全力推进与沿线国家经贸合作,扩大与沿线国家市场开放,提高贸易便利化水平,挖掘新的贸易增长点;② 建设一批边境经济合作区、跨境经济合作区、境外经济合作区等平台建设,扩大双向投资规模;③ 深化各种形式的区域次区域合作,积极商讨建设新的自由贸易区;④ 与沿线国家共同推动一批重大合作项目。商务部研究院已就中哈、中吉自由贸易区,中哈霍尔果斯边境自由贸易区,上合组织自由贸易区等进行过多项可行性研究。为不与俄罗斯主导的欧亚经济联盟发生叠加,这些自贸区拟在新疆区域内建设。

另据报道,中国正与南亚国家稳步推进自贸区建设。近年来,中国与南亚国家以共建"一带一路"为契机,经贸合作取得长足发展,合作领域覆盖贸易、投资、基础设施、产业园区、农业、民生等各方面。中国商务部正与南亚各国的政府部门和各界人士共同努力,创造条件扩大对华出口,积极稳妥推进互利经贸合作。同时,中方也将向有关南亚国家提供力所能及的援助,帮助其克服自然灾害,推动经济社会可持续发展。

2015 年 11 月 22 日,国务院总理李克强同东盟 10 国领导人共同见证《中华人民共和国与东南亚国家联盟关于修订〈中国－东盟全面经济合作框架协议〉及项下部分协议的议定书》签字仪式。中国－东盟自贸区是中国对外商谈的第一个也是最大的自贸区，自 2010 年全面建成以来有力推动了中国和东盟经贸关系发展。《议定书》是我国在现有自贸区基础上完成的第一个升级协议，涵盖货物贸易、服务贸易、投资、经济技术合作等领域，是对原有协定的丰富、完善、补充和提升。中国作出了改进服务贸易的承诺，东盟作出了商业、通信等 8 个部门约 70 个分部门向中国更高水平开放的承诺。

四、"一带一路"与贸易便利

与贸易自由和自由贸易相比，贸易便利更多地带有实际操作的特点，涉及国际商品交易的全过程。在制度设计方面，要从控制本位向服务本位转移，总目标是方便交易。减少不必要的审查环节，合并关联点多的环节，争取相同的操作内容在海关只进行一次。对于大型、复杂的商品交易，应规划设计高效通关路径以及绿色快速通关路径。探索两国（或多国）边检人员共同组成的联合边检团队，共同对交易商和交易商品进行一次性勘验，提高通关效率，降低通关成本。

第二节 贸易转型升级

"一带一路"建设跨越地域辽阔，覆盖经济发展水平参差不齐的多个地区。加上各地经济不断增长进步，国际贸易不可能永远保持同一个水平不动，一定会随着国家、区域、经济共同体内外的条件逐步从低向高变化，这是经济发展的规律。

一、国际贸易基本类型

（一）根据商品的流向性质，分为出口贸易、进口贸易和过境贸易

（1）出口贸易：将本国制造的商品销往外国市场的贸易活动。
（2）进口贸易：将外国的商品输入本国市场销售的贸易活动。同一笔交易，对于卖方是出口贸易，对买方则是进口贸易。
（3）过境贸易：不参与交易，只是收取一定的通过本国过境的费用。

（二）根据商品的外在形态，分为有形贸易和无形贸易

（1）有形贸易：实物商品的进出口，包括初级产品和工业制成品，需办理海关出入关手续。
（2）无形贸易：非实物形态的劳务和技术的进出口，不需办理海关手续。

（三）根据交易主体的数量，分为直接贸易、间接贸易和转口贸易

（1）直接贸易：商品交易在生产国与消费国之间直接进行。
（2）间接贸易：商品交易经过第三国进行交易。
（3）转口贸易：进（出）口商品不以生产（消费）为目的，仅为商品换装中转并获利，如伦敦、鹿特丹、新加坡等地，都是转口贸易发达的口岸。

（四）根据不同的进出口标准，分为总贸易和专门贸易

（1）总贸易：以国境为标准的进出口贸易（中国、日本、英国、加拿大、澳大利亚、俄罗斯及东欧等国家均采用这种标准）。凡进入国境的商品一律计为总进口，凡离开国境的商品一律计为总出口。总进口额＋总出口额＝该国的总贸易额。

(2)专门贸易:以关境为标准的进出口贸易。凡进入关境的商品一律计为进口,未入关境的则不计入(美国、德国、意大利、瑞士等国采用这种标准)。

(五)根据交易支付方式的不同,分为现汇贸易、记账贸易和易货贸易

(1)现汇贸易:以现汇结算方式进行交易的贸易,运用最为普遍。

(2)记账贸易:由交易国政府间签订贸易协定或贸易支付协定,按照记账方法进行结算的贸易。

(3)易货贸易:交易双方依据相互间签订的易货协定或易货合同,以货物经过计价作为结算方式,互相交换货物的一种交易行为。

二、国际贸易新形势

(一)两线整体态势

进入21世纪的国际贸易,整体形势是"两线博弈"。一条线是新贸易保护主义渐盛,称为"贸保"线,美欧联手制造各种带有欺骗性质的贸易壁垒屡屡得手,保护了本国就业,维持了其在世界贸易格局中的强势地位;另一条线是新兴经济体的崛起,称为"新兴"线,"金砖国家"(中国、巴西、印度、俄罗斯和南非)与"新钻"国家(墨西哥、韩国、南非、菲律宾、土耳其、印度尼西亚和埃及)相继出现在国际贸易舞台上,它们呼唤各自的经济利益诉求,主张自由贸易,与贸易保护主义展开博弈。

(二)两线各自的特点

"贸保"线国家稳健老辣,足智多谋,熟练运用现有的国际经济与贸易规则,施损招于不备,发阴力于无形,牢牢把握国际贸易的主动权;"新兴"线国家厚积薄发,挑战陈规,依托各自的经济实力和意愿,

撼强权而无畏，破淫威而无惧，争索国际经济与贸易的一席之地。"两线博弈"是当今世界"一超多强"格局在国际经济领域的体现。

（三）对弱者的进一步剖析

"新兴"线国家首先多为发展中国家，工业化程度往往较低，整体经济水平仍处于国际贸易的末端，产品竞争力差、附加值低，与老牌经济强国竞争缺乏王牌商品。"新兴"线国家对国际经济与贸易的规则较为生疏或排斥，不善于、不屑于甚至倦怠于大胆维权，而是息事宁人，最终按"贸保"线国家的唱本唱戏。"新兴"线国家在国际贸易博弈中惯于各自为战、各唱各调，单打独斗，没有形成合力，在国际经济与贸易舞台上声音弱小，难以自保。

三、国际贸易摩擦实例

（一）美、欧等西方国家制造摩擦导致国际贸易形势恶化

例如，中国近 10 年来已经连年成为全球遭受反倾销调查最多的国家。同时，中国的商品出口还遭受美、欧盟多重贸易壁垒的限制。中国对西方国际贸易的整体恶劣形势将持续呈现加剧的趋势。巴西也遭受美国的贸易指控。

（二）新贸易保护主义抬头

新贸易保护主义（又称"超贸易保护主义"）兴起于 20 世纪 80 年代，以绿色壁垒、技术壁垒、反倾销和知识产权保护等非关税壁垒措施为主要表现形式。通过贸易保护，维持在国际分工和国际交换中的支配地位。例如，中国超过 60% 的机电出口商品将遭受欧盟环保双指令（欧盟 2003 年 2 月 13 日颁布，并分别于 2005 年下半年和 2006 年下半年开始实施的 ROHS 指令和 WEEE 指令）造成的重大影响。

（三）美国坚持"冷战"思维，扰乱正常的国际贸易，收紧对华高科技产品出口

美国近期将出台新的出口法，收紧对华高技术产品出口的禁运范围，同时"出口许可证"的受限范围也将大幅度提高。

四、积极应对的措施

（一）认清实质，丢掉幻想

国际贸易摩擦的实质是美欧维护"一家独大"的绝对主宰地位。美国挑头，欧洲附和，它们各自追求国际贸易中的利益最大化。在现有条件下，想让美欧与发展中国家平等相待、和衷共济，是幼稚的幻想。

（二）转型升级，增强实力

发达国家与发展中国家的差距既有自然禀赋的原因，又有历史发展的原因。发展中国家的首要任务是开动脑筋，创造优势，变被动为主动，通过对本国产业的转型升级，改善商品的生产条件和市场竞争力，利用后发优势与发达国家抗衡，努力提升在国际贸易中的地位。

（三）在商言商，熟悉规则

发展中国家的另一项战略性任务就是学习、掌握、熟练运用现有的国际贸易规则，不仅要了解世界贸易组织，还要了解知识产权组织、国际保护工业产权协会、国际许可证贸易工作者协会、国际海事委员会、国际博览会联盟、国际商事仲裁机构联合会、太平洋盆地经济理事会、国际商会等组织的宗旨、机制，在国际贸易争端中能够从善而择，保护本国，驳倒对手，争取大多数国家的同情、理解和支持。

（四）抱团取暖，广泛合作

发展中国家是一家。在国际贸易中，发展中国家应站在同一个立

场观世界,用同一个声音发言论,用同一个步调图发展,用同一个帮扶过难关。尤其是政治条件相容、经济条件相似、人文条件相近的区域(例如中亚、东南亚、南亚、西亚),各国更应结成较为紧密的经济合作组织,相互提携,相互帮衬。

(五)稳定方向,扎实践步

(1)调整商品结构。大力发展具有时代特点的高新技术产业,打造拉动出口增长的新引擎,改变单纯依靠初级产品出口的不利地位。

(2)挖掘出口商品生产潜力。培育一批设计、生产出口产品的中小微企业,灵活应对国际经济形势的变化。

(3)充实外贸产品基地,引导民营企业进入外贸领域,增强产品特色,开拓新的外贸市场。

(4)千方百计扩大出口。大力开拓国际市场,巩固传统市场,进一步拓展新兴市场。

(5)继续发挥外企外资在本地产业升级,外贸结构升级中的积极作用,注意引进对本地具有补充、升级和换代意义的高新技术制造业。

(6)促进自主品牌建设,支持兼并国外品牌,建立品牌商品出口统计制度。

(7)大力发展新兴贸易业态。

(8)大力提升便利化水平,积极开展通关"一站式"作业改革。

(9)加大支持财税金融力度。

(10)营造国际化营商环境。

第三节 探索投资合作新模式

"一带一路"要求基础设施互联互通,需要注入大量的建设资金。能够承担如此大规模资金投入的社会主体只有当地政府。对于沿线国家，特别是经济相对落后的国家来说，这既是促使本国基础设施升级换代、国际接轨的机遇，又是对当地政府筹措资金、投资合作能力的考验。所幸经济学家已经总结出许多投资运作理论，不需这些政府部门从零开始摸索。他们需要重点做的是如何让那些成熟的理论成果与当地实际相结合而"落地开花"，解决建设资金投入的燃眉之急。

一、投资的理论模式

（一）BT 投资模式

BT 是英文建设 Build、移交 Transfer 的缩写，意指建设项目投资主体总承包后，先自行垫资进行建设，建设验收完毕再移交给政府部门；也即垫资为政府建造暂时无力上马的基础设施项目，然后再让政府分期还款，从而获利。

BT 模式是一种新的投资融资模式，其重点是 B 阶段（移交阶段），仅适用于政府对基础设施的非经营性项目建设，政府利用的资金是实际上通过投资主体融资的资金，而非政府财政预算资金，政府按比例分期向投资方支付合同的约定总价，投资主体在项目移交后不再由此获取经营收入。

BT 模式的优点是明显的：其一，风险不大而且可控。对于"一带一路"基础设施这样的公共建设项目来说，采用 BT 方式运作，由银行（或其他金融机构）出具担保，可保证投入项目资金的安全。只要项目未来收益有保证，签署融资贷款协议后，在项目的建设期内基本上没有资金风险。其二，收益高。首先，BT 投资主体为其剩余资本（或闲置资金）找到可观的投资获益渠道；其次，金融机构通过为 BT 项目融资贷款，分享了项目收益；再次，能够发挥大型建筑企业在融资和施工管理方面的优势；最后，促进当地经济发展。

在中国，BT 这种融资、建设、移交模式还处于验证和完善中，但 BT 项目的运作情况表明普遍运作良好，体现出该模式的优点。可供"一带一路"沿线国家参考。

（二）PPP 模式

PPP 是英文 Public、Private、Partnership 的缩写，又称 PPP 融资，直译即"公私合伙制"，意指政府与私营商签订长期协议，授权私营商代替政府建设、运营或管理公共基础设施并向公众提供公共服务。该模式最早由英国政府于 1982 年提出。

各国（或国际组织）对 PPP 的理解有狭义和广义两种：狭义 PPP 泛指政府与私营商为提供公共产品或服务而建立的各种合作关系；广义 PPP 为 BOT、TOT、DBFO 等一系列项目融资的总称。

PPP 模式有四个方面的主要含义：首先，是一种新型的项目融资模式；其次，可使更多的民营资本投入公共项目，提高效率，降低风险；再次，在一定程度上满足民营资本的获利动机；最后，在不增加政府初期建设投资负担和风险的前提下，提高公共设施的服务质量。

PPP 模式的优点很多：其一，控制费用的超支；其二，促进转变政府职能，减轻财政压力；其三，推动投资主体的多元化；其四，政府部门与民营部门可取长补短；其五，参建各方结成整体，协调不同的利益目标；其六，合理分配风险；其七，应用范围广泛。

PPP 模式已在多个国家的交通（公路、铁路、机场、港口）、卫生（医院）、公共安全（监狱）、国防、教育（学校）、公共固定资产管理中得到应用。在"政府部门有力支持""健全的法律法规制度""专业化机构和人才支持"的条件下，中国也在基础设施建设领域引入 PPP，促进了市政基础设施建设项目的民营化。

这种成功的经验，也值得向"一带一路"沿线国家介绍。

（三）BOT 模式

BOT 是英文 Build（兴建）、Operate（营运）、Transfer（转移）的缩写，是一种在公共设施建设中由民营商兴建营运后转移给政府的投资模式，意指政府将所规划的工程交由民营商投资兴建并经营一段时间后，再由政府回收经营，是一种"基础设施特许权"制度。

BOT 在市场经济中引入国家介入的因素，发挥了政府的主导作用；同时，通过与民营商达成相关协议发挥市场的基础性作用，为政府对项目的控制、价格干预提供有效途径。

BOT 模式的优点包括：其一，减轻政府的财政负担；其二，政府可规避项目风险；其三，主体关系简单，政府与民营商协调简易；第四，项目收益明确，执行中标协议，减少政府与民营商的利益纠纷；第五，保证项目运作效率；第六，民营商来自国外时，可提高本国同行的技术和管理水平，促进国际经济的交融。

BOT 模式的缺点包括：其一，主体间调查了解和商洽谈判的过程较长，投标成本过高；其二，民营商与融资机构风险大，无退路；其三，项目各主体的利益不一会阻碍融资；其四，僵硬的机制阻碍先进生产方式的引入；第五，政府在特许期内对项目的控制削弱或缺失。

BOT 模式有许多变形，主要包括：

BOOT（Build-Own-Operate-Transfer）：建设—拥有—运营—移交。民营商在特许期内既有经营权又有所有权。在一般情况下，BOT 即 BOOT。

BOO（Build-Own-Operate）：建设—拥有—运营。民营商按照政府授予的特许权，建设并经营某项基础设施，但并不向政府移交此基础设施。

BOOST（Build-Own-Operate-Subsidy-Transfer）：建设—拥有—运营—补贴—移交。

BLT（Build-Lease-Transfer）：建设—租赁—移交。

BT（Build-Transfer）：建设—移交。

BTO（Build-Transfer-Operate）：建设—移交—运营。

IOT（Investment-Operate-Transfer）：投资—运营—移交。

ROO（Rehabilitate-Operate-Own）：改造—运营—拥有。

LBO（Lease-Build-Operate）：租赁—建设—经营。

BBO（Buy-Build-Operate）：购买—建设—经营。

BOT 可帮助"一带一路"沿线国家政府解决基础设施建设所需的

资金、技术和管理经验，通过让渡部分眼前利益获得长远的利益空间，是值得沿线各国政府认真权衡的投资方式。

（四）TOT 模式

TOT 是英文 Transfer-Operate-Transfer 的缩写，即移交—经营—移交，是国际上较为流行的一种项目融资方式，通常是指政府将已建好的项目一定期限的产权或经营权，有偿转让给民营商，由其进行运营管理；民营商在约定的期限内通过经营收回全部投资并得到合理的回报。合约期满之后，民营商再将该项目交还给政府。该模式经验成熟，有利于既有设施的维护升级，可供"一带一路"沿线国家在基础设施建设中参考。

（五）P2P 模式

又叫 P2P 金融或 P2P 信贷，是互联网金融（ITFIN）的一种个人对个人的借贷方式。P2P 一般需要借助电子商务专业网络平台帮助借贷双方确立借贷关系并完成相关交易手续。借款人可自行发布借款信息，包括金额、利息、还款方式和时间，自行决定借出金额实现自助式借款。在中国，2015 年全国 P2P 网贷成交额突破万亿，达到 11 805.65 亿。如果"P 个人"是法律上的"自然人"，则其通常没有义务、必要和能力去担负应由政府承担的基础设施建设角色（个人自愿与政府同舟共济除外）。因此，该模式不适合在"一带一路"沿线国家基础设施建设中使用。

二、投资模式的实际运用

（一）确定各主体责任，创造项目投资启动的条件

模式一经选定，就要从不同主体的角度分别梳理对应的责任，排出正式启动所需条件的路线图或时间表。政府应保证各种文件资料的

真实和法律法规资源的有效供给，制订招标方案，筹备招标会；民营商方面应制备所需的资质材料，编制投标书，落实金融机构筹款意向和基建队伍机动方案，准备参与竞争；金融机构根据筹款意向和招标方案，筹集款源，准备按要求投放资金。

（二）构建各主体之间的互信关系

政府通常有极高的稳定性、较强的财政支付能力和信誉影响力，对于金融机构来讲，"政府出钱"是高可信度的信用担保。但政府资金来自上级机构的财政预算，落实到具体费用上，常出现时间滞后现象，有的甚至接近一年，这会让民营商产生迟疑。因此，在引用 BOT 类的投资模式时，政府的资金负担已经大为减轻，因而应在支付时间上提高"正点率"；民营商按照中标协议自主组织融资和施工建设，监理方独立履职，向政府和民营商负责，对施工质量进行严格把关；金融机构按照业内规则和建设项目中标协议按时足额提供建设资金，政府、金融机构、民营商、政府之间形成主体互信链条。

（三）政府的特殊义务

政府作为最终业主应在软环境上担负更大的责任，在维系主体互信链条中担负更多的义务。① 做好招标文件的宣传解释工作，提高投标民营商的信任度；② 积极协助投标民营商对 BT 建设项目的全面调查；③ 充分宣示回购 BT 项目的意向和担保；④ 加强对民营商的法律帮助，遏制投资风险；⑤ 强化对 BT 项目的签约和履约管理，保持 BT 项目全过程的透明公开，增强民营商的信心。

（四）各方共同观风测向，及时识别风险

共同警觉的内容：① 法律环境的动态及支持，如相关法律文本、合同协议范本、回购协议和融资担保等。② 建设期中的产权界定。BT 项目签约后至移交前的产权归属应当明确。③ 商洽谈判时间。时间越长,不确定因素越多,越要警惕。④ 枝节数量。法定以外的未知环节或人为障碍会增加投标成本,亦应警惕。⑤ 项目关联方协调。BT 项目关联各方的个体利益应服从整体利益,求大同存小异。⑥ 融资监管。确定付款担保方式,明确主体的未来责任。⑦ 分包程度。经验显示,分包程度与质量成反比,分包越多,质量越难以控制。⑧ 未来政府财力模糊,项目回购能力虚化。

(五) 政府在融资过程中的慎行点

确认民营商所融资金,降低资本风险;合理规划资金的需要量,防止筹资闲置或不足;维持适当的自持资金,合理安排负债;组建项目法人,代表政府行使业主的权利,处理经济合同事务;招标时注意投标人的施工资质、融资能力、经济实力、银行信用等级、财务状况等等;参照公认的国际惯例,签订 BT 合同时采用 FIDIC 条款,规范双方的行为,明确双方的权利和义务。

(六) 民营商在融资过程中的慎行

识别风险,包括政治风险、自然风险、社会风险、技术风险、清偿风险,争取主动。确定安全合理的利润率,逐利但不要过分。建立项目法人责任制,全程负责项目资金筹措、建设实施、资产保值增值的管控。预留应急储备,降低风险的扰动,保证资金的监管投入与增值退出。

三、投资合作

这里专指"一带一路"沿线国家政府的投资合作。尽管在上述投资模式中政府的负担已大大减轻,但对于经济水平落后地区国家的政府来讲,基础设施建设仍是一个较大的压力,在实际运作时仍感信心不足。为此,沿线国家政府可在漫长的基础设施建设中采取投资合作的方式,共同面对投资过程中的不确定因素。

（一）合作营造法律环境

各沿线国政府签署投资法律适用范围协定，扩大投资法律的覆盖范围，便于签约国灵活援引，大家共用相同或相似的合同范本或协议框架，减少谈判时间，降低签约成本，共同维护本区域的投资活动秩序。

（二）合作担保

对金融机构的融资共同提供融资合作担保以提高融资规模，保障相关的建设工程。

（三）共同寻找民营商

动用各自的优势在世界范围内寻找合适的民营商参与基础设施建设，共同检验民营商的资质和实力。政府合作编制区域公共设施建设规划，为民营商提供更多的投资商机，增加民营商的信心，降低开拓建设市场的成本，以利于在本区域长期稳定地承建基础设施项目。

四、区域/国际金融组织

（一）亚洲开发银行

简称亚行 ADB，1966 年正式营业，由日本主导，总部设在菲律宾首都马尼拉。亚行是面向亚太地区的区域性政府间的金融开发机构。现有 67 个成员，其中 48 个来自亚太地区，其余来自其他地区。

亚洲地区成员：阿富汗、澳大利亚、阿塞拜疆、孟加拉国、不丹、柬埔寨、中华人民共和国、库克群岛、斐济群岛、印度、印度尼西亚、日本、哈萨克斯坦、基里巴斯、韩国、吉尔吉斯共和国、老挝民主主义共和国、马来西亚、马尔代夫、马绍尔群岛、密克罗尼西亚联邦、蒙古、缅甸、瑙鲁、尼泊尔、新西兰、巴基斯坦、帕劳群岛、巴布亚新几内亚、菲律宾、萨摩亚群岛、新加坡、所罗门群岛、斯里兰卡、塔吉克斯坦、泰国、东帝汶、汤加、土库曼斯坦、图瓦卢、乌兹别克斯坦、瓦努阿图、越南。

非亚洲地区成员：奥地利、比利时、加拿大、丹麦、芬兰、法国、德国、意大利、卢森堡、荷兰、挪威、葡萄牙、西班牙、瑞典、瑞士、土耳其、英国、美国。

亚行由联合国亚洲及太平洋经济社会委员会赞助建立，与联合国及其区域和专门机构有密切的联系。对发展中成员的援助主要采取四种形式：贷款、股本投资、技术援助、联合融资担保。

（二）亚洲基础设施投资银行

简称亚投行（AIIB），2015年正式营业，由中国主导，总部设在中国首都北京。亚投行通过在基础设施及其他生产性领域的投资，促进亚洲经济可持续发展，创造财富并改善基础设施互联互通；与其他多边和双边开发机构紧密合作，推进区域合作和伙伴关系，应对发展挑战。

亚投行按照稳健原则开展经营。亚投行的业务分为普通业务和特别业务。其中，普通业务是指由亚投行普通资本（包括法定股本、授权募集的资金、贷款或担保收回的资金等）提供融资的业务；特别业务是指为服务于自身宗旨，以亚投行所接受的特别基金开展的业务。两种业务可以同时为同一个项目或规划的不同部分提供资金支持，但在财务报表中应分别列出。

银行可以向任何成员或其机构、单位或行政部门，或在成员的领土上经营的任何实体或企业，以及参与本区域经济发展的国际或区域性机构或实体提供融资。在符合银行宗旨与职能及银行成员利益的情况下，经理事会超级多数投票同意，也可向非成员提供援助。亚投行开展业务的方式包括直接提供贷款、开展联合融资或参与贷款、进行股权投资、提供担保、提供特别基金的支持以及技术援助等。

亚投行截至2016年8月共有57个意向创始成员，其中亚洲域内有37个，非亚洲区域有20个国家。亚投行成员与亚行成员有交叉重合，表明两行成员覆盖面广，互联程度深。

（三）其他国际性金融机构

除亚洲两行外，还有恒生银行、中英人寿、香港汇丰银行、英国渣打银行、汇丰银行等许多国际性金融机构。其中，顶级的是国际货币基金组织和世界银行。与国际性金融机构发展业务联系对于"一带一路"沿线国家政府实现基础设施互联互通、参与国际融资、熟悉国际金融运作规范和实作方法有重要的现实意义。

第四节 简析东南亚国家的投资环境

20 世纪 80 年代后，东南亚国家的经济进入了一个快速发展的时期。在这个时期内，外向型经济活跃，不但孕育了"亚洲四小虎"，而且经历了亚洲金融风暴的洗礼。域内国家发展经济的步伐愈加扎实，思路日益缜密。进入 21 世纪以来，东南亚国家投资发展状态良好，吸引了国际上一些国家的投资热潮。"一带一路"为中国企业投资东南亚增添了动力。

东南亚投资形势向好，虽有外部助推的原因，根本原因还是当地宜于吸纳投资的环境。考察东南亚投资环境的形成机理，对"一带一路"沿线国家基础设施建设投资具有现实的样板作用。

一、东南亚投资环境综述

投资环境涉及的因素很多，各主题元素间关系复杂。每个因素都可单独构成相对独立的环境，了解投资环境应从这些主题环境入手。

（一）地理位置

地理位置具有不可选择性。东南亚位于亚洲大陆和大洋洲之间，通过陆路和海路连接亚洲、非洲、大洋洲三洲，沟通太平洋和印度洋两洋，是东北亚经东南亚通往欧洲、非洲的太平洋航线的通行走廊，且有著名的马六甲海峡海运咽喉，地理位置十分重要。近代以来，海空运输逐步兴盛并成为世界重要枢纽。与中国地缘关系密切，处于中国外向型经济的辐射带内，建立和发展与中国的战略伙伴关系是东南亚各国的共识。因此，大家都致力于创造条件，吸引外资，以期带动和促进国民经济的发展。

（二）自然资源

东南亚地区自然资源极其丰富。地表之上，热量充足，水量丰沛，热带雨林地区的农作物种植业发达，所产的椰干、蕉麻、胡椒、奎宁、木棉、棕油等热带经济作物闻名世界。地表以下，东南亚拥有石油、天然气、煤、铜、金、镍、铝、锡、钛等丰富的矿产资源储备，其中石油、天然气等主要集中在印尼、马来西亚、文莱和越南，其他资源则分布在缅甸、泰国、菲律宾和东帝汶等国。由于临海和靠近赤道，东南亚的风能、太阳能、潮汐能绿色资源也十分可观。在旅游资源方面，东南亚的热带自然景观、独特的风土人情和名胜古迹都极具深厚的社会、文化和可再生经济价值。

（三）国际政治环境

以中国与东南亚各国关系为例。改革开放以来，中国积极改善和发展与东盟及其成员国的友好关系，积极发展相互间的政治关系和经济关系。1991年，中国与东盟建立对话伙伴关系后，双方合作关系进入快车道。顺应世界经济全球化、区域一体化的大趋势，中国与东盟国家大力发展相互间的经贸合作，开展自由贸易，2010年正式成立中国—东盟自贸区，双方签署了促进区域经济发展的多项双边、多边条约。

2013年10月3日，国家主席习近平在印度尼西亚国会发表重要演讲，表示中国致力于加强同东盟国家的互联互通建设，愿同东盟国家发展好海洋合作伙伴关系，明确提出共同建设"21世纪海上丝绸之路",这个宏伟愿景明显推动了中国与东盟各国的合作以及东盟各国之间的合作。

在东南亚,中国"一带一路"建设的倡议已成为引领和发展区域合作的最新国际理念与政治导向。东盟各国对此纷纷作出响应,区域政治环境更利于国际合作。据报告,2013—2020年,马来西亚、泰国、印度尼西亚和菲律宾的基础设施投资需求将高达5000亿美元,投资空间巨大。东南亚国家国内对外商投资开始给予更多、更有力的鼓励和优惠政策,对亚投行给予坚定的政治支持。

(四)法律环境

法律环境既包括国际法律环境,又包括国内法律环境。建立中国与东南亚国家自贸区以来,东盟国家陆续签署了《货物贸易协议》《服务贸易协议》《投资协议》等国际协议,为促进东南亚投资、解决国际投资争端提供了良好的国际法环境。

同时,东南亚国家为了吸引国外投资,加快本国和本地区的经济发展还纷纷制定国内法,通过多种税收政策和措施鼓励和促进国际投资。东南亚部分国家政府除了在投资促进法规定的优惠项目以外,还给以额外的优惠权益,促进外资支持本国发展并带动本国工业整体发展。

除法律法规以外,东南亚国家吸引外资,还出台了各种优惠政策,主要包括税收优惠政策、非税收促进政策、行业鼓励政策和地区鼓励政策等。

二、东南亚国家的投资环境

(一)越　南

对投资有利的因素包括:资源丰富,政局较稳,人工、用地、用电成本低,市场潜力大,辐射范围包括东盟地区。影响投资的因素包括:政府官员办事效率低,腐败严重。越南最具投资吸引力的行业是:

加工制造、科学研究、通信传媒、农林渔业、建筑、房地产经营及运输仓储、酒店和餐饮、批发零售和修理、休闲娱乐等行业。

同时，越南制定了《外国投资法》《外国投资法实施细则》《进出口税法》等，给予特别鼓励投资地区的项目和特别鼓励投资的项目 4 年免交所得税及 4 后年减半征收的优惠，还规定了满足法定情形和条件免征进口税，5 年内的亏损可从利润中扣除等税收优惠措施。越南还实行外国税收减免政策。

（二）老　挝

老挝的矿产资源丰富，投资优惠政策良好，经济增长有力，但存在市场规模小、工业不配套、运输条件差、劳动力素质相对较低等问题。老挝法律规定，在老挝投资的可享受利润税的优惠、资金来源的优惠和其他的税收优惠政策。老挝政府还为投资者提供必要的资料和数据，给予税收、劳动力等方面的优惠，允许其拥有土地使用权，开设投资一站式服务窗口等服务，为创造良好的投资环境提供各种便利条件，并由国家依法承认和保证投资者的所有权，保障其权益。

（三）柬埔寨

柬埔寨自然资源丰富，经济活动高度自由，近年来其社会政治稳定，经济发展迅速。但柬埔寨人工费用高于周边其他国家、基础设施较差等因素限制了外资进入。因此，柬埔寨的基础设施建设是外资的重要领域。柬埔寨在放宽投资范围、加大外商投资持股比例、给予税收优惠、政府补贴等各方面都应制定相应法律法规，鼓励外商投资。

（四）缅　甸

缅甸地理位置优越，连接南亚和东南亚，市场潜力极大。利于投资的因素主要是缅甸的石油和天然气存量丰富，很多尚未开采。不利于投资的因素包括：法律法规不健全、双重汇率相差较大、基础设施薄弱等。目前外商投资的行业主要有：水电、石油与天然气、制造业、矿业、房地产业、饭店与旅游业、交通通信业、工业区建设、建筑业和农业等。缅甸联邦法及商业税法废除仅由本地企业享受的、关于产品生产及销售的 2% 商业税率的优惠政策，意味着外资企业也同样享受产品生产及销售的 2% 商业税率的政策。

（五）泰　国

泰国国家经济环境稳定，市场容量大，生产成本低，基础设施相对完善，对周边国家辐射较强，对投资有政策鼓励，一直是外商对东南亚投资的热点国家。外商主要青睐泰国的农业、汽车业、电子业、时尚业、高增值服务业等五个行业。泰国为鼓励外商投资，放宽对外商持股比例的限制，允许外商持大部分或全部股份。属于特别鼓励投资领域的项目、出口生产型的项目或者属于泰国政府鼓励产业范畴内的项目可获得更大程度的优惠。但泰国的政局不稳，影响外资的热情和信心。

（六）菲律宾

菲律宾的劳动力资源丰富，不但廉价而且能够讲流利的英语，矿产资源也很丰富。制约外资投资的因素主要是政局不稳、基础设施差、腐败现象、法制改革进程缓慢等。国外投资的主要领域包括：制造业（含造船、电子、造纸、烟草）、服务业、矿业、通信业、房地产、金融业等。菲律宾在放宽投资范围、加大外商投资持股比例、给予税收优惠、政府补贴等各方面制定了相应的法律法规，鼓励外商投资。

（七）马来西亚

马来西亚原材料产品资源丰富，政局稳定，经济发展趋势好，人力资源素质较高，具有很强的投资吸引力。但在该国注册企业的程序非常复杂，工人的工资较高，这些制约了外资的进入。马来西亚对于外资投资应提供优惠政策，尤其应鼓励在制造业方面投资。

（八）东南亚其他国家

如新加坡、文莱、印度尼西亚等，这些国家的政治、经济相对稳定，地理位置优越，基础设施比较完善，法律法规体系比较健全，经济增长势头旺盛，市场潜力极大。但各自也有一些不足，如新加坡资源相对贫乏、文莱劳动力缺乏、印度尼西亚投资环境法规复杂。对于外来投资都应全面了解、评估和权衡。

三、东南亚国家投资的前景

自建立中国—东盟自贸区以来，区域内统一的大市场初步形成。东南亚国家的自然环境优势以及法律环境优势，与中国"一带一路"倡议、牵头成立亚投行等一系列有力措施相结合，显露出区域经济发展的巨大潜能、基础设施建设现实需求和政府投资合作的广阔空间。只要保持稳定、抑制风险，不需太长的时间，东南亚地区就必将成为区域经济政府合作的典范。

第七章　资金融通领域的合作

俗话说，有钱好办事。在经济活动中，这是一条铁律，伴随经济活动始末的就是资金融通。资金融通是指在经济运行过程中，资金供求双方运用各种金融工具调节资金盈余的活动，是所有金融交易活动的总称。"一带一路"建设不但不能回避资金融通，而且需要更加智慧地用资金融通的制度体系和操作工具，为"一带一路"建设筹措必要的建设资金。

第一节　货币理论基础

一、基本概念

（一）货币的定义

货币是商品交换发展到一定阶段的产物，它从商品中分离出来固定地充当一般等价物。

（二）货币的本质

货币的本质是物资与服务交换中的一般等价物，具有价值尺度、流通手段、支付手段、贮藏手段、世界货币的职能。在宏观经济学中，货币＝现金+部分形式的资产。货币金属论认为货币与贵金属等同，货币必须具有金属内容和实质价值,货币的价值取决于贵金属的价值;

货币名目论认为货币只是一种符号，一种名目上的存在。在西方货币学说中，目前货币名目论占统治地位。[①]

（三）货币的类别

货币包括流通货币（即合法的通货）和各种储蓄存款。在现代经济领域，只有很小比例的货币使用是以实体通货方式（实际应用的纸币或硬币）实现的，而大部分交易都使用支票或电子货币支付。

货币是在充当等价物的特殊商品，是商品价值观的物质附属物和符号附属物，是用来作为交易媒介、储藏价值和记账单位的一种工具。

（四）汇率

也称"外汇行市"或"汇价"，是一种货币兑换另一种货币的比率，即用一种货币表示另一种货币的价格。各种货币的名称和币值不同，相互兑换时一定要借助汇率进行计算。金本位制解体后，汇率不是恒定的，它与各国经济等级和国际贸易的供需状态有关。

（五）货币的演化

各国都有自己不同的货币史，甚至还出现过货币战争。在不同地区曾用不同的商品交换充当过货币，后来货币商品逐渐集中于贵金属。随着商品生产和交换的继续扩大，贵金属无法满足需要，于是出现了代用货币、信用货币。20世纪后，贵金属退出货币领域，不兑现纸币和银行支票成为各国主要的流通和支付手段。

二、货币类型

（一）本位币

又称主币，是指某个国家法定的货币，是该国货币制度中的基本

---

① http://baike.so.com/doc/2579777-2724200.html.

通货，是国家法定的计价、结算货币单位，具有无限清偿能力，主要用于大宗商品交易和劳务供应的需要，在国家经济生活中起主导作用。法定货币之外的其他货币都统称外币或原币，不能在这个国家流通。中国的本位币是人民币（包括主币、辅币和纪念币）。

（二）辅　币

即辅助货币，是指本位币单位以下的小额货币。辅币辅助大面额货币的流通，供日常零星交易或找零之用。特点是面额小，流通频繁，磨损快，故多用铜、镍及其合金等贱金属铸造（有些辅币为纸质）。辅币一般是有限清偿货币。不少国家规定辅币和主币一样具有无限清偿的能力，人民币的主币和辅币都具有无限清偿能力。

（三）原　币

指某国的本位币在国外环境中的称谓。

三、货币制度

（一）货币的本位制

本位制即选择某种物质作为一个国家通用货币的制度。在货币史上，出现过多种货币本位制。常见的有金本位与银本位。银比金更早地充当本位货币，19世纪20年代后又为金本位制所取代。

（二）银本位制

指把白银作为国家通用货币的制度。通货的基本单位由定量的银来规定。货币史上，银本位制早于金本位制。随着白银采铸业的发展，银的价值逐渐降低，市场价格波动不稳，银本位制经金银复本位制（银金并存）过渡，19世纪20年代后被金本位制所取代。银本位制有两种计量方式：① 银两本位。以白银重量"两"为价格标准，实行银块

（银锭）流通。② 银币本位。将白银铸成符合国家规定的形状、重量和成色的银币用于流通；银币可自由铸造和熔化；银锭和银币可自由输入输出，保证外汇市场的稳定。

在中国货币史上，白银自汉代即逐渐成为货币金属，到明代已实现按重量计值的货币化。进入 20 世纪，银本位制受到撼动。1935 年，民国政府实行币制改革，银本位制被废止。

（三）金本位制

金本位制是指以黄金为本位币的货币制度。在金本位制下，每单位的货币价值等同于若干重量的黄金（即货币含金量）。当不同国家均采用使用金本位时，国家之间的汇率由各自货币的含金量之比——金平价来决定。

金本位制的盛行始于 19 世纪中期。货币史上曾出现过三种形式的金本位制：金币本位制、金块本位制、金汇兑本位制。其中，金币本位制是最典型的形式。其特点包括：① 用黄金来规定货币所代表的价值，每一货币单位都有法定的含金量，各国货币按其所含黄金重量而有一定的比价；② 金币可以自由铸造，任何人都可按本位币的含金量将金块交给国家造币厂铸成金币；③ 金币是无限法偿的货币，具有无限制的支付手段的权利；④ 各国的货币储备是黄金，国际的结算使用黄金，黄金可以自由输出与输入；⑤ 由于黄金可在各国之间自由转移，因而保证了外汇行市的相对稳定与国际金融市场的统一；⑥ 金本位是由英国人牛顿创立的。

在金本位制下，黄金承担了商品交换的一般等价物，成为商品交换过程中的媒介。金币可以自由铸造、自由兑换、自由输入输出，所以黄金是唯一的准备金。

金币本位制消除了复本位制下存在的价格混乱和货币流通不稳的弊病，保证了流通中货币对本位币金属黄金不发生贬值，保证了世界市场的统一和外汇行市的相对稳定，是一种相对稳定的货币制度。1914 年第一次世界大战爆发，各国发行不兑现的纸币，禁止黄金自由输出，金本位制随之告终。

金块本位制是一种以金块办理国际结算的变相金本位制,亦称金条本位制。金汇兑本位制是一种持有金块本位制或金币本位制国家的货币,准许本国货币无限制地兑换成该国货币的金本位制。在这种制度下,国内只流通银行券,但不能兑换黄金,只能兑换实行金块或金本位制国家的货币,黄金是最后的支付手段。这两种不健全的金本位制于 1973 年基本消失。

金本位制通行了约 100 年,其崩溃的主要原因有:其一,黄金产量的涨幅远低于商品生产的涨幅,不能满足日益扩大的商品流通需要,极大地削弱了金币流通的基础;其二,黄金存量在各国的分配不平衡,部分为少数强国所掌握,导致金币的自由铸造和自由流通受到破坏,削弱其他国家金币流通的基础;其三,在第一次世界大战中,黄金被参战国集中用于购买军火,并停止自由输出和银行券兑现。这些原因最终导致金本位制的崩溃。

金本位制的崩溃对国际金融和世界经济产生了巨大影响:① 引起各国普遍的货币贬值和通货膨胀;② 导致汇价剧烈波动,冲击世界汇率制度。

总体上,金本位制是一种稳定的货币制度。汇率固定,各国央行有固定的黄金价格,保持货币实际价值的稳定,没有哪一个国家拥有特权地位。但金本位制限制了货币政策应付国内均衡目标的能力,货币供应受到黄金数量的限制,黄金出口国的经济压力很大。

(四)复本位制

指同时将黄金和白银规定为货币单位基础的本位制度。同时以两种贵金属为基础,复本位货币价值比金本位或银本位的货币更加稳定。但复本位实际上在金本位和银本位之间摆动,难以发挥双重本位的作用。英、美、法等国均曾在 18~19 世纪长期采用复本位制。

(五)不兑现本位制

又称为信用本位,是指不以贵金属作为货币单位的基础,并且规定纸币不兑换贵金属的本位制。在这种本位制下，可以用一种纸币兑换另一种纸币，但不能兑换贵金属。按当代西方经济学家的观点，贵金属在某国的分布及勘探开采决定该国的贵金属存量，进而决定本位币的供给；而不兑现本位制不受自然条件的钳制，政府可以决定货币供给量。所以，不兑现本位制更有利于政府对经济的调节。

（六）纸币本位制

又称自由本位制，实际上是一种信用货币，是指以国家发行的纸币作为本位货币的一种货币制度。国家不规定纸币的含金量，不允许与贵金属兑换，纸币作为主币流通具有无限法偿能力。国家发行少量金属铸币作为辅币流通，但辅币价值与金属商品价值无关。由于不与黄金挂钩，纸币发行量一般由国家根据经济发展的需要来决定，国家要对其实行严格的管理，所以也叫"有管理的通货制度"。当今世界各国的货币制度，几乎都是纸币本位制。

（七）硬币、纸币

其硬币是一种铜质，是铝制或镍质的小面额辅币。纸币是一种法定货币，称为法币。法币是政府强制流通的货币。纸币发行的基本权力为政府所有，具体由中央银行掌握。纸币和硬币的总和称为通货或现金。

（八）存款货币

又称需求存款，是指可以随时提取的商业银行的信用货币。有活期存款、定期存款和储蓄存款三种基本形式。

活期存款可以随时转换成现金，与通货没有区别，是一种货币；定期存款和储蓄存款是在一定时间以后才能提取的可以获得利息的存款。这些存款虽然不能以开支票的方式使用，但通常预先通知银行就可以把它转换成现金。另外，20世纪70年代以来出现的可转让提款单以及自动转移服务缩小了定期存款和活期存款的差别，使得定期存款和储蓄存款也成为一种货币。

（九）准货币

指具有价值储藏职能，易于转换成交换媒介，但本身还不是交换媒介的资产，如股票和债券等金融资产。

（十）货币替代物

指能够暂时执行交换媒介职能，但不能执行价值储藏职能的物件，如信用卡。

四、货币发行

（一）发行机构

国家货币由国家授权该国最高银行（一般是中央银行）负责发行和控制。① 一国一币。一个国家只发行和控制一种货币，这是绝大多数国家的做法。② 多国一币，如欧盟国家使用欧元，西非经济共同体国家使用法郎。③ 一国多币。一国央行发行和控制多种货币，如英国境内存在的多版本英镑，但国际社会只承认把英格兰英镑作为交易货币。也有使用他国货币的情况，如巴拿马用美元作为法定货币。

（二）辅　币

基本货币单位可以分成更小面值的辅币，最常用的面额为主币的1/100（1 元=100 分）。也有 1:7、1:14、1:25、1:10、1:1000 等他进位制。欧洲历史上曾经长期采用 1/20/240 的主辅币面值进制。如英国，1 英镑等于 20 先令、240 便士。有的国家货币没有辅币。日元和韩元虽有辅币，但因币值太小而只是理论上的换算单位，未发行实货。

（三）浮动汇率制

浮动汇率制是指一国货币的汇率由自由市场的供求关系决定的制度。随着金本位制的崩溃，浮动汇率制于 20 世纪 70 年代后期开始登上舞台。

一种货币的强弱，取决于其经济实力及与贸易伙伴的关系。汇价过强会使出口商品在输入国因价格昂贵而缺乏市场竞争力，损及本国的出口业；汇价过弱则有助于出口，但会推高进口商品的价格。同时，货币突然贬值可能是经济不稳的信号。

在浮动汇率制下，影响汇率的主要因素有：货币本身代表的价值、一国国际收支、利息率、各国政府和中央银行对外汇市场的干预，以及政治、心理、投机等因素。

浮动汇率制的优点是：其一，防止国际游资冲击，避免爆发货币危机；其二，促进国际贸易的增长和生产的发展；其三，促进资本流动。缺点是：其一，经常扰动外汇市场，干扰长期国际贸易和国际投资；其二，引起金融市场的波动；其三，基金组织难以有效监督汇率，无法改变国际收支不平衡的状况；其四，对发展中国家更为不利。

浮动汇率制可分为多种类型。

（1）按照政府对汇率是否干预，分为自由浮动汇率和管理浮动汇率。自由浮动汇率又称清洁浮动，是指政府对外汇市场不加任何干预，完全听任外汇市场供求力量的对比自发地决定本国货币对外国货币的汇率；管理浮动汇率又称肮脏浮动，是指政府对外汇市场进行公开或不公开的干预以影响外汇供求关系，使汇率向有利于自己的方向变动。实际上，完全的汇率自由浮动迄今都没有出现，主要发达国家对外汇市场都在进行不同程度的干预。

（2）按照汇率的浮动方式，分为单独浮动、联合浮动、钉住浮动和联系汇率制。

单独浮动，是指一国货币不与任何国家货币发生固定联系，其汇率根据外汇市场供求变化而自动调整。如美元、日元、加拿大元、澳大利亚元和少数发展中国家的货币采取单独浮动。

联合浮动又称共同浮动，是指国家集团在成员国之间实行固定汇率，同时对非成员国货币采取共同浮动的方法。欧洲货币体系成员国曾实行联合浮动。

钉住浮动汇率，是指一国货币与外币保持固定比价关系，随外币的浮动而浮动。依据钉住货币种类的不同，分为钉住单一货币和钉住合成货币两种形式：其一，钉住单一货币浮动，是指一些国家对外经济主要集中于某一国家或主要使用某种外币，这些国家使本位币汇率钉住该国货币变动；其二，钉住合成货币浮动，是指一些国家为摆脱本位币受某一种货币的支配，将本位币与篮子货币（篮子货币由与该国经济联系最为密切国家的货币组成）挂钩。

联系汇率，是一种特殊钉住汇率制，最典型的是港元联系汇率制。

浮动汇率制有下列的主要特点。

（1）汇率浮动有形式多样，每个国家可选择适宜的汇率浮动形式。中国从 1994 年开始正式实行有管理的浮动汇率制度。

（2）汇率浮动是有管理的浮动。

（3）汇率浮动的波动频繁而且幅度大。

（4）影响汇率变动的因素出现多元化趋势，其中，由国际收支变化引起的外汇供求关系变化，成为影响汇率变化的主要因素，汇率随外汇市场供求关系的变化而上下浮动。

（5）特别提款权等"一篮子"汇价成为汇率制度的组成部分。

浮动汇率制度对国际经济的影响主要包括以下几个方面：

（1）防止外汇储备流失。

（2）促进外汇市场的发展。

（3）加速国际资本流动。

（4）加强国际间对汇率的联合干预。

（5）促进国际财富的转移与再分配。

（6）增强国际经济交往中的不确定性。

（7）一定程度上增加国际金融市场的波动。

（四）货币供应量

指一国在某一时期内为社会经济运转服务的货币存量，由包括中央银行在内的金融机构供应的存款货币和现金货币两部分构成。

发行货币的基础依据是流动性大小。不同类型的货币流动性不同。一般来说，中央银行发行的钞票具有极强的流动性或货币性，影响市场供求关系的变化；商业银行的活期存款流动性也很强，也是影响市场供求变化的重要因素。但有些资产（如定期存款、储蓄存款等）的流动性就相对较差。

货币供给量是由基础货币与货币乘数两个因素共同决定的。

（1）基础货币。基础货币是具有使货币供给总量倍数扩张或收缩能力的货币，是中央银行投放并直接控制的货币（包括商业银行的准备金和公众持有的通货）。投放的途径主要有三：一是直接发行通货；二是变动黄金、外汇储备；三是实行货币政策。增加基础货币的因素有 6 项：央银行在公开市场上买进有价证券、中央银行收购黄金和外汇、中央银行对商业银行的再贷款或再贴现、财政部发行通货、中央银行的应收未收款项、中央银行的其他资产。减少基础货币的因素有 5 项：政府持有的通货、政府存款、外国存款、中央银行在公开市场上卖出有价证券、中央银行的其他负债。

基础货币是中央银行的负债，是商业银行及整个银行体系赖以扩张信用的基础。基础货币通过货币乘数的作用改变货币供给量。在货币乘数一定的条件下，基础货币增多，货币供给量增加；基础货币减少，货币供给量减少。

（2）货币乘数，又称货币扩张系数，是用以说明货币供给总量与基础货币的倍数关系的一种系数。它是决定货币供给量的又一个重要的甚至是关键的因素。货币乘数由商业银行及社会大众的行为决定。在基础货币一定的条件下，货币乘数越大，则货币供给量越多；货币乘数越小，则货币供给量就越少。

货币乘数的决定因素主要有 5 项：活期存款的法定准备率、定期存款的法定准备率、定期存款比率、超额准备金率及通货比率。

总之，货币供给量由中央银行、商业银行及社会公众的行为共同决定。其中，中央银行可通过直接的、间接的和直接—间接混合的方式对货币供应量进行调控。调控货币供给量是国家制定货币政策的直接目标。

第二节　货币组织

一、布雷顿森林体系

（一）布雷顿森林体系概述

1944年7月，二战进入尾声。反法西斯阵营的美国、英国、苏联等强国开始重新规划制定战后的世界秩序。参加筹建联合国的44国的政府代表受美国政府之邀在美国新罕布什尔州布雷顿森林举行会议，商讨战后经济复苏问题。会后，各方签订了《布雷顿森林协议》，诞生了一个新的国际货币体系，即布雷顿森林体系。

布雷顿森林体系是一种确立美元在战后国际货币体系中处于中心地位的国际金汇兑本位制，美国承担以官价兑换黄金的义务，美元成为黄金的"等价物"，起世界货币的作用。该体系一直维持到1971年，由美国总统尼克松宣告废除。

布雷顿森林会议确定了美国的金融霸权，终结了英国的帝国贸易优惠制，催生了世界银行和国际货币基金组织。

（二）布雷顿森林体系的核心内容

（1）美元与黄金挂钩。各国确认美国规定的35美元一盎司的黄金官价，各国政府或中央银行可按此官价用美元向美国兑换黄金，同时协同美国政府在国际金融市场上维持此官价。

（2）其他国家货币与美元挂钩。这些国家的政府规定各自货币的含金量，通过含金量的比例确定同美元的汇率。

（3）实行可调整的固定汇率。各国货币对美元的汇率可在法定汇率上下各1%的幅度内波动。如果超过波动幅度，各国政府必须在外汇市场上进行干预，以维持汇率的稳定。如果会员方法定汇率的变幅超过10%，必须得到国际货币基金组织的批准。

（4）各国货币兑换性与国际支付结算原则。各国货币自由兑换的原则是：任何会员对其他会员在经常项目往来中积存的本国货币，对方可在"过渡期"内为支付经常项货币换回本国货币。国际支付结算的原则是：会员方未经基金组织同意，不得对国际收支经常项目的支付或清算加以限制。

（5）确定国际储备资产。美元与黄金的地位相同，是各国外汇储备中最主要的国际储备货币。

（6）国际收支的调节。国际货币基金组织会员方份额的25%以黄金或可兑换成黄金的货币缴纳，其余则以本国货币缴纳。会员方可用本国货币向基金组织按规定程序购买（即借贷）一定数额的外汇，并在规定时间内以购回本国货币的方式偿还借款。会员方所认缴的份额越大，得到的贷款也越多。此贷款只限于会员方用于经常项目的支付，以弥补国际收支赤字。

二、国际货币基金组织

（一）国际货币基金组织概述

国际货币基金组织（缩写IMF）依据1944年7月在布雷顿森林达成的《国际货币基金协定》于1946年3月正式成立。IMF是推行国际间货币合作的永久性机构，属于联合国的社会经济委员会。截至2007年，成员已达185个。中国在IMF的合法席位于1980年4月17日恢复。

（二）IMF的宗旨

促进成员国在国际货币问题上的磋商与协作；促进汇率的稳定和

有秩序的汇率安排,避免竞争性的汇率贬值;为经常项目收支建立一个多边支付和汇兑制度,消除外汇管制;提供资金融通,缓解国际收支不平衡;促进国际贸易的发展,提高实现就业和实际收入的水平,扩大生产能力。

(三)IMF 的职能

为汇率监督、资金融通、提供国际货币合作与协商的场所。IMF 的最高决策机构是理事会,日常行政工作由执行董事会负责。基金组织的份额用特别提款权(SDR)表示,份额的多少同时决定了在 IMF 的投票权。

(四)IMF 的体制

(1)组织机构:IMF 的最高权力机构为理事会,每个会员方均可派任一名理事(通常由各该国的财政部长或中央银行总裁担任);IMF 日常业务的机构为执行董事会,名额现为 20 名。会员方中份额最大的 5 个国家各可指派一名,而其余份额较小的国家,必须联合若干国家选出一名。

(2)份额与表决权:会员方应根据其国民所得及贸易额,向基金缴纳一定份额的资金,以供基金运用。此份额须以黄金或可自由兑换货币(如美元)与本国货币缴纳。缴纳部分应等于一国份额的 25%,或为该国当时国际准备持有额的 10%,实际缴纳额以其中较少者为准。1970 年实施特别提款权后,各会员方的份额须经总投票权 85% 的同意,才能变更。

(3)各会员方的表决权,以各会员方所认定的份额为标准。每一会员方各具有 250 票基本表决权。此外,每 10 万美元份额可增一票表决权。

(4)两大利益集团。IMF 内部有两大利益集团:代表发达国家利益的"七国集团"和代表发展中国家利益的"二十四国集团"。

七国集团简称 G7,于 1975 年形成,成员包括加拿大、法国、德国、意大利、日本、英国和美国,1994 年纳入俄罗斯成为八国集团 G8。1999 年 9 月 25 日 G8 宣布成立名为 20 国集团(简称 G20)的国际经济合作论坛。按照惯例,IMF 和世界银行列席 G20 会议。今天,G8 已被 G20 取代。

二十四国集团简称 G24,于 1972 年形成,是 77 国集团的派生组织(77 国集团是发展中国家为抗衡超级大国的控制、剥削、掠夺于 1964 年正式成立的一个国际集团。1979 年成员已增加到 120 个,但仍沿用 77 国集团的名称)。G24 是发展中国家在国际金融与货币领域内协调其立场和政策、为解决发展中国家关于国际货币制度改革、债务问题与资金转移等重大问题而成立的政府间组织,以保证发展中国家的具体利益和经济状况在国际货币制度改革过程中得到考虑。中国从 1980 年恢复在国际货币基金组织和世界银行的合法席位后,一直以"被邀请者"身份出席该组织的副手级会议与部长级会议,并在部长级会议上发言。

(五)IMF 的资金来源

IMF 的资金主要来源于成员方缴纳的份额(类似股份)、借款、捐款、出售黄金所得的信托基金以及有关项目的经营收入。

(1)份额。份额类似股份,是指成员方参加 IMF 时所要认缴的一定数额的款项,该款项为 IMF 的财产。按规定每 5 年左右进行一次份额调整与扩大。基金增资的目的在于扩充基金所能运用的资金总额,增加在国际上的流通性。对会员国家而言,增资的结果可使其基金融通的额度增大。中国支持并参与国际货币基金组织增资,2012 份额达 430 亿美元。

(2)借款。借款是 IMF 的另一个主要的资金来源。借款通过 IMF 与成员方达成协议来实现。主要形式有:其一,借款总安排。如 1962 年与 G7 签订借款协议总额 60 亿美元,以应付成员方的临时性困难。其二,补充资金贷款借款安排,如 1979 年与 13 个成员方签订协议。其三,扩大资金贷款借款安排,如 1981 年 5 月与一些官方机构签订协议。另外，IMF还与成员方签订双边借款协议，以扩大资金来源。

（3）出售黄金。1976年1月，IMF决定将其所持有黄金的六分之一分4年按市价出售，用所得收益中的一部分作为建立信托基金的一个资金来源，向最贫穷的成员国提供信贷。

（六）IMF的主要业务

（1）汇率监督。为了保证有秩序的汇兑安排和汇率体系的稳定，取消不利于国际贸易的外汇管制，防止成员方操纵汇率或采取歧视性的汇率政策以谋求竞争利益，IMF对成员方的汇率政策进行监督。这种监督有两种形式：其一，在多边基础上的监督。通过分析发达国家的国际收支和国内经济状况，评估这些国家的经济政策和汇率政策对维持世界经济稳定发展的总体影响。其二，在个别国家基础上的监督。主要是检查各成员方的汇率政策是否符合基金协定所规定的义务和指导原则。

（2）磋商与协调。IMF按基金协定规定，每年原则上与成员方进行一次IMF专家小组与成员方政府官员之间的磋商，对成员方的经济、金融形势和政策作出评价。评价结果发表在一年两期的《世界经济展望》和年度报告《国际资本市场》刊物上。

（3）金融贷款。金融贷款是IMF一项主要的业务活动，形式多种多样，条件非常严格，特点十分明显。

（七）中国与IMF

中国是IMF的创始国之一。1980年4月17日，IMF执行董事会通过决议，恢复中国在IMF的合法席位。中国在IMF的份额由原来的5.5亿特别提款权增加到1983年23.9亿特别提款权。1992年中国的份额再增至33.852亿特别提款权，占基金总份额的2.35%，位列第11位。2001年2月5日，中国的份额再次增加至63.692亿特别提款权（约合83亿美元），中国的IMF份额从第11位上升到第8位。

1980年以来，中国与IMF建立了良好的合作关系，双方的合作主要包括：① IMF 通过提供贷款支持中国改善国际收支；② IMF 提供多次技术援助与人员培训，帮助中国提高管理技术水平；③ 中国定期与 IMF 进行磋商与交流；④ 中国按 IMF 要求进一步改善投资环境，并参与 IMF 的实际救援工作。

2015 年 11 月 30 日，IMF 执董会批准中国的本位币人民币加入特别提款权（SDR）"货币篮子"，新的"货币篮子"于 2016 年 10 月 1 日正式生效。IMF 总裁拉加德表示，该决定对中国融入全球金融系统是"重要的里程碑"。

三、世界银行

（一）世界银行概述

世界银行是世界银行集团的俗称，缩写 WB。世界银行是联合国系统下的多边发展机构，总部设在美国首都华盛顿，于 1944 年成立，1946 年 6 月开始营业。狭义的"世界银行"仅指国际复兴开发银行和国际开发协会两个成员机构；广义的"世界银行"则包括国际复兴开发银行（IBRD，1945 年成立）、国际开发协会（IDA，1960 年成立）、国际金融公司（IFC，1956 年成立）、多边投资担保机构（MIGA，1988 年成立）和解决投资争端国际中心（ICSID，1966 年成立）等五个成员机构。广义的世界银行成员机构的出现时间并非整齐划一，勾勒出世界银行理念的发展过程。

（二）宗　旨

作为一个国际组织，WB 在帮助受二战破坏的国家进行重建，减轻贫困和提高生活水平的过程中发挥了独特的作用。根据 1965 年 12 月 17 日修订生效的《国际复兴开发银行协定条款》，WB 的宗旨是：① 通过对生产事业的投资，协助成员方实现经济的复兴与建设，鼓励不发达国家对资源的开发。② 通过担保或参加私人贷款及其他私人投资的方式，促进私人对外投资。当成员方不能在合理条件下获得私人资本时，可运用该行自有资本或筹集的资金来补充私人投资的不足。③ 鼓励国际投资，协助成员方提高生产能力，促进成员方国际贸易的平衡发展和国际收支状况的改善。④ 在提供贷款保证时，应与其他方面的国际贷款配合。

（三）成　员

参加世界银行的国家必须首先是国际货币基金组织的成员。

（四）地　位

世界银行（WB）与国际货币基金组织（IMF）和世界贸易组织（WTO）一同成为国际经济体制中最重要的三大支柱。

（五）中国与 WB

中国是世界银行创始会员之一。1980 年 5 月 15 日，世界银行恢复中华人民共和国的合法席位。1981 年，中国接受了世界银行的第一笔贷款。2010 年，中国成为世界银行仅次于美国和日本的第三大股东国。至今双方一致保持良好的合作关系。世界银行通过提供期限较长的项目贷款，推动了中国交通运输、行业改造、能源、农业等国家重点建设以及金融、文卫环保等事业的发展，同时还为中国培训了大批了解世界银行业务、熟悉专业知识的管理人才。

（六）世界金行的体制

世界金行是联合国全球环境基金的执行机构，是一个非营利性的国际组织，成员方拥有其所有权。世界金行的最高机构是由 24 个成员组成的董事会，每个董事代表一个或组认购股份的国家。

（七）世界银行与 IMF

WB 与 IMF 虽同是布雷顿森林体系的产物，但却是两个不同的组织。

（1）股份。世界银行的股份按股份公司的原则建立。所有会员方都要认购银行的股份，认购额由申请国与世行协商确定。一般来说，认购股份的多少根据该国的经济实力，同时参考该国在 IMF 缴纳的份额大小。美国认购的股份最多。

世界银行的重要事项都需会员方投票决定，投票权的大小与会员方认购的股本成正比，与 IMF 的规定相同。各成员方的表决权与其认购的股份相关。所以，尽管发展中国家在世界银行中占多数，但没有摆脱发达国家的控制。例如，由于任何重要决议都必须由 85% 以上的表决权决定，美国一国就可以因拥有 16.4% 的表决权（2004 年）而否决任何动议。

（2）主要目标。世界银行实行向发展中国家提供长期贷款和技术协助其反贫穷的政策。世界银行的贷款被用在非常广泛的领域，从对医疗和教育系统的改革到诸如堤坝、公路和国家公园等环境和基础设施的建设。除财政帮助外，世界银行还在所有的经济发展方面提供顾问和技术协助。

（3）主要业务。向成员方特别是发展中国家提供贷款。世界银行贷款从确定项目到归还贷款，都有一套严格的条件和程序。

（八）对华关系

世界银行目前对中国提供的主要援助目标包括：
（1）促进中国经济与世界经济的融合：使中国进一步参与多边经济机构，降低贸易和投资壁垒，为中国的海外发展援助提供帮助。
（2）减少贫困、不平等和社会歧视：推动城镇化均衡发展，保障农村生活，扩大基本社会服务和基础设施服务。
（3）应对资源短缺和环境挑战：减少大气污染，节约水资源，优化能源利用（部分通过价格改革），改善土地行政管理，履行国际环境公约。
（4）深化金融中介作用：重点扩大对中小企业的金融服务，发展资本市场，应对系统性风险，维护金融稳定。

（5）加强公共部门和市场制度：提升企业竞争力，改革公共部门，理顺政府间财政关系。

根据这些目标，世界银行主要通过投资贷款、技术援助贷款和赠款三种方式实施援助计划，以及分析报告、政策咨询、研讨会和培训等非金融服务，根据需要以一种或多种方式来实现具体的目标。

四、对货币组织的理性思考

"一带一路"建设是沿线国家的大事，不能仅耗个别国家的家底。要发挥各个方面的积极性，沿线国家一齐上阵，各呈优势，共同解决问题。

第一，沿线国家要主动向 IMF 陈述自己在"一带一路"中的资金所需，让 IMF 确认为沿线国家提供建设资金符合 IMF 的宗旨，有利于国际经济的发展。

第二，沿线国家应将"一带一路"建设中的各项主要经费需求打包整合向 WB 申请，凸显资金需求的主线，提高 WD 核准贷款的几率。

第三，沿线国家应按资金筹措预案合理使用来自 IMF 或 WB 的资金，杜绝使用过程中的违法违纪行为，切实发挥贷款的作用，保证按时偿还。

第四，鉴于"一带一路"建设的长期性，沿线国家可单独或结伴用良好的信用等级向 IMF 或 WB 申请设立专项账户，建立滚动资助机制，开辟绿色通道，从机制上解决建设资金的筹措问题。

第五，中国是发展中国家，从事像"一带一路"这样的巨型国际经济建设的实力和经验有限，要量力而行。在筹资过程中，在面对发展中国家的资金需求时，应遵循邓小平同志关于"不当头"的政治遗训，在"一带一路"中起好规划人、召集人和智库的作用，按经济规律办事，按 IMF 或 WB 的规矩行事，按成功的国际惯例处事，切忌不思后果的大包大揽、替人出头和意气用事；在面对发达或较发达国家时，应不卑不亢地从世界经济、国家发展大趋势的角度，诱导、鼓励，充分利用其经济活动的社会资源和经验处理国际融资的问题，谨防出现越俎代庖、班门弄斧的行为。

第三节 货币政策

一、货币政策概述

（一）定　义

狭义的货币政策是指中央银行为实现既定的经济目标（稳定物价，促进经济增长，实现充分就业和平衡国际收支）运用各种工具调节货币供应量和利率，进而影响宏观经济的方针和措施的总合；广义的货币政策是指政府、中央银行和其他有关部门所有有关货币方面的规定和采取的影响金融变量的一切措施。

（二）货币政策的调整对象

货币政策调节的对象是货币供应量，即全社会总的购买力，也即流通中的现金和个人、企事业单位在银行的存款。流通中的现金与消费物价水平变动密切相关，是最活跃的货币，一直是中央银行关注和调节的重要目标。

（三）货币政策的种类

货币政策可分为两种基本类型：其一，扩张性的货币政策。要点是通过提高货币供应增长速度来刺激总需求水平。在这种政策下，信贷较为容易，利息率降低。当总需求与经济的生产能力相比很低时，适宜使用扩张性的货币政策。其二，紧缩性的货币政策。要点是通过削减货币供应的增长率来降低总需求水平。在这种政策下，信贷较为困难，利息率提高。在通货膨胀较严重时，适宜采用紧缩性的货币政策。

（四）货币政策工具

这是指中央银行为调控货币政策中介目标而采取的政策手段。

（五）主要的货币政策工具

（1）控制货币发行。作用是：防止币制混乱；中央银行掌握资金来源，作为控制商业银行信贷活动的基础；中央银行利用货币发行权调节和控制货币供应量。

（2）控制和调节对政府的贷款。为防止政府滥用贷款引发通货膨胀，西方国家一般都规定以短期贷款为限，当税款或债款收足时就要还清。

（3）推行公开市场业务。中央银行通过其公开市场业务，调节货币供应量，扩大或紧缩银行信贷，调节经济。

（4）改变存款准备金率。中央银行通过调整准备金率，控制商业银行贷款，影响商业银行的信贷活动。

（5）调整再贴现率。再贴现率是商业银行和中央银行之间的贴现行为。调整再贴现率，可以控制和调节信贷规模，影响货币供应量。

（6）选择性信用管制。对特定的对象分别进行专项管理，如证券交易信用管理、消费信用管理、不动产信用管理。

（7）直接信用管制。中央银行对商业银行的信贷活动直接进行干预和控制，控制和引导商业银行的信贷活动。

（六）货币政策的传导机制

货币政策传导机制是指货币政策工具使最终目标发生预期的显著变化的途径。

（1）资产组合调整。实施货币政策工具将引起货币供应量的变化，进而引起资产价格和收益率的变化。资产结构，重新配置资源，会使货币政策最终目标发生变化。

（2）财富效应。货币供应量的变化会引起财富的变化，以至于影响消费行为的变化，最终影响经济增长。

（3）授信限制效应。实施货币政策会改变授信条件，影响信贷规模，进而影响经济增长。

（4）预期效应。根据货币政策工具的变化对未来的经济形势进行预测，调整自己的行为，最终影响货币政策最终目标的变化。

（5）国际贸易效应。本国货币供应量的变化导致本国利率的改变，影响到汇率，进而影响到净出口，使总需求发生变化。

（七）货币政策时滞

指货币政策从制定到获得预期的效果所经过的时间。时滞由内部时滞和外部时滞两部分组成。

内部时滞是指从政策制定到货币机构采取行动的时间，包括认识时滞和行动时滞。内部时滞的长短取决于货币机构对经济形势发展的预见能力、制定对策的效率和行动的决心等。

外部时滞是指从货币机构采取行动开始直到对政策目标产生影响为止的时间段。外部时滞主要与客观的经济和金融条件有关。

（八）货币政策的最终目标

货币政策的最终目标一般有四个：稳定物价、充分就业、促进经济增长和平衡国际收支等。

（1）稳定物价。稳定物价是中央银行货币政策的首要目标，其实质是保持币值的稳定。

（2）充分就业。保持一个较高的、稳定的就业水平。在充分就业的情况下，凡是有能力并自愿参加工作的人，都能在较合理的条件下随时找到适当的工作。

（3）经济增长，是指国民生产总值 GNP 增长的速度。

(4) 平衡国际收支。采取各种措施纠正国际收支中的差额，使其趋于平衡。

（九）货币政策目标间的关系

货币政策的四个目标往往难以同时实现。

第一，稳定物价与充分就业。稳定物价就要限制通货膨胀；充分就业则极易刺激通货膨胀。英国经济学家菲利浦斯指出，失业率与物价变动率之间存在着一种非此即彼的关系：失业率偏高，物价上涨率就偏低；失业率偏低，物价上涨率就偏高。在失业率和物价上涨率之间只可能有3种选择：失业率较高的物价稳定、通货膨胀率较高的充分就业、在物价上涨率和失业率的两极之间实行组合，即所谓的相机抉择，根据具体的社会经济条件做出正确的组合。

第二，稳定物价与经济增长。有3种不同的观点。一种观点认为只有物价稳定才能维持经济增长。只要物价稳定，整个经济就能正常运转，维持其长期增长的势头。另一种观点认为，轻微物价上涨能刺激经济增长。只有轻微的物价上涨，才能维持经济的长期稳定与发展。还有一种观点认为经济增长能使物价稳定，随着经济的增长，价格应趋于下降，或趋于稳定。实际上，由于政府与市场的价值取向不同，它们往往各行其是，很难使稳定物价与经济增长同时奏效。

第三，稳定物价与平衡国际收支。首先，经济增长引起进口增加，如果出口贸易不能同步增加，必然会使得贸易收支状况恶化；其次，引进外资可能形成资本项目逆差。外资流入虽然能够在一定程度上弥补因贸易逆差而造成的国际收支失衡，但未必能同时确保经济增长与国际收支平衡。

第四，充分就业与经济增长。经济增长一般能够创造更多的就业机会，但在某些情况下两者仍会出现不一致。例如，内涵型扩大再生产实现的高经济增长，不可能带来高就业；片面强调高就业，硬性向企业单位分配劳动力，就会造成人浮于事、效益下降现象，最终会导致经济增长速度放慢。

（十）货币政策的中介目标

指在政策工具与最终目标之间承担传导角色的中间环节。一组是中间目标，一组是操作目标，合称营运目标。中介目标必须要具备可测性、可控性和相关性三个属性。常用的中间目标主要有长期利率、货币供应量和贷款量；常用的操作目标主要有短期利率、商业银行的存款准备金和基础货币等。

（十一）中国的货币政策工具

中国的货币政策工具主要有公开市场业务、存款准备金政策、中央银行贷款、利率政策、汇率政策等。

二、对货币政策的理性思考

"一带一路"将沿线国家串联在一起，无论是发达国家还是发展中国家，大家最终都会在"一带一路"框架下坐下来共商区域经济合作的大计。货币政策的经典目标是稳定物价、充分就业、促进经济增长和平衡国际收支 4 项，再加上经济发展水平的 2 项（即发达、发展中），令 $A=$ 稳定物价；$B=$ 充分就业；$C=$ 经济增长；$D=$ 国际收支；$\alpha=$ 发达；$\beta=$ 发展中，经笛卡尔计算得出 8 个目标项：发达国家稳定物价、发达国家充分就业、发达国家经济增长、发达国家国际收支、发展中国家稳定物价、发展中国家充分就业、发展中国家经济增长、发展中国家国际收支。对于单一国家，货币政策的 4 目标尚且不能兼得，就更不要说 8 目标的平衡了。

此时，沿线国家应从"一带一路"建设的总目标和总收益的大局出发，进行平等协商，做出必要的平衡、让步和妥协，突出主要目标，解决关键问题。这实际上是在考验沿线国家的政治经济智慧和魄力，总的要求是王道（共赢）与商道（利益）兼得。

另外，还要注重与 TPP 的博弈。TPP（"跨太平洋伙伴协议"）即由美国主导的国际多边经济谈判组织，旨在促进亚太地区的贸易自由化。因其加入了许多非经济的因素，并刻意排斥中国、俄罗斯，也被称为"经济北约"。二战之后，美国主导成立了联合国、WTO（世界贸易协定）等国际组织。随着雅尔塔体系的解体、发展中国家的兴起以及美国自感控制力的减弱，美国决定另起炉灶，重建新的贸易规则，组建两个新的、保障美国权威的朋友圈：TPP（跨太平洋伙伴关系协定）和 TTIP（跨大西洋贸易与投资伙伴协定）。作为国际经济贸易组织和体制，TPP 本身无可非议，但若夹杂过多的"美国私货"，就不能不令人生疑。与 TPP 相对的是 RCEP（区域全面经济伙伴关系），中国受邀参与。美国奥巴马政府力推 TPP 和 TTIP，但新当选总统特朗普已公开对此表示反对。因此，TPP 的前景堪忧，若得不到批准，将被 RCEP 所取代。[1]

第四节 金融监管

一、基本概念

（一）定　义

金融监管是金融监督和金融管理的总称，是政府通过特定的机构（如中央银行）对金融交易行为主体施加的某种限制，本质上是一种具有特定内涵和特征的政府规制行为。世界上所有实行市场经济体制的国家，都存在政府对金融体系的管制现象。狭义的金融监管是指中央银行或其他金融监管机构依据国家法律规定对整个金融业实施的监督管理；广义的金融监管在狭义的基础上，还包括金融机构

---

[1]《中国版 TPP 一呼百应！奥巴马含恨卸任》[EB/OL]，http://www.fxingw.com/n/201611/193399.html。

的内部控制和稽核、同业自律性组织的监管、社会中介组织的监管等内容。

（二）目　的

金融监管的目的包括：① 维持金融业运行的健康秩序，最大限度地减少银行业的风险，保障客户的利益，促进银行业和经济的健康发展；② 确保公平而有效地发放贷款，避免资金的乱拨乱划，防止欺诈活动或者不恰当的风险转嫁；③ 在一定程度上避免贷款发放过度集中于某一行业领域；④ 确保金融服务达到较高水平，进而提高社会福利；⑤ 保证实现银行在执行货币政策时的传导机制；⑥ 提供交易账户，向金融市场传递违约风险信息。

（三）原　则

即在金融监管活动中应始终遵循的价值追求和最低行为准则。

（1）依法原则，又称合法性原则，是指必须依法进行金融监管。

（2）公开公正原则。应最大限度地提高透明度。监管机构应公正执法、平等对待所有金融市场参与者，做到实体公正和程序公正。

（3）效率原则。应提高金融体系的整体效率，不得压制金融创新与金融竞争。同时，监管机构应合理配置和利用监管资源，以降低成本，减少社会支出，节约社会公共资源。

（4）独立性原则。监督机构及监督人员依法履职受法律保护，任何地方政府、各级政府部门、社会团体和个人均不得干涉。

（5）协调性原则。各监管主体之间应职责分明，分工合理，相互配合。

（四）方　式

根据不同的具体监管对象，监管机构可使用不同的监管方式。

（1）公告监管。政府对金融业的经营过程不直接监督，只规定各金融企业必须遵守政府的金融监管格式及内容，定期将营业结果呈报政府的主管机关并予以公告。不涉及金融业的组织形式、金融企业的规范、金融资金的运用等金融企业自我管理的内容。

公告监管的内容包括公告财务报表、最低资本金与保证金规定、偿付能力标准规定。在公告监管下金融企业经营的优劣由其自评及一般大众自行判断。这种将政府和大众结合起来的监管方式，有利于金融机构在较为宽松的市场环境中自由发展。但由于专业信息不对称，很难对金融企业的不正当经营做出评判。公告监管是金融监管中最宽松的监管方式。

（2）规范监管，又称准则监管，是指国家对金融业的经营制定准则，并要求其遵守的一种监管方式。在规范监管模式下，政府对金融企业经营的若干重大事项（如金融企业最低资本金、资产负债表的审核、资本金的运用，违反法律的处罚等）都有明确的规范，但对金融企业的业务经营、财务管理、人事等方面不加干预。规范监管模式强调金融企业经营形式上的合法性，可操作性高于公告监管，但由于未触及金融企业经营的实体，仅一些基本准则，因而监管作用受到限制。

（3）实体监管，是指国家制定完善的金融监督管理规则，监管机构根据法律赋予的权力，对金融市场，尤其是金融企业进行全方位、全过程有效的监督和管理。

实体监管过程分为三个阶段：第一阶段，是金融业设立时的监管（即金融许可证监管）；第二阶段，是金融业经营期间的监管（实体监管的核心）；第三阶段，是金融企业破产和清算的监管。

实体监管是国家在立法的基础上通过行政手段对金融企业进行强有力的管理，效力大于公告监管和规范监管。

（五）对　象

金融监管的传统对象是国内银行业和非银行金融机构。现已逐步扩大到准金融机构，乃至一国的整个金融体系。

（六）内　容

金融监管的主要内容包括：① 对金融机构设立的监管；② 对金融机构资产负债业务的监管；③ 对金融市场的监管，如市场准入、市场融资、市场利率、市场规则等；④ 对会计结算的监管；⑤ 对外汇外债的监管；⑥ 对黄金生产、进口、加工、销售活动的监管；⑦ 对证券业的监管；⑧ 对保险业的监管；⑨ 对信托业的监管；⑩ 对投资黄金、典当、融资租赁等活动的监管。

其中，对商业银行的监管是重点，主要包括市场准入与机构合并、银行业务范围、风险控制、流动性管理、资本充足率、存款保护以及危机处理等方面。

（七）必要性

金融监管的必要性表现在克服金融市场失灵和缺陷、防范金融道德风险等方面。

（八）中国的金融监管

2003年3月10日，第十届全国人大一次会议第三次会议通过了国务院机构改革方案，获准成立中国银行业监督管理委员会；同年12月27日，第十届全国人大常务委员会第六次会议通过了《中华人民共和国银行业监督管理法》《关于修改〈中华人民共和国中国人民银行法〉的决定》和《关于修改〈中华人民共和国商业银行法〉的决定》，并于2004年2月1日起正式施行。

三部银行法和《证券法》《保险法》《信托法》《证券投资基金法》《票据法》以及有关的金融行政法规、部门规章、地方法规、行业自律性规范和相关国际惯例中有关金融监管的内容共同组成了中国现行的金融监管制度体系。三部银行法的颁布和实施，标志着中国现代金融监管框架的基本确立。根据修订后的《中国人民银行法》，中国人民银行的主要职责是:"在国务院领导下,制定和执行货币政策,防范和化解金融风险,维护金融稳定。"

修订后的《中国人民银行法》强化了中国人民银行在执行货币政策和宏观经济调控上的职能,将对银行业金融机构的监管职能转移给新成立的中国银行业监督管理委员会,保留了与执行中央银行职能有关的部分金融监督管理职能,继续实行对人民币流通、外汇的管理、银行间同业拆借市场和银行间债券市场、银行间外汇市场、黄金市场等金融市场活动的监管。换句话说,中国金融监管将分别由中国人民银行、中国银行业监督管理委员会、中国证券市场监督管理委员会和中国保险业监督管理委员会四个机构分别执行。

为了确保四部门间在监管方面的协调一致,《中国人民银行法》第九条授权国务院建立金融监督管理协调机制;《银行业监督管理法》第六条、《中国人民银行法》第三十五条分别规定了国务院银行业监督管理机构、中国人民银行应当和国务院其他金融监督管理机构建立监督管理信息共享机制。

(九)金融风暴

2006年美国的次贷危机(又称次级房贷危机)开始席卷美国、欧盟和日本等世界主要金融市场。这是一场因次级抵押贷款机构破产、投资基金被迫关闭、股市剧烈震荡引起的金融风暴。这场金融风暴致使全球主要金融市场流动性黏滞,重创了世界经济。经济学家认为,这场次贷金融风暴的出现在很大程度上是因为政府监管失灵,以致金融专家行业化(丧失公允性)、经济学家公司化(丧失独立性)、政府监管亡羊补牢(丧失预警性)。而这次风暴的根本原因在于美国近30年来加速推行的新自由主义经济政策(新自由主义是一套以复兴传统自由主义理想,以减少政府对经济社会的干预为主要经济政策目标的思潮。始于20世纪80年代初期,内容主要包括:减少政府对金融、劳动力等市场的干预;打击工会;推行促进消费、以高消费带动高增长的经济政策等)。

(十）世界主要金融监管机构

如表 7-1 所示。

表 7-1　世界主要金融监管机构

国家（地区）名称		监管机构
英文	中文	
United States	美国	NFA，CFTC
Canada	加拿大	BCSC，CIPF，OSC
United Kingdom	英国	FSA
Switzerland	瑞士	SFDF，ARIF，GSCGI
Sweden	瑞典	FI
Denmark	丹麦	FSA
Spain	西班牙	CNMV
Japan	日本	FFAJ
Australia	澳大利亚	ASIC，AFSL
Dubai	迪拜（阿联酋）	DMCC，DGCX，DFSA，ESCA
PRC	中国	PBC，CSRC，CBRC

二、对金融监管的理性思考

"一带一路"对建设资金一定要实行有效的监管，保证借账还钱，绝对不能放任自流，不能采用新自由主义的思路。具体而言就是：① 加强金融宏观审慎的监管制度建设；② 加强统筹协调，建立并完善适应现代金融市场发展的金融监管框架；③ 健全符合建设实情和国际标准的监管规则，实现金融风险监管的全覆盖；④ 防止发生系统性、区域性的金融风险。

其一，实现监管目标任务由关注单体机构、某类业务风险向防止发生系统性、区域性风险转变。"一带一路"的金融监管是区域国家间的国际金融监管，涉及各个相关国家的内部金融运作，需在确保国内金融监管的条件下，将工作重点转移到国际金融监管层面。

其二，实现监管对象范围由机构全覆盖向风险全覆盖转变。"一带一路"监管的最终目标是防控区域金融风险，这种风险与机构并不具有简单的一对一关系，因而必须要将监管的焦点锁定在风险本身，沿着风险产生、传导、爆发的逻辑路径展开相应的监管工作，多从风险维度考虑问题，构建风险与机构二维分析框架。

其三，实现监管理念方式方法由以微观审慎监管为主向微观与宏观审慎监管并重转变。前者的落脚点是单独金融机构的安全，后者关注的是整个金融体系的安全。"一带一路"的金融事务既具有个体事务的特点，又具有体系化的特点，在进行监管时需要微观与宏观并重，侧重宏观。

其四，在"一带一路"金融管理体系中，可以考虑设立一个专门针对"一带一路"建设资金的监管机构，接受国际主要监管机构的指导，同时向投资方和使用方负责，保证"一带一路"资金的安全。[①]

[①] 王志刚：《推进我国金融监管三个转变》[J]，《中国银行业》，2016（1）。

第八章 人文交流领域的合作

在当今人们的脑海中,兴盛于汉唐的古代"丝绸之路"是与骆驼和商贾联系在一起的。实际上,古代"丝绸之路"联结和输送更多的是中外人文合作领域的嘉年华。今天的"一带一路"建设更是沿线国家的民心交汇融合的跨国平台,它是最宽阔、最深厚、最持久的"基础设施",值得沿线各国倾力而为。

第一节 特色教育事业的国际合作

教育关系到一个国家未来的发展根基,是任何一个国家都不能疏忽的问题。对于区域经济合作,培养域内各国通用的复合型人才也关系到区域经济合作关系的发展前景,是区域各国合作的重要内容。发展一种与国别教育利益不悖、特色明显、优势互补的区域国际合作教育对区域国家和区域组织均有利。

一、国际教育

(一)定 义

国际教育也称世界教育,是指超越国家界限、全球范围内的教育。

（二）主要形式

（1）跨境远距离教育，如跨境函授、网络教育等。

（2）入境教育，如留学教育、访问学者、人员互访、开展合作研究等，还包括留学市场服务、各类教育展览、中介机构的境外培训等。

（3）设立国外分校或分部，与当地合作办学，给当地学校办学授权。

（4）师资跨境进行教学活动。

（三）出国留学

出国留学是国际教育最主要、最直接的表现形式。随着中国经济实力的提高和国家的进一步开放，出国留学已从最初单纯的国家公派，过渡到以自费出国留学为主、各类单位公派为辅的留学形式。留学动机从狂热转变成为理性。国家对出国留学者持"支持留学，鼓励回国，来去自由"的政策，倡导学成报效祖国。与此同时，中国也接受了大批国外留学生。

二、国际特色教育

（一）定　义

国际特色教育（简称国际教育或特色教育）是国际间围绕各国感兴趣的、共同关心的教育主题开展的显著区别于具体国国内主流教育风格和形式的教育活动，也即国际理解教育或民族特色教育。

（二）要　素

（1）具有特色的教育理念。以人为本，培养复合型、适应型、创新型的个性化人才。

（2）具有特色的课程体系。弥补传统课程体系在全面发展和个性特长方面存在的不足。

（3）具有特色的教学实践。最大限度地激发受教育者的参与积极性和主动创造性。

（4）具有特色的学习评价。积极探索发展适合自身特点、有利于自身改进发展的学习评价系统。

（5）具有特色的校园文化。建立具有特色的校园文化，创造一种直观的文化环境，体现出学校的特色目标，促进特色教育的实施。

（三）优　势

（1）优化师资和生源，在发展中形成良性循环，保障学校办出特色，提高水平，稳定质量，获得最佳的社会效益。

（2）优化教育手段，改善教学思路，促使教育形式多样化，提高教育质量。

（3）优化受教育者的知识结构和技能水平，使之更加富有竞争实力，适应更广泛的社会需求。

（4）优化学校未来的生存与发展环境，拓宽办学途径，扩大社会联系和交往，争取社会各方面的支持，拉近学校与社会的距离。

（5）在国际合作的外部条件下，国际特色教育通过合理配置国际优秀的教育资源，实现学校的办学宗旨，实践办学思路，培养广受欢迎的合格人才。

（四）互　补

国际教育与国家教育应形成优势互补。每个国家都有自己总体的教育目标和体制机制。由于国家意识形态、历史渊源、文化传统、经济基础的不同，学校教育也各有不同，不顾具体情况而强推国际教育会因与国别教育产生冲突而遭到抵制。因此，需要强调，国际教育的前提是各国共同关心、价值取向一致，并能与本国教育互补而不是取代。

三、国际特色教育机构

目前,世界上有许多专门从事国际特色教育的机构,为国际教育界增添了色彩。这些机构相对于国别教育而言,侧重单项技能(如语言、出国应试)培养的居多,专科、全科培养的有限,国际教育的"互补"功能仍有待观察。

(一)国际教育基金会

国际教育基金会致力于融合东方与西方、传统与现代、精神与物质诸方面的价值观,以普遍价值为教育的基础,在美国、俄罗斯和中国等许多国家开创了伦理道德的教育项目(包括学术研讨、教材编写、巡回演讲及出版发行等),积极鼓励家庭、学校和社区间的合作,强调人格素质的提高应与通过社会实践培养服务精神相结合。

国际教育基金会的重点是:

(1)心情与人格教育。提倡精神文明与物质文明同步发展,培育人类美好的心灵,战胜新世纪的压力和挑战。

(2)婚姻与家庭教育。弘扬婚姻和家庭文化,在家庭里接受生活的预备教育,参与和平、繁荣和关爱的国家和社会建设,并取得成功。

(3)青年人纯洁之爱教育。引导青少年完善健康的人格,明确人生的意义和目标,检验性乱、性病、吸毒及暴力等危险行为的后果与自己人生目标的关联度。

(4)和平服务教育。在服务他人的成长过程中对经验进行反思学习,开阔视野,加深自我了解,树立建设和平文化的理念。

为促进东西方之间的文化交流,基金会还在美国及俄罗斯举办国际学术研讨会。

(二)普林顿国际教育

普林顿国际教育的前身为加州教育发展中心,是一家美国本土专注于北美高中的申请机构,总部位于美国加州。中心教育资源丰富,参与合作的高中集中在加州、纽约、波士顿等经济繁华的地区。中心拥有数百所美国优质私立寄宿、走读、公立高中的官方合作关系，在洛杉矶、波士顿、旧金山都设有直属办公室，2010年在中国北京设立中国办公室，2014年正式更名为普林顿国际教育。普林顿国际教育已经协助千余名中美学生成功申请到满意的美国中学，绝大多数国际学生对中心提供的安排都表示非常满意，在美国的自我学习和综合能力都提升得非常快。

（三）国际教育联合会

联合会1978年创建于欧洲，由多个国家教育机构组成，其宗旨是促进教育、科学及文化方面的国际合作，以利于促进世界各国之间的教育、自然科学、社会科学和文化领域的交流。联合会集教育管理、科研、科学文化国际交流与合作于一体，是具有国际性权威的教育管理机构，也是教育科学文化事业的先驱者、领导者。

截至2010年10月，联合会已有成员128个。外设50个办事处、6个联络处和6个中心，遍布亚太、欧洲、美洲、非洲、中东等地，中国香港是联合会亚太管理中心，于1998年设立，2008年在上海成立联合会大中华授权管理中心。

联合会设立了十多个政府附属机构及大型合作计划，以推动国际教育合作。联合会还同世界上六百多个在教育、科学、文化等领域有重要地位和影响的非政府国际组织建立了正式的教育协作类和教育咨询类合作关系。

联合会作为教育管理国际化的主要促进者，努力为教育、科学文化事业的发展做出重大贡献。

（四）杜克国际教育

杜克国际教育成立于2010年1月，是一家由中美教育专家联合创办、致力于学术英语课程研发与教学的国际教育机构，专注于为中国高中学生和学校提供赴美本科留学所需的完整教育方案。拥有SAT领域（美国高中生进入美国大学所必须参加的考试，类似中国的高考）的教育专利技术或知识产权 12 项以及 Lucy Haagen Method 体系（目前 SAT 领域最为领先的体系之一）在中国完整的知识产权。

杜克国际教育伴随中国国际教育领域的飞速发展而高速增长，分别在北京、上海、广州、深圳、杭州和美国设立分公司或办事处。

杜克国际教育自成立之初就努力打破传统英语教学和出国英语考试培训的应试导向，引进和研发以"能力培养"为目标的核心课程体系。其为中国学生提供从初中、高中到大学预科的学术英语课程以及 SAT 考试培训服务，帮助中国学生解决英语语言障碍，领悟西方文化内核，培养批判性思维，以应对未来更高层次的学术和工作挑战。

杜克国际教育利用大数据理念和互联网技术，为学生提供在线学习、测试和模考服务；为教师提供个性化教学管理平台；为家长提供学员全过程精准监控服务。目前杜克国际课程体系已被珠海女子中学、深圳福田外国语高级中学作为国际部课程采用。

杜克国际教育在纯正的教育理念、优质的学术课程、先进的网络技术的三位一体支持下，力争成为中国国际教育的引领者。

（五）西奈山国际教育

简称"西奈山"，是一家运用国际先进的教育智能技术，为赴美深造学生提供专业和科学的个性化教学方案与服务，并致力于培养国际化人才、为社会提供优质国际教育资源的教育科技企业。

西奈山专注于中国以 SAT 为核心的学术英语教育，为拟赴美深造的中国初高中生提供具有针对性的学术英语测评技术服务和基于优势的"扬长补短"学习方案，培养学生拥有纯正的英语思维方式和扎实的学术英语能力。此外，西奈山与众多教育、互联网企业及机构展开形式多样的战略合作，并积极探索教育模式与教学技术的创新和进步。

西奈山拥有国际化权威的专家科研团队、美国名校毕业并深谙中西方文化的全外师资团队和专业严谨的教务管理团队。拥有国际领先的 SAT 模拟考试技术 AEA 系统（学术要素评估系统）的完整知识产权，并成功应用于教学。标准化的教务监管流程对整个教学体系控制精确完整，基于大数据的智能分析设计个性化教学方案使得学生成绩在短时间内分数大幅度提升，综合能力显著提高，让数千名中国学生实现了进入斯坦福、哥伦比亚大学、MIT、加州大学伯克利分校、加州大学洛杉矶分校、伯纳德学院、克莱蒙特麦肯纳学院等美国名校深造的梦想。

（六）盖伦国际教育

盖伦国际教育创建于 1997 年，是由盖伦创业团队联合海内外知识精英、共同精心打造的全球华人少儿教育著名品牌，不仅是中国最大的少儿培训教育机构之一、中国最大的连锁教育机构之一，而且是中国最大的民办教育机构之一，在海内外有着广泛的影响。

盖伦国际教育在中国北京、太原、唐山、大连、长春、沈阳、鞍山等九个城市建立了示范连锁学校，并先后在河北、辽宁、吉林、天津、山西、内蒙古等省、市、自治区发展了三十多所各级各类加盟连锁学校。经过多年努力，盖伦已创立了集研发、培训、教学、评价于一体的完整教育体系，实现了网络科技和英语学习的完美结合，可提供独有的数字化经典课程。

（七）威久教育

威久教育隶属于北京威久咨询有限公司，由资深国际教育专家创办，成立于 1998 年，是一家专业从事出国留学服务及国际大学预科教育的教育服务型企业，与欧、美、澳、加、亚等众多国家和地区的院校建立了长期、稳定的合作关系，根据学生的特点来规划学生的留学之路，其无缝衔接的语言培训规划和课程帮助学生直航式一步解决留学考试问题。

2000 年，威久国际教育获得中华人民共和国教育部颁发"自费出国留学中介服务机构资格认定书",并获得"消费者信得过单位"等多项荣誉。多年来凭借口碑流传,"威久"已成为业内首屈一指的国际教育品牌。在旧金山、伦敦、多伦多、温哥华等地设立了多家境外办事机构。目前,威久已经在全国范围内发展了15家分公司,威久培训应运而生。

威久公司打造流程式的留学培训解决方案。从留学预先规划、留学准备、留学考试服务、留学后时代服务四个模块来全程保证学生的成功留学。威久配合国外专家团队开发的教材系列和引进的国外培训体系,为中国学生提供适合、高效和放心的留学和培训解决方案。

四、国际特色教育合作

(一)国际教育合作方式

国际教育合作必须要选择(或创立)合适的方式,在目标、形式、保障等关键原则上取得一致。

(1)目标。"一带一路"国际教育合作的总目标应是学以致用,构建区域合作教育体制框架,在框架内配置域内(或域外)优质教育资源,提高域内民众的现代文明素质,服务于区域的互联互通,提升区域各国的现代化和经济水平。教育等级应以高中级专业教育为主、青少年普及教育为辅。

(2)形式。"一带一路"国际教育合作应根据实际需要,灵活采用留学、讲学、互访的方式,远程网络国际教育方式是发展方向。需分清国际教育与国际教育合作的区别,国际教育以学历教育为主,国际教育合作则以技能培训为主。这种区别将导致师资、课程体系、教学方式、实践方式以及检验方式的不同。语言相通是国际教育合作的重要前提。

(3)保障。"一带一路"国际教育合作应以落地的国家教育行政管理部门的授权为根本保障。有了落地国的授权,就意味着合作项目获得合法身份，在该国境内的践约活动即可不受侵扰。关联国应为合作项目提供人、财、物各种软硬条件的支持。

（二）开放教育市场

实施"一带一路"国际教育合作应开放本国教育市场，不为教育合作设置障碍或壁垒。允许国外师资、教育资源进入本国进行竞争，通过竞争与合作，提高本国教育的实力和水平。当然，不能涉及本国核心利益（如保证核心价值观、民族观念、主流意识形态、执政党尊严不受侵犯）。所在国的国家教育行政管理部门在颁发授权时应预先说明教育合作的禁则，要求合作项目遵守。

（三）引进国际优质教育资源

教育资源包括教育理念、教学内容和教学方式等方面。质量标准也是相对的，一般而言，越契合教育规律，越能够反映事物的本质，教育资源质量就越高。引进优质教育资源有利于实现本地教育的多元化。引进时需注意与本地环境相结合，择优弃劣，实现国际优质教育资源的本地化。例如，深入考察和研究发达国家和地区的基础教育课程和教育模式，挖掘其精华和独到之处，引进美国高中 AP 课程、英国剑桥 A-Level 课程及其优秀师资，开设 AP、ACT、托福和剑桥 A-LEVEL 等国际教育考试中心，实行分层教学和走班上课，建立学分制和导师制，接触和熟悉国际教育惯例。

（四）培养国际标准人才

早在 20 世纪 70 年代，钱学森就提出加强标准、标准化工作及其科学研究以应对现代化、国际化发展环境的问题。解决这个问题，有利于整合和引导社会资源，激活科技要素，推动自主创新，加速技术积累、科技进步和成果推广，推动产业升级和经济、社会、环境的全面协调可持续发展。

五、共建国际教育共同体

国际教育共同体是国家之间基于一致的教育信仰,为了共同的教育目标,在培养人的社会实践活动中形成的有责任感的教育者共同主体形态。它具有跨地域、跨国界、跨社会制度、跨民族风俗、跨文化传统的特点。

共建国际教育共同体,首先要与国际经济命运共同体合拍,成为其中的组成部分;其次要与共同体的培养目标、发展方向、实施策略和路线图等达成一系列共识;再次,形成共同体运作机制,有效配置各种资源;最后,共同体需遵循平等原则,彼此尊重,形成维护共同体、依靠共同体、发展共同体的本质意志[①],培养合格的复合型人才。

在中国,许多大学都设有留学生培养机构,它们是共建国际教育共同体的基础。要达到理性状态的水平,需要相关国家共同参与谋划,共同实施建设。重在共同参与,而不是委托或代劳,从而带动相关国家教育事业的共同发展。

第二节 文化产业的国际合作

一、文化概论

(一)定 义

文化的概念非常广泛,迄今仍没有一个公认的、准确的定义。一般认为,文化是人类社会特有的社会现象,伴生于人类活动;同时又是一种历史现象,是社会历史的积淀。或者说,文化是源于物质又高于物质,可被传承的历史、地理、风土人情、传统习俗、生活

---

① 林上洪:《教育共同体"刍议》[J],《教育科学月刊》,2009(10)。

方式、文学艺术、行为规范、思维方式、价值观念等精神活动的结果，是人类的意识形态。从广义上讲，文化是指人类在社会历史发展过程中所创造的物质财富和精神财富的总和，包括物质文化、制度文化和心理文化；从狭义上讲，文化是指社会意识形态以及与之相适应的制度和组织机构或社会习惯，如风俗习惯、生活方式、行为规范等。

（二）作　用

文化来源于人类，也服务于人类。在宏观上，文化折射出人类特定族群的社会关系、精神世界和族群凝聚方式，是解析人类社会的重要特征指标。在中观上，文化显示出人类族群的文明水平、物质文明与精神文明结合的程度。在微观上，文化提供精神文明活动的舞台及享受的一切人类创造的成果：① 沟通。作为人类个体之间有效沟通的媒介，共享资源，消除隔阂，扩大合作。② 导向。为人们的行动提供方向和可供选择的行为方式。③ 约束。维持社会秩序，按照选定的"合理"规则沟通行事。④ 传续。认同、共享前人的成果。

（三）要　素

文化包括两大基本要素：① 语言，不仅有本能的声音，还能承载特定的含义；② 文字，记录人类活动的符号，有拼音和象形两大源流。

（四）特　点

文化的主要特点包括：① 多样性；② 复杂性；③ 地域性；④ 民族性；⑤ 时代性。

（五）结　构

对于文化的外部结构，从不同的角度有不同的分法。二分法认为，文化包括物质的和精神的，或者生产的和生活的；三分法认为，文化包括物质的、制度的、精神的;四分法认为,文化包括物质的、制度的、风俗习惯的、思想与价值的;六分法认为文化包括物质的、社会关系的、精神的、艺术的、语言符号的、风俗习惯的。每一种文化结构都包含各自的生存认识和发展理论。文化的内部结构则包括物态文化、制度文化、行为文化、心态文化等方面。

二、文化产业的相关概念

(一)文化产业的定义

霍克海默和阿多诺在《启蒙辩证法》一书之中把文化产业当作一种特殊的文化形态和经济形态。联合国教科文组织把文化产业定义为:按照工业标准,生产、再生产、储存以及分配文化产品和服务的一系列活动。文化产业主要生产和提供精神产品,是以满足人们的文化需要作为目标的创作与销售,具体包括文学艺术创作、音乐创作、摄影、舞蹈、工业设计与建筑设计。

世界各国对文化产业的定义并不统一。美国没有文化产业的提法,而是称为版权产业;日本则把与文化相关联的产业都划归文化产业。中国把文化产业界定为从事文化产品生产和提供文化服务的经营性行业,是为社会公众提供文化娱乐产品和服务的活动,以及与这些活动有关联的活动的集合。

(二)文化产业的意识形态属性

文化产业具有意识形态属性。时任中共中央总书记的胡锦涛同志曾指出,社会主义先进文化是马克思主义政党思想精神上的旗帜。面对当今文化越来越成为综合国力竞争重要因素的新形势,中国必须以高度的文化自觉和文化自信,着眼于提高民族素质和塑造高尚人格,以更大力度推进文化改革发展,在中国特色社会主义伟大实践中进行文化创造,让人民共享文化发展成果。

（三）文化产业的范围

根据国家统计局《文化及相关产业分类 2012》，中国的文化产业包括：① 以文化为核心内容，为直接满足人们的精神需要而进行的创作、制造、传播、展示等文化产品（包括货物和服务）的生产活动；② 为实现文化产品生产所必需的辅助生产活动；③ 作为文化产品实物载体或制作（使用、传播、展示）工具的文化用品的生产活动（包括制造和销售）；④ 为实现文化产品生产所需专用设备的生产活动（包括制造和销售）。

（四）文化产业机构

目前，中国文化产业的上游主要是高等学校和研究机构，它们担任了文化产业的创意角色。设立文化产业管理专业或方向的有：北京大学、中国社会科学院研究生院、复旦大学、中国海洋大学、南京师范大学等几十所院校。

据《2013年中国文化创意产业总评榜》①，当年排名前10位的领军院校为：北京大学艺术学院（艺术学理论专业）、中国传媒大学南广学院（文化产业管理专业）、上海交通大学媒体与设计学院（文化产业与管理系）、山东艺术学院艺术文化学院（文化产业管理专业）、中央财经大学文化与传媒学院（文化产业系）、山东大学历史文化学院（文化产业管理学系）、复旦大学上海视觉艺术学院（文化创意产业管理学院）、内蒙古大学艺术学院（文化产业管理专业）、南京艺术学院文化产业学院、闽南师范大学（文化产业管理专业）。

文化产业研究机构目前包括：中国社会科学院文化研究中心；四川大学文化产业研究中心；中国人民大学文化创意产业研究所；清华大学文化产业研究中心；上海社会科学院文化产业研究中心。

---

① 《"2013年中国文化创意产业总评榜"榜单出炉》[EB/OL], http://www.ce.cn/culture/gd/201312/23/t20131223_1973802.shtml。

（五）文化产业的孕育和发展

在中国，文化产业是伴随着文化体制改革而逐渐兴起的新兴产业。在不到 10 年的时间中，文化产业就完成了从萌芽到健硕的蜕变。2003 年文化体制改革，区分了公益性文化事业和经营性文化产业，为文化产业发展扫清了认识障碍和体制障碍；2009 年国务院发布了《文化产业振兴规划》，把推动文化产业发展上升到国家战略层面；2010 年中央关于制定"十二五"规划的建议提出"推动文化产业成为国民经济支柱性产业"，为文化产业发展确立了目标。中国文化产业正在社会主义的道路上迅跑。

三、中国文化产业概述

（一）公益性与经营性兼顾

中国创造性地从体制上区分了公益性文化事业与经营性文化产业。2003 年开始的文化体制改革坚持在抓公益性文化事业的同时抓经营性文化产业，把绝大多数经营性文化事业单位转制为企业，建立现代企业制度，使其成为合格的文化市场主体，并将在此基础上，进一步剥离公益性文化单位中的经营成分，将其推向市场。从党的十六大到十八大的十年间，中国已完成文艺院团、出版发行、文艺表演、电影制作发行放映等文化单位的分类改革。

中国认为，文化产业与文化事业不是一回事。中国不提倡一切唯利的"文化产业化"，而是倡导文化单位公益性和经营性并重，同时发力，平衡发展，为民族生存、发展和振兴服务。

深刻把握文化事业和文化产业的内在联系，深化对文化发展的规律性认识，以便在更高层次上探索文化可持续发展的有效途径。推动文化事业的大繁荣、引导文化产业良性循环，是中国对于文化产业的基本观点和重要的理论创新。

（二）疏通传播渠道

目前，中国文化建设的主要矛盾是文化生产力相对落后与人民群众文化需求日益增长的矛盾。其中，供给不足是矛盾的主要方面，既有总量不足的问题，也有结构布局的问题，更有二者交织缠绕的问题。要保证和提高供给的总量，可采用经济学的刺激办法吸引社会投资、企业运作，迅速扩大文化生产能力；同时，保证文化传播渠道的畅通，减少传播过程中的壁垒。

在现实中，渠道不畅已成为制约文化产业发展的瓶颈或短板。要打通这个瓶颈，弥补这个短板，就要建立统一开放、竞争有序的、互联互通的现代文化市场体系，打破地区封锁，促进而不是阻隔文化的传播。

（三）组建文化产业的联合舰队

在中国的文化产业共同体中，既有实力雄厚的骨干企业，又有特色鲜明的中小企业。文化产品的制作具有高度个性化的特点，就一件文化作品而言，骨干企业未必绝对强，中小企业未必绝对弱，强弱皆取决于作品的个性或特色。

好的文化作品，其优异的个性是必备的条件，但这不意味着要求制作单位也具有绝对的个性。文化产业要遵循文艺作品创作生产规律，协调集约与个性、企业化生产与分散化创作的关系。在这中间，骨干企业与中小企业不能一味互斥、排挤兼并，而应积极寻求广阔的互补空间。

倾向骨干企业或倾向中小企业的主张都有失偏颇。实际上，联合是解决问题的根本途径。在这方面，科技创新领域的"协同"观点值得借鉴。协同与联合类似，大家共同做一件单独做不了的事；协同与联合不同的是，任务结束后，联合各方分手后没有明显的个体变化，而协同各方分手后，参与协同的个体会出现明显的成长或优化。

各地的文化产业分布是不平衡的。要保障本地区文化供给总量，优化文化传播渠道，组建文化产业联合体或协同体是现实可行的体制性选择。在这样的组织中，领军单位可以是跨地区的，其他单位也可以是跨地区的。共同的宗旨就是提高本地区的文化供给总量。一旦实现了这样的组合，就意味着该地区出现了文化产业联合舰队（旗舰自然是领军单位）。

（四）文化与经济的关系

文化与经济同属国家富强、民族复兴的伟大事业。但在实践中，二者却存在着"两张皮"或非此即彼的关系。

有关统计资料表明，中国的文化产业已成为国民经济新的增长点，其可以推动经济发展方式转变，促进经济结构调整升级。准确地讲，文化产业不但可以生发出新型产业，而且正在重塑传统产业，改变着国家或地方产业链的整体面貌。

（五）优化文化产业的区域结构布局

中国的文化产业受到中央和地方两级政府的高度关注和大力助推，各地都加大投入力度，尽可能利用优惠政策，总体形势喜人。

但行政配置文化产业资源所引起的缺乏个性、彼此照搬、遍地开花以及一花引来万花开、千军万马过独木桥的同化趋势令人担忧。这种现象与中国社会主义市场经济体制不相适应，由此而产生的地区封锁和行业壁垒问题更是不能容忍。

配置区域文化产业资源，调整文化产业的结构，最终要依靠市场发挥基础性的作用：微观上，活化文化产业要素，使其可在不同的企业间自由流动，发挥要素的最大潜质；宏观上，推动文化产业转型升级，优化文化产业的区域布局，体现差异，突出特色，避免同质竞争。

（六）稳固根基，对外合作

中国文化产业要服务于本国人民，更要向世界人民展示中华文明的魅力。中华文化"走出去"是一项基本的国家战略，发展文化对外贸易将有利于提升本国文化产业发展水平和质量。

发展文化对外贸易自有其内在的规律。初期要力推文化产品和服务出口；中期要迎接国外投资和异域文化产品和服务的入境竞争；在盛期，要谋划本国文化产业的对外投资，开辟海外市场。当然，所有这一切，都依赖于国内文化企业的实力，具体来说，就是中国民俗意识下的文化产品特色、内涵、魅力以及其他延伸经济属性和主观价值。主观价值将在展现中国国家主流意识形态和国家制度优越性的基础上得以体现。文化产业对外贸易合作肯定要在其中扮演至关重要的角色。

四、国际文化产业

（一）形成原因

国际上出现文化产业均与传播技术的革命性发展、媒介的集团化以及各国政府对文化产业的扶持有关，这些因素是国际文化产业形成的主要原因。

（二）发展模式

迄今为止，国际文化产业有两大发展模式：一是以文化产业化为经济发展引擎的模式；二是文化产业自我发展的模式。

（三）英国文化产业

（1）产业特性。英国认为文化产业的特性是出自个人的创造性、技能及智慧和通过对知识产权的开发生产可创造潜在财富和就业机会的活动，包括出版、音乐、表演艺术、电影、电视和广播、软件、游戏软件、广告、建筑、设计、艺术品和古董交易市场、手工业品以及时装在内的13种行业。

英国将文化产业置于整体经济格局中加以考虑，要求文化产业不仅要体现自身的巨大经济价值，更要在战略上顺应时代发展的需要。

（2）发展趋势。第一，英国文化产业的产值将继续高速增长，并不断开发国际市场；第二，依托数字网络技术占领新型全球性市场；第三，继续扩大海外影响；第四，积极向发展中国家文化市场渗透。

（3）主要措施。第一，加强自我保护，发展国粹文化，提高全民文化意识和英国文化在国际上的地位；第二，提倡创新，促进优秀艺术门类发展，保护和培养重点人才；第三，加强和稳定正规教育和业余教育中有关艺术领域的专项投入；第四，多渠道筹集文化经费，支持文化事业的软硬设施建设；第五，通过对外文化交流和文化贸易，开发海外文化市场、出口英国文化产品；第六，协调整合旅游、画廊、博物馆、文化遗产等文化部门，形成更大的综合实力。

（4）典型产业。伦敦西区是英国商业喜剧中心，享誉世界；其塑造城市的文化品格和灵魂，以图更大的发展（如利物浦通过当选2008年"欧洲文化之都"实现了城市的复兴）。

（四）法国文化产业

（1）产业特点。法国文化产业规模巨大。全国136家法文日报全年发行总量为90亿份；文化产业制作机构众多，2002年共有133家电影制片公司；文化产品投入产出令人瞩目，2002年投资总额8.6亿欧元，拍摄200部影片；观众规模庞大，电影观众近两年保持在1.85亿人次左右。其中，法国电影对世界有特殊的影响，是法国文化产业的传统象征。

（2）政府后盾。其一，法国中央政府直接提供赞助、补助和奖金；其二，法国大区、省、市、镇等地方政府提供财政支持；其三，政府为文化产业营造赞助、减税等优惠制度环境。

（五）韩国文化产业

（1）产业特点。韩国在通过文化产业彰显其文化实力方面可圈可点。人伦意识浓厚的韩剧风靡亚洲，韩国艺人、韩国饮食在世界独树一帜。尤其是韩国注重文化遗产的保护，实际运作成效显著。

（2）政府亲为。韩国政府在其文化产业发展过程中起到了至关重要的作用，突出体现在投入机制方面。其一，不惜重金；其二，形成惯例；其三，注重"活态"和后效。

（六）日本文化产业

（1）产业特点。日本文化产业和其文化产品在世界上具有较大的知名度，在出版、电影、演艺、传播等方面都具有世界级的实力。例如，日本NHK交响乐团具有世界级的水平，被誉为"亚洲最杰出的乐团"；漫画创作水平称雄亚洲；日本电影业也令世界同行叹为观止。

（2）主要措施。日本文化产业的奇迹般发展首先得力于政府的导向和支持。例如，在非物质文化遗产保护方面，日本在1950年就颁布了《文化财保护法》，成为世界上的非物质文化遗产保护的首倡国。政府通过财政预算为国内重要的有形文化财产和重要的无形文化财产（称为人间国宝）提供资金支持。这种体制1964年在韩国、1985年在泰国、1994年在法国和菲律宾得到推广。

（七）美国文化产业

得益于自由经济和跨国资本的互动，国家开放战略与政治权利的运作，发达的电子技术、数字化技术以及全球媒介传播实力，美国文化产业傲居世界，既作为楷模引领潮流，又强势压人排斥挑战，但因趋附于美国追求全球霸权的国策而广受诟病。

美国文化产业的强势在于：影像业、博物馆业、媒体和旅游业。

例如，1992年，美国联邦通讯委员会FCC放宽一家公司在同一城市所能拥有的广播电视台的数量；1996年，国会通过《电信法》，进一步打破媒体之间的壁垒，允许多个媒体在市场上的相互渗透。在20世纪90年代以来的第五次传媒兼并浪潮中，迪斯尼公司收购了大都会/美国传媒公司；美国在线收购了时代华纳；威亚康姆收购了哥伦比亚公司。

五、国际文化产业合作

（一）国际文化产业大会

国际文化产业大会是由著名国际经济合作组织——亚太总裁协会（APCEO）发起，由亚太总裁协会与中国甘肃省联合打造的国际化、综合性大型文化产业合作与促进展会，是全球文化产业发展史上的重要历史性事件。首届大会于2012年在中国甘肃嘉峪关举行。

大会的宗旨是促进全球文化产业信息与技术交流，加强全球文化产业国际合作，为全球文化产业企业提供国际投资机会，总结各主要国家、地区文化产业成功的发展思路与发展规律，探索全球文化产业有效的知识产权保护及品牌发展战略，推动文化产业的主导企业、核心园区和中心城市的建立。

国际文化产业大会致力于整合世界各国文化产业资源，凝聚全球文化产业领军人物，聚焦全球文化产业发展热点，总结全球文化产业发展规律，发布全球文化产业资讯，展示全球文化产业发展成果，打造全球文化产业品牌，研究文化产业兴起模式、结构模式、布局模式、盈利模式以及竞争策略等重大议题，推动全球文化产业的国际合作与发展，助推各国打造新经济增长点。

（二）国际文化产业合作的理性思考

（1）国际文化产业合作的前提。一个国家的文化事业发展出文化产业，再到文化产业合作，是有前提条件的：首先，合作各方的文化实力应当相近。实力相近意味着各国文化产业之间的势差不大，相互传播压力可控。其次，具有相近的民俗底蕴，合作国家之间有边界接壤、历史渊源和共生文化基础，使得双方文化产业可以较为顺利地融合。最后，双方有共同或相近的文化要素，便于相互解析和接纳对方的文化信息。

（2）国际文化产业合作的战略。国际文化产业合作应制定恰当的实施战略（国家级、地方级、企业级），用以指导具体的合作事务。国际文化产业合作应基于双方的积极性，而不能是单方面的"一头热"。双方合作意愿的不平等，会导致合作过程中双方在合作项目中的活动不平等或缺乏善意理解，阻碍合作的发展。

（3）国际文化产业合作的禁忌。文化产业合作中的恃强凌弱是第一大忌；诋毁对方的国体政体和意识形态、损害对方的国家政权是文化产业合作中的第二大忌。市场壁垒、强买强卖、名不符实、输出自己国家的价值观等都是文化产业合作中的禁忌，在实际运作中应注意加以规避。

（4）国际文化产业合作的价值取向。国际文化产业合作既具有商业价值，也具有社会价值。两种价值不能对立起来，要争取兼得。

（5）国际文化产业合作的实施。国际文化产业合作应和本国文化产业的发展规划相协调，成为规划中的一部分，以便统筹安排，分步实施。

在"一带一路"论域中，国际文化产业合作要实现的是文化产业的互联互通，扩大共识基础和人脉，增强合作双方的文化凝聚力和对域外世界的文化产业竞争力，在世界区域合作格局中占据有利位置。

第三节 医疗卫生事业的国际合作

一、基本概念

（一）医疗卫生的定义

国家医疗卫生是指该国境内（辖内）保障和提高人民健康、治疗病人的一切组织、系统和过程。

（二）医疗卫生机构结构

中国的医疗卫生机构包括：医院、基层医疗卫生机构和专业公共卫生机构、卫生监督机构四类。医院细分：按照主体性质医院分为公立医院和民营医院，按照等级分为一级医院、二级医院、三级医院和未定级医院；基层医疗卫生机构细分：社区卫生服务中心（站）、乡镇卫生院、诊所和医务室、村卫生室；专业公共卫生机构包含省级、市（地）级、县（区、县级市）级疾病预防控制中心。

（三）医疗卫生的目标

中国医疗卫生的主要目的是深入贯彻科学发展观，坚持公共医疗卫生的公益性质，坚持预防为主、以农村为重点、中西医并重的方针，积极探索政事分开、管办分开、医药分开、营利性和非营利性分开的医疗卫生体制机制。坚持以人为本，把维护人民健康权益放在第一位；坚持立足国情，建立中国特色的医药卫生体制；坚持公平效率统一，实行政府主导与发挥市场机制作用相结合；坚持统筹兼顾，完善制度体系与解决当前突出问题相结合。

到 2020 年，基本建立覆盖城乡居民的基本医疗卫生制度，为群众提供安全、有效、方便、价廉的医疗卫生服务，实现人人享有基本医疗卫生服务。

（四）医疗卫生的任务

（1）基本任务：建设覆盖城乡居民的公共卫生服务体系、医疗服务体系、医疗保障体系和药品供应保障体系，努力建立协调统一的医药卫生管理体制、高效规范的医药卫生机构运行机制、政府主导的多元卫生投入机制、科学合理的医药价格形成机制、严格有效的医药卫生监管体制、可持续发展的医药卫生科技创新机制和人才保障机制、实用共享的医药卫生信息系统，建立健全医药卫生法律制度。

（2）重点改革任务：加快推进覆盖城乡的基本医疗保障制度建设，建立国家基本药物制度，健全基层医疗卫生服务体系，促进基本公共卫生服务均等化，推进公立医院改革试点。

（五）中国医疗卫生法律法规

（1）十部医疗卫生法律为：《中华人民共和国人口与计划生育法》《中华人民共和国药品管理法》《中华人民共和国传染病防治法》《中华人民共和国食品卫生法》《中华人民共和国执业医师法》《中华人民共和国献血法》《中华人民共和国红十字会法》《中华人民共和国国境卫生检疫法》《中华人民共和国职业病防治法》《中华人民共和国母婴保健法》。

（2）十六部医疗卫生法规为：《麻醉药品和精神药品管理条例》《医疗用毒药品管理办法》《艾滋病防治条例》《病原微生物实验室生物安全管理条例》《放射性同位素与射线装置放射防护条例》《公共场所卫生管理条例》《医疗废物管理条例》《医疗机构管理条例》《血液制品管理条例》《医疗事故处理条例》《中华人民共和国药品管理法实施条例》《突发公共卫生事件应急条例》《中华人民共和国中医药条例》《中华人民共和国传染病防治实施办法》《放射性药品管理办法》《人体器官移植条例》。

二、中国医疗卫生概述

(一) 总体形势

全国医疗卫生工作者坚决贯彻落实中央的决策部署，深化医药卫生体制改革，使医疗卫生事业长足发展，人民健康水平显著提高。

(二) 推进医改

医改在关键领域和重点环节取得突破性进展：① 基本建立全民医保体系；② 公立医院改革明显加快；③ 巩固完善基本药物制度和基层运行新机制；④ 大力推进社会办医和健康服务业。

(三) 完善医疗服务体系，提高医疗服务能力

健全医疗服务体系；强化医疗质量和技术管理；医疗服务效率提升；医药卫生信息化提速；医疗卫生科技创新取得重大成果；初步建立预防化解医疗纠纷的长效机制。

(四) 重大疾病防治

对乙型肝炎、艾滋病、肺结核、血吸虫病、慢性病等重大疾病的防治管控工作取得较大进展。

(五) 加大基本公共卫生服务

服务项目达 12 类 45 项，基本覆盖了居民生命全过程。

(六) 卫生应急机制趋于完整

法律法规和应急预案体系；指挥协调机制；传染病疫情和突发公共卫生事件网络直报；应急处置队伍。

（七）加强医疗卫生人才队伍建设

加强医教协同；推动住院医师规范化培训；加大基层人才培养力度。

（八）中医药事业长足发展

中医医疗资源快速增长，中医药服务能力显著增强，基本建立多层次、广覆盖的中医药服务网络。中药类产品进出口规模扩大，国际竞争能力显著提升。

（九）基本经验

坚持党的领导和政府主导；坚持维护、发展人民的健康利益；坚持医疗卫生立足基本国情；坚持提升医疗卫生治理能力；坚持调动全社会力量参与。

三、国外医疗卫生体制

（一）国外典型的医疗卫生体制

根据医疗卫生服务体系提供主体和模式的不同，医疗体制主要有：① 以英国为代表的福利国家型；② 以日本为代表的社会参与型；③ 以美国为代表的市场主导型。福利型模式的特点是大包大揽，根据负担沉重；社会化模式的特点是各类主体参与，但受参保规模的影响，医保基金不稳，且易诱发过度医疗，浪费资源；市场型模式的特点是市场化的经营和管理，公权不干预市场运营，要求政府强化协调管理，否则会极大地损害社会公平，使医疗资源配置丧失效率。

（二）国外医疗保障制度

国外共有四种典型的医疗保险模式：① 加拿大和韩国的全民保

险；② 德国的社会保险；③ 美国的商业保险；④ 新加坡的储蓄保险。

全民保险模式理论上有利于控制成本，实际上财政负担沉重、服务缺位、医院官僚主义作风、缺乏成本意识导致严重浪费；社会保险模式缺乏弹性，难以应对通货膨胀；商业保险模式参保自由、灵活多样，但其公平性有赖于政府大力干预；储蓄保险模式有利于劳动者晚年生活的医疗保障、减轻政府的压力，但由此导致企业的负担相对较高。

（三）国外医疗卫生体制的启示

政府主导还是市场主导，是世界各国共同面临的医疗卫生体制选择问题。两种选择都有实际采用经验，也都分别遇到了"政府失职"和"市场失灵"的困难。实际上，两种主导模式各有利弊。后来者应在趋利避害的原则下分类管理、构建新型的、符合本国实际的医疗卫生体制。

四、各国医疗卫生质量对比

2000年世界卫生组织对其191个成员的医疗卫生质量进行过评估排序，大致反映了国别之间医疗卫生质量的高低。评估的指标包括：居民卫生状况分布、对居民和病人要求的反应、病人权利和满意度、居民获得医疗卫生服务的可能性以及价格的公正性等。排序的前十名的国家依次为：法国、意大利、圣马力诺、安道尔、新西兰、新加坡、西班牙、阿曼、奥地利、日本。稍加分析可知，第一，亚欧国家包揽了医疗卫生质量的前十名；第二，欧洲国家占了大多数（70%），亚洲国家占少数（30%）；第三，经济基础薄弱的国家也可提供高质量的医疗卫生保障，如经济相对落后的阿曼苏丹国。

五、对医疗卫生国际合作的理性思考

从发展的角度讲，各国的医疗卫生事业各有优势，也各有不足。

打破国家间医疗卫生领域的壁垒,各国同行相互启迪,取长补短,实现医疗卫生要素的国际流动,对各国医疗卫生事业乃至各自国家的整体利益是有利的。

(一)合作的体制

医疗卫生国际合作需要跨越各国辖域的国际性机构,其职能是协调合作国家在医疗卫生基础设施、医疗技术装备和技能、新型药物研制应用、应对紧急医疗卫生事件等方面的合作与共享,指导合作国家在弱势领域取得进步。这个机构可以从属于世界卫生组织,也可作为合作国家共同体最高机构的专项部门。

(二)合作的规则

医疗卫生国际合作应从各国通用性、共用性较强领域(如医疗技术、医疗设备)入手,按照国际贸易规则进行。对于具体的医疗项目合作,可通过签署项目协议或长期合作意向书的方式加以确认实施;对于涉及各国主权范围内的议题(如医疗卫生体制)则应慎重,限定交流空间和方式,突出友好合作,避免干涉内政的误判。

(三)合作的重点

医疗卫生国际合作的重点应是提高合作国家医疗卫生机构的信息化和国际化水平。各合作国在此过程中既要贡献一流的智慧,也要注意找出自身存在的差距。例如,加大信息化设备的覆盖面,采用新版医疗卫生软硬件环境,提高运用大数据平台解决具体案例的能力;提高合作国家医疗卫生机构的标准化程度,实现大型昂贵、尖端精密医疗设备的国际共享和元器件跨境支援,支持国际远程实时诊断及医疗;建立国际应对医疗卫生突发事件的机制,根据宏观形势的判断,配置应急处置队伍和装备物资,准备远程投送机具以供紧急输送人员装备;结合区域卫生健康条件,开展有显著特色的医疗技术的科学研究、新技术研发和推广应用以及产业化,造福整个区域乃至全世界人民;培养国际化的医疗卫生专业人才,适合未来发展的需求。

在"一带一路"论域内,医疗卫生国际合作应注重各国医疗卫生领域的互联互通,实现区域医疗卫生优势互补同增,特别是促进民心相通,增加民间凝聚力,实现合作愿景。

第四节 科技创新事业的国际合作

科技创新是世界范围共同关注的重要事业。在活生生的例证面前,在沉甸甸的成果面前,在零距离亲身感受面前,没有人怀疑科技创新的地位和作用。这里讨论的科技创新国际合作,实际上也是一个老话题。科学无边界,科学家有祖国。意思是说,科学与科学成果属于全世界,对科学的热爱与探究,不受国境的限制,人人都可以接触,为科学事业做出贡献。但是科学家在探索过程中和获得成就后,不能忘记自己的祖国,应当尽力为祖国的发展贡献力量。在"一带一路"论域中讨论科技创新国际合作,是一个实实在在的新话题。

一、科技创新的基本概念

(一)创 新

经典的创新概念由美籍奥地利经济学家熊彼特在1912年提出,旨在把生产要素和生产条件的新组合引入生产体系,建立一种新的生产函数。分为五种形式:① 生产新产品,或提供一种产品的新质量;② 采用一种新的生产方法、新技术或新工艺;③ 开拓新市场;④ 获得一种原材料或半成品的新的供给来源;⑤ 新的企业组织方式或管理方法。现在特指以现有条件下可用的知识和物质,在特定的环境中,改造出或创造出新的事物(包括但不限于各种方法、元素、路径、环境等），并获得一定有益效果的行为。用公式表达即为：现有条件→创造新事物→获得有益效果。包括工作方法创新、学习创新、教育创新、科技创新。

（二）科技创新

指一种主要依靠科技手段（原创性科学研究和技术创新）实现的创新。具体是指创造和应用新知识和新技术、新工艺，采用新的生产方式和经营管理模式，开发新产品、提高产品质量、提供新服务、获得新收益的过程，是众多创新中的一种。其包括知识创新、技术创新和现代科技引领科技创新的管理创新三种基本类型。信息化、智能化是科技创新的发展趋势。

（三）知识创新

也即原创性科学研究，是指一种科学研究活动，用新的角度重新梳理、认知现有的理论体系，提出新的观点（如新概念、新思想、新理论、新方法、新发现和新假设）的过程。

（四）技术创新

指人类通过新技术改善经济福利的商业行为，是发明创造的第一次商品化（熊彼特）。具体是指生产技术的创新，包括开发新技术，或者将已有的技术进行应用创新。逻辑联系为：科学→技术→产业。产业创新依赖技术创新，技术创新依赖知识创新，知识创新又依赖产业创新的成果保障。

技术创新和产品创新有密切关系。一般来讲，同样的技术可生产不同的产品，同样的产品可采用不同的技术。技术创新主要与新产品研制相关联。

（五）制度创新

也叫管理创新。管理创新是指提出创造性思想并将其转换为有用的产品、服务或作业方法的过程。管理创新的主体一般是企业高管，一线活动人员是管理创新的重要力量。

（六）创新思维

创新思维是科技创新的关键性因素。科技创新思维具有缜密、前瞻、包容的特点，包括类比、联想、跳越等具体思维模式。在一项具体的科技创新活动中，往往需要综合运用多种创新性思维。掌握一定的创新思维模式，可在选择研究方向、探索新路径的过程中尽量发挥自己的优势，扬长避短，取得预期的结果。

二、科技创新国际合作的基本概念

（一）科技创新主体、客体与中介的定义

马克思主义认为，实践由主体、客体、中介三者的矛盾运动构成。科技创新实践中同样存在着主体、客体、中介三元一体的现象。科技创新的主体是科技创新实践活动发起者和承担者（组织或个人）；客体是同一创新实践活动指向的目标（需要创造或改变的客观事物），中介是联系主客体的物质（必要的工具和材料）。任何一项科技创新都是三者关联的结果，三者缺一不可。

（二）科技创新主体、客体与中介的趋势

在现今社会经济和科技水平条件下，主体出现团队化趋势，过去那种靠一人就可包打天下的模式已经行不通了；客体出现复杂化、尖端化、大型化趋势，越来越多地表现为多学科要素的综合体；中介出现精密化、智能化、自动化趋势，在科技创新活动中的地位和作用日益凸显。

（三）科技创新合作

由于科技创新活动中出现了上述趋势变化，科技创新方式要向所谓"科技创新+"的新阶段演进,也即在新的体制机制下,科技创新的主体和中介由单一走向复合,"合作"问题引人关注。中国的科技创新合作模式已从简单的叠加发展到联合、联盟和协同。

(四)科技创新国际合作

科技创新国际合作实际上是"科技创新+"的进阶,是指主体合作的范围超越了国界,导致科技创新要素可在国际间自由流动。

(五)实施科技创新国际合作

科技创新国际合作的基本方略就是"请进来"和"走出去",其中"走出去"是主要方面。北京市科委提出了一个新型产业概念——国际科技创新产业:以原始创新、集成创新和引进消化吸收再创新为基础,以实现科技自身的商品属性和国际属性为核心,以国际科技合作与技术转移为手段,源源不断地产出世界领先科技成果,实现科技自身以及相关成果乃至载体以商品化形态走向国内外市场,带来大量的、直接的经济收益。在国际形势多变的情况下,基于增强自身实力的"走出去"是科技创新国际合作的可靠途径。

三、科技创新国际合作的矛盾及应对

(一)科技创新国际合作的矛盾

科技创新国际合作中关系和谐是主流,主体间因见解不同引发的关系不和谐,也即矛盾是副流。但与某种国际政治关系结合,其作用程度往往要大于国内的情形。换句话说,科技创新国际合作的矛盾具有必然性和尖锐性。例如,中美科技合作的矛盾就非常具有代表性。

(二)矛盾管控

建立科技创新国际合作矛盾的管控机制是必要的。通过该机制,厘清矛盾的因果关系和作用性质，对矛盾的规模和层面加以限制，对矛盾性质（对抗、不和、负气）加以转化，降低其中破坏性因素的影响。

（1）不惧怕。科技部部长万钢曾用齿轮的分合比喻科技创新国际合作："就像两个齿轮，如果分开了，自己都可以转，一点问题都没有，如果合起来能够产生作用，但必然产生摩擦和热。"这段表述阐释了矛盾的客观必然性，在此认识上想方设法有效解决矛盾是对待矛盾的积极态度。科技创新国际合作中出现一些分歧和摩擦，不应成为双方进一步开展合作的障碍。

（2）不摇摆。中美对创新合作的战略思维存在差异。美国有些保守势力认为是竞争而不是合作推动中美创新合作的进程。在这种思维指导下，双方合作很难取得共赢。中国认为，双方的创新合作存在"零和"的可能性，关键在于双方是否能够共同努力去争取共赢。

（3）不等待。应依靠中美创新对话的长效机制，解决双方在不断发展中遇到的新问题，"使我们的实践更加符合企业和高等院校、研究院所、科技工作者们的期望"（万钢语）。

四、对科技创新国际合作的理性思考

（一）科技创新国际合作必须依照国际标准进行

（1）国际标准是在签约国范围执行的统一标准（如国际标准化组织确认并公布，在世界范围内统一使用的国际标准）。国际标准在标准涉及的范围内保护签约方的利益。对于没有签约的国家或地区，国际标准则产生壁垒性的作用，限制其产品和服务进入签约方构建的国际市场。

科技创新国际合作的直接目的是国际科技创新。启动国际科技创新的必要性依据是对创新对象品质的共同判断，具有创新价值才有必要开展国际科技创新。而判断创新价值的依据就是国家标准。

（2）有权利制定颁布国家标准的机构主要是国际标准化组织

(ISO)、国际电工委员会（IEC）和国际电信联盟（ITU），还包括国际计量局(BIPM)、国际人造纤维标准化局(BISFA)、食品法典委员会(CAC)、时空系统咨询委员会(CCSDS)、国际建筑研究实验与文献委员会(CIB)、国际照明委员会(CIE)、国际内燃机会议(CIMAC)、国际牙科联盟会(FDI)、国际信息与文献联合会(FID)、国际原子能机构(IAEA)、国际航空运输协会(IATA)、国际民航组织(ICAO)、国际谷类加工食品科学技术协会（ICC）、国际排灌研究委员会（ICID）、国际辐射防护委员会（ICRP）、国际辐射单位和测试委员会（ICRU）、国际制酪业联合会（IDF）、万围网工程特别工作组（IETF）、国际图书馆协会与学会联合会（IFTA）、国际有机农业运动联合会（IFOAM）、国际煤气工业联合会（IGU）、国际制冷学会（IIR）、国际劳工组织（ILO）、国际海底组织（IMO）、国际种子检验协会（ISTA）、国际电信联盟（ITU）、国际理论与应用化学联合会（IUPAC）、国际毛纺组织（IWTO）、国际动物流行病学局（OIE）、国际法制计量组织（OIML）、国际葡萄与葡萄酒局（OIV）、材料与结构研究实验所国际联合会（RILEM）、贸易信息交流促进委员会（TarFIX）、国际铁路联盟（UIC）、经营交易和运输程序和实施促进中心（UN/CEFACT）、联合国教科文组织（UNESCO）、国际海关组织（WCO）、国际卫生组织（WHO）、世界知识产权组织（WIPO）、世界气象组织（WMO）。

（3）世界主要国家的国内标准。各国根据自己的国情制定颁发，在本国境（辖域）内统一使用的标准。这些国别标准种类繁多，主要包括：ANSI（美国国家标准）、BIS（印度标准）、BSI（英国标准）、CSA（加拿大标准协会）、NF（法国标准）、DIN（德国标准）、GOST（俄罗斯国家标准）、JSA（日本标准）、TIS（泰国标准）、AS（澳大利亚标准）、GB（中华人民共和国标准）、AA（美国铝协会标准）、AATCC（美国纺织化学师与印染师协会）、ABMA、（美国轴承制造商协会）、ACI（美国混凝土学会）、AGA（美国煤气协会标准）、AGMA（美国齿轮制造商协会）、AIA（美国航天工业协会）、AIAA（美国航空航天学会）、AIIM（美国信息及图像管理协会）、AOAC（美国官方分析化学师协会)、API(美国石油学会)、ARI(美国空调与制冷协会)、ASA(美国声学协会)、ASME(美国机械工程师协会)、ASQC(美国质量管理协会)、ASTM(美国材料和实验协会)、AWS(美国焊接协会)、BHMA(美国建筑小五金制造商协会)、CFR(美国联邦法规)、DESC(美国国防电子器材供应中心)、EIA(美国电子工业协会)、FAA(美国联邦航空管理局)、FED(美国联邦标准)、ICAO(国际民航组织)、IEEE(美国电气与电子工程师协会)、IPC(美国电路互连与载体学会标准)、ITU(国际电信联盟)、MIL(美国军用标准)、MSS(美国阀门及配件工业制造商标准化协会)、NASA(美国国家航空航天局)、NEMA(美国全国电气制造商协会标准)、NFPA(美国全国防火协会)、NISO(美国全国信息标准组织)、NSF(美国全国卫生基金会)、RWMA(美国电阻焊接机制造商协会)、SAE(美国动力机械工程师协会)、SMACNA(美国金属散热与空气调节承包商协会)、SSPC(美国防护涂料协会)、TIA(美国通信工业协会标准)、UL(美国保险商实验室)。

(4)国际标准的应用。中国根据认真研究、积极采用、区别对待的方针制定应用国际标准和国外先进标准的原则:第一,密切结合中国国情,有利于促进生产力发展;第二,有利于完善中国标准体系,促进中国标准水平的不断提高,努力达到和超过世界先进水平;第三,合理安排采用的顺序,注意国际上的通行需要,考虑综合标准化的要求;第四,采用国外先进标准要根据标准的内容区别对待。

在国内开展科技创新时,需采用本国(包括地区、行业、企业)标准,同时兼顾国际标准。同一客体国家标准、国际标准都有规定的,选择更为严格的版本执行。在国外科技科技创新,或科技创新的客体主要面向国外的,必须采用世界统一的国际标准。为彰显实力,优化环境,便于后续创新,应在努力提高科技创新水平的同时,积极局部改写国际标准。

(二)科技创新国际合作必须强调"致用"

科技创新有自由探索的成分,国际科技创新也不排斥个人兴趣驱动的知识创新和科学实验工具的创新。相对而言,尤其是"一带一路"

论域下的科技创新,应更多地侧重解决沿线国家(或区域内国家)社会经济发展中的关键性、普遍性、共通性难题,缩短创新与实效之间的距离,侧重科技创新中的功利因素。

聚焦国际科技创新的客体时,一方面要采用国际标准,另一方面要倾听沿线(或域内)国家的意见,要取得相关国家的共识。注意,不能把个别国家的意志作为合作国家共同体的一致决断。具体个案中可借鉴政治生活中的民主操作方法。确定了客体后,要通过正规的外交方式形成外交类文件(至少相关国家共同签署),约束各方的作为。同时,签署各方应对各自国内做好相关的宣传与说明,最好能与国内的相关规划部署对接。

(三)科技创新国际合作必须坚持"平等"

相互平等是当代国际关系基本准则之一。国际科技创新也要遵循这一准则。对于不利于、不宜于国际科技创新的国际关系问题,应客观冷静地面对,不回避、不激化。最佳方式是进行平等磋商,对于不宜在科技创新范畴内解决的,应达成搁置的共识,把精力资源集中用于科技创新合作的本身。

第一,与"一超"要争平等。美国目前是国际政治经济格局中唯一的超级大国,由于各种原因,美国不容或不愿他人与其平起平坐。与这样的超级大国在科技创新合作保持平等地位,必须要依据国际惯例,对其歧视性做法予以有理、有力、有节的抗争。告诉他们,即使存在实力差距,但争取平等的决心和胆气不差分毫。

第二,与"多强"要讲平等。属于多强的国家多集中在欧洲大陆,他们自恃经济发达,不习惯或不屑于与自己实力差的国家和衷共事。但他们与超级大国不同,逼人的霸气不多,属于有话好商量的范围。所以,与他们要多走动、多沟通,增加感情,多利用他们民主、平等的政治理念,摆事实讲道理,达成科技创新合作的平等地位。

第三,与"伙伴"要保平等。与发展中国家合作进行科技创新,在建立平等地位方面不存在结构性的困难。但中国在发展中国家中具有较强实力是不争的事实，做事不慎会让人产生傲视众人的错觉，在科技创新合作关系中埋下不和谐的因素。因此，与发展中国家合作科技创新，要始终襟怀坦荡，克服"骄娇"二字，与合作伙伴亲密相处，细心呵护稳定的平等关系。

（四）科技创新国际合作应注重"信息化"

由于不同的资源禀赋、不同的发展历程和境遇，不同发展中国家的科技水平是不同的。但在世界经济一体化趋势下，在信息技术浪潮的推动下，世界各国，无论是发达国家还是发展中国家，都站在科技创新信息化的起跑线上，大家朝向同样的目标，面临同样的机会。谁都不能说输在起跑线上。

信息化在突破传统科研方式的局限性、加快推进科研成果的商品化方面具有巨大的能力，是实现国家和区域科研事业的整体发展的重要手段。用现代信息技术重塑科研环境和科研本身，打造科学研究的信息化发展模式，是推动社会加速发展不可缺少的利器。

首先，信息化带来的科研资源共享，推动科学研究方式的协同化发展。在信息时代，传统的科研方式已在制约科研事业的发展，无法满足跨学科、跨领域、跨地区远程实时科研协作和科研信息共享的迫切需求。用信息化理念和手段可以实现科研的转型升级：① 信息网络打破传统科研的"自闭"状态；② 信息化技术丰富传统科研的手段。

其次，信息化消融产学研隔阂，加速实现科研成果商品化。市场动态经信息网络即时反馈给科研上游，引导研究机构研发适用成果，企业根据市场动态将科研成果转变为适销产品，及时调整经营策略打开市场，将产品投入市场换回商业利益。贯通这些环节的就是信息化。

最后，传统科研属于投资驱动。资源消耗大，环境成本高，科研效益低。信息化将构建被称为"明天的科学研究环境"的 e-Science，引发传统科研方法和手段的重大变革，极大地提高科研的效率和质量，带动传统科研方式的转变，促使科研实现内涵式发展。

（五）科技创新国际合作需善用国际关系规则

国际基本准则又称国际关系基本准则，是一切国际政治行为主体在国际政治活动中都应普遍遵循的行为规范，体现为国际政治活动的一切成文的和不成文的原则、规则、规章，是近代国际政治历史发展的产物。当代国际政治基本准则包括：包括互不侵犯、互不干涉内政、和平共处、主权平等、以和平方式解决国际争端。这些基本准则具有普遍性、共识性、必然性和约束性特点，要求国际关系主体遵守。

国际科技创新合作是一类重要的国际关系，也要遵守国际关系基本准则。因此，应把这些基本准则与国际科技创新活动相结合，使得科技创新在国际关系准则指引下更具有活力和适应性。发展中国家应综合运用科技关系规则，减少"泛政治"因素对国际科技创新合作的掣肘，确保合作活动达成预期目标。

另外，国际科技创新合作无法回避地缘政治。当地缘政治主导科技创新国际合作过程时，科技创新合作应为维护良好的地缘政治关系服务；当地缘政治对科技创新国际合作不太敏感时，科技创新合作应回避地缘政治的敏感领域，避免新增不确定因素。

第五节 实施"一带一路"倡议下的公共外交

一、基本概念

（一）定 义

（1）公共外交，又称公众外交。1965年作为术语出现，是由政府主导、面向社会公众，以传播和交流为主要手段，以增强国家软实力，维护和促进国家利益为根本目标的一种新型外交形式。

(2)"新公共外交",是一种以非政府组织及其网络为主要桥梁,强调双向对话,将公众作为巧实力共同创造者与信息共同传递者的公共外交。

(二)历　程

公共外交有较长的历史。理论层面上的公共外交研究出现在二战后的美国,为其赢得冷战的胜利发挥了重要的作用。冷战后,美国公共外交一度沉寂,"9·11"事件使公共外交再度活跃。

(三)特　征

公共外交具有四个基本特征:① 外交活动的对象是别国公众。通过影响外国的公众舆论,进而影响该国政府的外交政策。② 外交活动主体是政府。③ 外交活动的方式是间接进行,通过非政府组织和公众舆论对外施加影响。④ 外交活动的目的是维护和实现本国的国家利益。

(四)辨　析

(1)公共外交≠公共事务。公共事务面向本国公众宣传政府的政策和目的,属于国内公务范畴;公共外交面向国外公众传播信息、交流思想、影响舆论,维护本国形象,属于外交事务范畴。

(2)公共外交≠公开外交。公共外交相对传统的政府间外交而言,公开外交相对于秘密外交而言。公共外交为公开外交提供动力,公开外交为公共外交创造前提。

(3)公共外交≠政府外交。政府外交依托外交机构开展活动,公共外交依托非政府组织和公众发挥作用。

(4)公共外交≠民间外交。在公共外交中,公众是受体;在民间外交中,公众是主体。

二、联合国安理会常任理事国的公共外交

（一）美　国

近年来，受伊拉克战争、国际气候问题立场漂移等因素的影响，美国的国际形象口碑下降，严重影响美国的国家安全战略和长远发展。一方面，在政治多极化、经济和信息传播全球化的背景下，美国在反恐、疾病防控等重大国际事务中难以独善其身；另一方面，美国输出民主需要对象国民众的舆论支持，美国奥巴马政府及时对小布什政府奉行的单边主义强硬外交政策做出调整，对公共外交以给予前所未有的重视，并从组织协调、资源配置、平台建设、科学研究等方面进行全方位的扶持和整合。

第一，高度重视人际传播。一是从空中展开传播，广播、电视、网站和其他对外传播媒体共同为美国的政策与行动寻求解释、提供背景；二是从地面展开交流，如直接面对面的交流、演讲，由大使馆主办的文化活动等。目标是建立一种亲美的人际关系。

第二，关注公共外交人才的选拔、培养与管理。美国政府认为，公共外交人员需要一定天赋，需要有较高外语表达能力，需要有跨文化的直觉和意识，需要有处理纠纷和解决争端的能力。但现有的选拔方式不利于获得这样的人才，必须要加以改革，并采纳相关建议。

第三，加强公共外交效果的研究。美国现正组织专职人员进行公共外交效果的研究，如获突破，将为美国公共外交的未来发展提供科学的理论依据，同时也会给他国开展公共外交提供借鉴。

（二）英　国

英国的公共外交独具魅力。2012年英国首登世界软实力榜的榜首，这不仅得益于英国巨大的文化优势，更与英国政府对公共外交的强有力经济支持、主题鲜明丰富多彩的公共外交内容、众多公共外交机构的合理搭配的实践特色密切相关。它告诉人们，公共外交需以民众为主要对象，需有强大的财政经费投入，需有结构清晰的公共外交队伍。

（三）法　国

法国是西方国家中最早重视并致力于文化外交的国家。从 17 世纪开始，法国就海外教会的传教活动。建立法语同盟，通过语言传播来争取海外民众对法国文化的兴趣和好感。

20 世纪，法国外交部设立世界上最早的政府文化外交机构"海外学校与法语基金局"（1910 年），全面负责协调法国所有对外教育、文化交流活动；戴高乐政府制定"关于在国外扩张和恢复法国文化活动的第一个五年计划（1959—1963）"（1959 年），将文化外交纳入法国大国外交的战略框架。直到 21 世纪初，法国已经与 100 多个国家签订了文化协定和文化交流计划，在世界 68 个国家开办了 134 个文化中心和文化学院、28 个社会科学研究机构。其投入总量和重视程度，法国文化外交在世界各国中首屈一指。

法国文化外交在"伟大法兰西"理念指导下，从人文领域成功地塑造法兰西的伟大和神圣，进而确立法国文化大国的国际形象和政治影响力。法国的成功经验可概括为：① 政府重视，投资保证。近年来，法国公共外交上的投资达到年均 13.5 亿欧元，文化机构的资金全部来源于政府财政直接拨款；② 文化外交体制健全，指挥调度有秩序。外交部担当总指挥，相关机构拥有全面的文化外交权；③ 拥有丰富的文化外交载体；④ 外交设施基础牢固。

（四）俄罗斯

为克服"俄罗斯（苏联）恐惧症"的负面影响，重塑俄罗斯的正面国家形象，近年来，俄罗斯效仿西方国家加大了公共外交的推行力度，促使外国政府及其公众更好地认知俄罗斯的外交政策。随着北约扩张对俄罗斯威胁的逐渐增加以及地区冲突对俄罗斯周边安全环境的影响，俄罗斯开始重视公共外交对俄罗斯安全困境的作用。普京 2008 年特别强调要实行以"实现社会—经济目标"为度量、面向周边国家的公共外交政策，表明公共外交在俄罗斯的地位日益上升。2012 年后，俄罗斯加大公共外交上的投入，提倡新媒体在公共外交中的作用，调整公共外交的政策与战略，开展多种形式的公共外交活动，获得了一定的成效。

公共外交传播渠道方面的成效包括：① 建立相关政府机构；② 推广教育交流与语言文化传播；③ 继续加大对传统媒体的投入；④ 开展网络和新媒体外交。

疏通公共外交传播瓶颈方面的成效包括：① 正视传播中非政治层面内容稀少的问题，增强其在海外的拓展的说服逻辑和媒体的公信力；② 调整传播策略，加强传播与政策的结合，克服信息传播不开放、不透明、不互动的弊端，关注正反两方面观点的平行传播及其讨论；③ 意识到国外公众选择性认知偏见和国家形象下降对传播效果的影响。

未来俄罗斯的公共外交将在四个方面着力：① 更加注重软实力导向；② 进一步加强国家形象品牌的建设；③ 更多地关注构建公共外交关系；④ 继续完善公共外交的网络平台。

（五）中　国

在中国，公共外交已经提升到国家战略高度。

中国与外部世界的联系正日益紧密。国际社会对中国的现状及未来趋势可谓关注、猎奇、懵懂、诋毁交织。中国积极开展公共外交，不但民间团体、知名人士参与公共外交，驻外外交机构也积极主动开展公共外交。大家共同的目标是使中国"在政治上更有影响力、经济上更有竞争力、形象上更有亲和力、道义上更有感召力"，增进国际社会对中国和平发展、互利共赢、和谐世界等重大战略思想的认识。

中国的公共外交是"应运而生、正逢其时、大有可为"（杨洁篪语）。

第一，提高全社会对公共外交的认识，将其纳入国家对外战略的大框架，并据此制定中国的公共外交战略。政府加强领导，统筹协调，建立统一的大外交机制，整合国内各部门、各地方、各领域力量，优化公共外交资源，协同开展公共外交。

第二，加大对公共外交的组织力度。为公共外交划出专项政府财政预算；制定研究规划，扩大研究队伍，夯实中国公共外交工作的理论基础；加强公共外交教育，广泛开展公共外交知识教育，使公共外交成为一种全民意识；大胆借鉴国外先进的理念和成功的经验，积极探索具有中国特色的公共外交新路子。

第三，凸显中国公共外交的主题。按照中央外交工作总体部署，务实开展对外交往，发挥政协专门委员会、中国经济社会理事会、中国宗教界和平委员会等在对外交往中的优势和作用，积极开展人文交流和公共外交，加强对国际形势的分析研判，讲好中国故事、传播好中国声音，努力为国家发展营造良好的外部环境（俞正声语）。

三、中国公共外交平台：GBD公共外交文化交流中心

GBD公共外交文化交流中心（简称公共外交中心），是由中国前外交官联谊会、中国桥缘公共外交文化交流有限公司（原桥艺术中心）联合创办的公共外交NGO组织，也是中国创办较早规模较大的民间外交机构。公共外交中心聘请原国家外交领域的高级官员和专家担任要职，指导公共外交中心的工作。

公共外交中心致力于成为具有国际化影响力的公共外交平台，以"让中国走向世界，让世界了解中国"为目标，努力通过多元化多途径，促进中国与世界各国之间友好关系的发展，推动世界和平、和谐、发展与合作。

公共外交中心的宗旨是立足弘扬中华民族优秀的文化艺术，通过公共外交、文化交流、公益慈善、经贸合作等活动，拉近中国与世界的距离，向世界展示一个真实的、致力于维护世界持久和平、推动各国共同繁荣的中国。同时，将世界各国优秀文化引入中国，通过中外交流与合作，加深中国与世界各国人民之间的相互了解、互动共融。

公共外交中心自成立以来，已成功策划和举办多场包括主题油画作品展、旅游推介会暨美食节、非洲大使馆儿童圣诞联欢会等在内的

公共外交文化艺术、公益慈善活动。

公共外交中心已逐步成为国际瞩目的中国非官方外交平台，多位中外政要亲临中心参观访问、视察指导，阿拉伯信息中心、"非洲之家"等国际重要组织在中心落户，并成为亲密的伙伴。

公共外交中心主办有新媒体和传统媒体，如 GBD 公共外交文化交流中心官方网（www.cpdcea.com）、公共外交网（www.pdcec.com），《公共外交》杂志（双月刊），"国家形象，全民塑造——公共外交讲坛"（www.pdcec.com/jt）、"大使面对面"访谈特色节目等。

公共外交中心致力于十个方面的工作，包括：① 开展公共外交活动，增进中国与世界各国人民之间的相互了解和友谊；② 推动中外经济合作与文化交流；③ 推动中外科技、教育、环保等专业领域的互利合作；④ 推动中外人员往来与信息交流；⑤ 推动中外地方政府和城市之间建立友好合作关系；⑥ 举办国际研讨会、展览会及洽谈会等活动；⑦ 通过有关业务咨询、会刊、网站等形式，为会员提供全方位服务；⑧ 开展各种社会公益活动；⑨ 承办政府授权和交办的相关工作；⑩ 开展其他各种形式的公共外交活动。

四、对公共外交的理性思考

（一）把握公共外交的大趋势

外交部长王毅说，"一带一路"倡议是中国的，机遇是世界的。随着"一带一路"建设的深入推进，沿线国家共同发展繁荣的时代画卷将日益清晰地展现在世人面前。作为首倡"一带一路"的中国，必须开足公共外交的所有马力，通过各种宣传互动手段，让沿线国家相信并接受"一带一路"倡议的美好愿景。欲达此目的，中国的公共外交必须要顺应世界公共外交的大潮流、符合大趋势，取得大成效。

（1）全球化。目前，世界各国（不管发达国家还是发展中国家、守成国家还是新兴国家）都在高度关注公共外交，全球公共外交俱乐部空前膨胀，显示出公共外交的巨大魅力。这种魅力与经济全球化趋势相伴,将长时间维持。

(2)社会化。传统的公共外交大国(美、英、德、法)秉承以"国家为中心"的公共外交理念;而新公共外交国家(加拿大、挪威)则力行以"社会为中心"的公共外交理念,注重发动普通民众、非政府组织、企业等行为体参与公共外交事务。地方政府、非政府组织和企业也能有条件地代表国家从事各种与塑造国家形象相关的事务。社会化的引入,扩大了公共外交的能量,是"一带一路"公共外交需兼顾的重要因素。

(3)网络化。网络已经成为当今公共外交的重要工具,与使用传统媒介的公共外交相比具有代差优势。网络公共外交的主体和对象开始从政府或军方向普通公众的方向转移。几乎所有重大社会事件(如伦敦骚乱、橙色革命、占领华尔街等)背后都有网络外交在律动。目前,各国外交系统都在利用网站、博客、播客、微博等网络工具开展公共外交(如美、日等驻华使馆利用微博与中国公众互动),网络公共外交正成为国际公共外交的新军。

(4)战略化。公共外交作为与国家硬实力配套的软实力,具有强大的隐蔽性、欺骗性和有效性,正日益增添战略性的色彩。

(二)探索加强中国公共外交的新途径

(1)坚持以人为本,提升智慧力量。要适应形势变化,转变观念,开展政企民并举、政经文互动的统筹外交,在现有体制内统筹兼顾。兼顾"国家为中心"和"社会为中心"的公共外交工作理念,尊重人、服务人、感动人,在与公众的情感交流中提升外交的智慧和力量。

(2)统一规划,整合资源。制定统一的公共外交行动方略,整合各方面资源,制定相应的公共外交战略,着眼全局,注重结果,强调方向。处理国际事务要审时度势,因势利导、内外兼顾、趋利避害。努力消除外部世界民情舆情对中国的误解,妥善引导国际社会对中国的合理预期,通过公共外交活动,尽可能获得国际社会的理解、同情和支持。

(3)改革体制机制,创新公共外交。统筹兼顾官方和非官方的优势和积极性，集中全民的资源用于公共外交；注重国内外公众的关联性，避免国内外出现两种声音、两个口径的矛盾；统筹国家统一性和社会多样性的矛盾，努力协调各方面的关系；统筹本国利益、他国利益和全人类共同利益，努力增强外交服务多样化利益的能力，全面提升一个国家的外交质量。在实践中，改革现行的公共外交体制机制，按照公共外交的职能重组涉外部门，形成开展公共外交的强大合力，共同营造有利的国际环境。

（4）加强学科建设，培养适用人才。动员高等学校和研究机构，参与建设一流的公共外交学科高地，培养学以致用的公共外交人才。产学研用各方协调动作，确保中国公共外交的内力生生不息。

（5）注重民间挖潜和培育。聚集民间资源，振兴民间智库，广泛开展中国公共外交体制机制创新实践，支撑公共外交的可持续发展。[①]

（三）实施"一带一路"倡议下的中国公共外交

（1）正面展示，权威解读。中国提出的"一带一路"倡议气魄宏大，极具震撼力和吸引力，不但有利于"中国制造、中国创造"走出国门，也有利于沿线国家的经济的快速发展。要让沿线国家感受"一带一路"的善意，与中国共同投身"一带一路"建设，首先要正确理解"一带一路"倡议的实质，公共外交应该也能够堪此重任。应面向沿线国家公众媒体和非政府组织，权威解读"一带一路"倡议的愿景及政策内容，防止善意被歪曲篡改，激发各方面的积极性，群策群力，充实具体计划，稳定战略方向。当前，"一带一路"倡议已经开花结果，70多个国家与中国签署了"一带一路"协议，前景明朗。

（2）广布人脉，营造氛围。当今世界没有一个国家可以独自应对人类面临的国际化挑战。实施"一带一路"不是中国单方面的事，而是沿线国家共同参与的国际合作大业。中国可以尽力提供（而不是单方面提供）建设条件。中国地方政府、产业集团以及专家学者应在统

[①] 韩方明：《中国公共外交:趋势、问题与建议》[J]，《公共外交季刊》，2012年春季号。

一规划下与各国地方政府、产业企业密切接触，广交朋友，在社会各界建立共识："一带一路"是大家共同的事，需要各界深入合作，挖掘商机。

（3）依托网络，实时互动。"一带一路"公共外交的重要工作内容之一是建立新媒体平台，运用网络工具与沿线国家互动，及时掌握民情舆情，有针对性地进行解释引导，正确认知中国的特色和发展目标，稳定和巩固当地的民间舆论基础。

（4）回避政治，保持中立。有些沿线国家社会关系复杂，高度热辣和敏感。"一带一路"公共外交须坚持互不干涉内政的国际关系基本准则，对当地社会事件保持安全距离，不予介入，避免造成矛盾或误解。要让当地各界相信，中国一心一意搞建设，不会输出自己的意识形态，也不会在当地社会搅局、制造事端。

（5）力促五通，保障实效。政策沟通、道路联通、贸易畅通、货币流通、民心相通既是"一带一路"的目标，也是公共外交的战略目标。在实施过程中，各相关主体要侧重从"软实力""巧实力"的角度确立目标、寻找方法、巧妙推进、注重实效。在条件暂时不具备时，应坚持宁缺毋滥的原则，不可强推，要留有回旋余地或弹性空间。

第九章　合作机制与合作平台

在世界经济社会高度关联的条件下，任何一个国家想要完全独立于国际社会以外的做法都是行不通的，都要碰壁，G20、APEC等众多国际区域合作组织为这种大趋势做了生动的注脚。"一带一路"战略沿承、光大当代国际关系发展的主流理念和机制，注定是一个广泛合作的、真正实现平等互惠的国际合作关系共同体。

第一节　区域合作机制

一、基本概念

（一）机制的定义

"机制"一词源于希腊文，本义原为机器的构造、功能、相互关系和动作原理。把机制的本义引申到不同的领域，就产生该领域的机制（引申义）。引申到社会领域，就产生社会机制。社会机制是用来表述协调事物现存各个部分之间关系以更好地发挥作用的具体运行方式。以下所提机制均指社会机制。

（二）机制的要点

（1）前提。事物各部分客观存在，能够独立产生作用。
（2）形式。机制存在的形式是协调各个部分之间关系的一种具体运行方式。让事物实际存在的各部分协调运行产生预期效果即机制的作用。

（三）机制的形式

（1）按照机制的运作形式，一般分为三种：① 行政式、计划式或行政计划式运行机制，用行政、计划或行政计划结合的手段把事物各个部分统一起来；② 指导式、服务式的运行机制，用指导、服务的方式协调事物各部分之间的相互关系；③ 监督式、服务式的运行机制，用监督、指导的方式协调事物各部分之间的关系。三种运作形式可单独采用，也可混合采用，依实际需要而定。

（2）按照机制的功能，一般分为三种：① 激励机制，是调动社会活动主体积极性，主要产生鼓励性、激励性作用的机制；② 制约机制，是保证社会活动有序、规范，主要产生控制性、约束性作用的机制；③ 保障机制，是为社会活动提供物质和精神条件，主要产生保障、维护、支撑作用的机制。在实际工作中，这三种机制单独采用都会对社会组织产生不利影响，必须要综合平衡各机制的作用，发挥单项机制的长处，抑制其短处，达成更高层面的有利影响。

（四）机制的载体

机制的有效载体包括：① 体制。组织的职能和岗位责权的调整与配置。② 制度。广义指国家和地方的法律、法规，狭义指组织内部的规章约定。只有在相应的体制和制度下，机制在实践中才能发挥作用。

（五）机制的要素

机制包括四种要素：① 事物变化的内在原因及其规律；② 外部因素的作用方式；③ 外部因素对事物变化的影响；④ 事物变化的表现形态。在建立某种机制时，需要深入考察这些因素的作用，避免陷入主观主义的泥淖。

（六）机制的作用

机制的作用是保障组织顺利实现其宗旨。如果机制达不到这种作用，就要对其进行调整和变革。任何一项社会事业，在确定了宗旨后，都要立即着手建立（制定、修订）相应的运行机制。

（七）企业运行机制

企业运行机制是企业内经营系统、技术创新系统、财务系统等运行过程中各环节内部以及各环节之间本质的内在的相互关联、相互制约的工作方式的总和，是引导和制约企业生产经营决策并与人、财、物相关的各项活动的基本准则及相应制度的集合。分为硬件和软件两个方面。企业的硬件运行机制包括企业经营机制、创新机制、财务机制；企业的软件运行机制包括企业的价值观、理想、信念、行为规范等。企业文化的要素渗透在企业硬件运行机制的每个环节，并制约和影响着企业的整体运行机制。

（1）企业经营机制，是指企业为适应外部经济环境和发展所具有的经济有机体内在功能和运行方式，是决定企业经营行为的各种内在因素及其相互关系的总称。其主要是指企业商品生产、商品交换活动赖以存在的社会经济关系，具体包括投入机制、产出机制、转换机制和反馈机制。

（2）企业创新机制，是指企业实现质量发展的机制。具体内容包括企业制度创新、企业技术创新、企业市场创新、企业组织创新、企业管理创新。主要功能是使企业保持旺盛的创新活动，在不断创新中获得更大的利益，为社会创造更多的价值和使用价值。受制约的因素主要有利润分配机制、销售机制、价格机制和供给机制。

（3）财务机制，是指主要由奖金、成本和利润等相互联结的价值范畴所构成的财务活动体系。主要与资金的运动机制、消耗的核算机制和财务成果的分配机制相关联。

任何一个企业，它的经营机制、创新机制、财务机制三者都是相互制约的，每一机制功能作用不足或扭曲都会对其他有关机制产生消极影响。相互制约的效果与管理机制（一般包括运行机制、动力机制和约束机制）相关。

二、企业内部机制

企业参与国际合作或国际竞争，首先要使自己的规模、结构及其文化与之相适应，建立科学、高效、易行的内部机制。企业的内部机制分为两大类：一是自我发展机制，二是自我约束机制。自我发展机制主要解决发展主体、发展动力、发展目标的关系问题；自我约束机制主要解决发展方式的问题。

（一）企业自我发展机制

企业自我发展机制即企业在生存的基础上，通过自身积累实现效益最大化、最大限度地使企业得到发展的运作方式。包括（但不限于）竞争激励机制、人才开发机制、积累机制、投入机制、创新机制等。

（二）企业自我约束机制

企业自我约束机制是企业内部建立的旨在保证企业行为合理化、管理科学化的个性化制度体系。具体包括（但不限于）决策机制、控制机制、监督机制、制约机制、预警机制等。

"一带一路"建设要求企业必须自我发展、自我约束两手都要抓，两手都要硬。

三、合作机制

社会经济的复杂性越来越高，以往单干的方式越来越不适应发展的要求，需要采用合作的方式才能应对现实中出现的重大问题。为了保证合作的有效性，建立合作机制是必不可少的。合作机制就是合作的方式或手段。其中，"合作"是不同的主体之间为达到共同目的彼此相互配合的社会关系；"方式"指方法和样式。合作机制包括四个要素：① 合作主体。在合作关系中能够独立、完整地承担相关责任义务的社会成员。② 合作动机。实现战略目标、获得巨大利益的内心冲动。③ 合作理念。把合作视为进一步发展的关键或唯一途径。④ 合作方式。全面合作、稳定合作、持久合作。⑤ 合作特性。建立合作关系应体现区别于其他合作的特点。

合作机制建立后，后续的关键性任务就是努力落实。必须要将合作机制上升为合作主体的最高机制原点或合作各主体原有机制的共同前提，制约合作主体原有的一切内部机制。例如，合作企业的内部运行机制必须服从于合作机制。对于合作范围内的事项，若要回避合作机制，企业内部原有的运行机制就不允许启动。

四、区域合作机制

（一）区域合作机制

区域合作机制是合作机制在区域发展中的延伸，其重心是建立和完善经济合作机制。参与区域经济合作并建立相应的机制，对企业来说是明智的战略选择。

（二）建立和完善区域经济合作机制的需求

（1）建立和完善区域经济合作机制有利于减小区域差别、促进协调发展。随着经济体制改革的深入，经济决策权逐渐下放和转移，地方政府的作用逐渐提高，各经济主体对于空间成本的关注日益增强，地理位置或区位条件相近地区的经济关系愈加密切。至 20 世纪 90 年代，中国陆续形成了多个跨省区市、各具特色的经济合作区域（如珠三角、长三角、环渤海、成渝等），成就显著。但同时不能忽视西部地区对东中部地区产生的牵制作用。解决问题的主要思路就是开展区域经济合作机制的制度创新,通过中央政府的经济政策实现东、中、西部区域之间互利互惠、优势互补、相互制约、共同发展。

(2)建立和完善区域经济合作机制有利于破除地方保护主义,维护市场经济秩序。在区域经济合作发展的过程中,面临着地方保护主义的阻碍,以致市场要素无法在更广大的区域内流动,地方势力为各自的利益,徒然增加区域经济发展的成本,扭曲市场在资源配置中的基础性作用,其结果是保护落后、排挤先进,限制资源共享和共同发展。建立和完善区域经济合作机制给地方势力戴上制度缰绳,阻止其任意胡为,维护公平透明的经济秩序。

(3)建立和完善区域经济合作机制有利于活化市场经济要素,实施国家战略。经济全球化是任何一个国家和地区都无法抗拒的大趋势。中国顺应这个趋势的战略就是"引进来"和"走出去",增强自身经济实力,更积极地介入国际经济事务,参与全球经济竞争。区域经济合作无疑将为此提供坚实的根据地和试验田,打造健壮的、符合时代要求的经济实体。

(三)区域经济合作的主要问题

(1)区域内各社会经济主体对开展合作的态度不一。区域经济合作的总体态度分布是:越落后越积极,越发达越消极。原因在于欠合理的收益分配机制和企业缺乏市场经济的主体意识。如果不能合理协调各方利益,就无法扭转区域主体对经济合作持怠慢消极态度的局面,影响区域内社会化协作和专业化分工,不能整合区域内部合力,就会迟滞区域经济协调发展的步伐。

(2)二元经济结构矛盾突出。二元经济结构矛盾突出,扩大城乡差距,加大区域内城镇化的负担。在资本趋利性的作用下,社会资本和生产要素从落后地区流向发达地区,加剧城乡两极分化,给经济的协调持续发展和社会安定埋下了隐患。

(3)产业结构趋同趋势加强。经济区建设、城镇规划、基础设施缺乏个性，产业结构趋同，企业为了生存在相似的市场上开展激烈的竞争，资源配置水平不高，难以出新做强。

（四）实施区域经济合作机制的要点

区域经济合作需由战略走向落实，从务虚转向务实。建立区域经济合作机制与建立其他社会活动机制类似，但以下要点需要特别注意。

（1）建立合理的激励机制。合理的激励机制可调动社会经济各个主体的积极性，整合区域内分散的生产要素，挖掘区域内的发展潜力。激励机制解决的关键问题是各个主体的利益分配，政府处于主要方面。地方政府在区域经济合作中发挥着组织、调控作用。没有或缺乏地方政府的积极性，经济合作要么动力不足，要么举步维艰。为了调度地方政府的积极性，需明确地方政府新的工作理念：合则兴，分则衰；勤则奖，惰则罚。用行政制度的手段引导、促进、监督政府工作向合作诉求倾斜。同时，对参与合作的企业给予必要的工具性政策优惠，落实激励机制，产生激励效果。

（2）建立科学的约束机制。警示区域内各个成员，哪些可为，哪些不可为。通过各方的配合和约束，限制地方保护主义的空间，维护合作各方的利益。第一，健全法律体系。出台专门法规或配套规定，规范区域合作行为。第二，设立区域合作权威的管制机构。其权威性来自中央政府授权或自治组织内部，结合区域特点，建章立制，强力执行，有效监督，管控合作关系体内的风险。

（3）建立信息共享机制。区域合作信息共享不但能克服区域内信息的不对称缺点，加速市场要素的准确有效流动，而且有助于各级权力机构的政务公开透明，有利于群众理解和监督，形成宽松、便民、透明的政治生态。

（4）提供合理的利益补偿。对于区域合作中出现的非人为和体制性成本损失提供合理的补偿。其一是对资源禀赋缺失及受损的补偿；其二是对区域合作中优势方承受的额外负担加以补偿。通过合理的利益补偿机制，实现区域合作协调发展的公平关系。

(5)建立区域经济合作的协调机制(群)。区域经济合作机制是由一系列具体机制构成的有机体,需要加以协调运用。例如,重大项目建设机制、区域分工优化机制、区域基础设施一体化机制、区域互联互通的规范机制、人才培养及人员队伍建设机制,等等。

五、中国与周边国家的区域合作机制

(一)图们江区域合作

(1)区域概述。图们江区域主要是指中国的东北辽宁、吉林、黑龙江三省,内蒙古的东部地区,以及日本、韩国、朝鲜、蒙古和俄罗斯远东,其总面积接近 900 万平方千米,人口约 3 亿,国民生产总值达 3 兆亿美元。其经济底蕴极为深厚。近年来,图们江区域各国合作开发势头良好。

(2)区域合作体制要点。图们江区域的合作体制主要包括:① 由中、日、朝、韩、蒙、俄六国副部长级代表组成图们江地区开发协商委员会。确定相互合作和可持续发展的共同利益和机遇,促进东北亚和图们江地区的投资。② 由中、朝、俄等沿岸三国的副部长级代表组成图们江地区开发协调委员会,协调图们江地区的经济开发事务,尤其是贸易和投资。③ 两会共同设置 UNDP 图们江秘书处作为协调机构。④ 为了协调中央和地方在图们江开发上的关系,中国成立了中国图们江地区项目协调小组,联络中央政府、地方政府和图们江秘书处的工作。

(3)区域合作的主要方向和成效。

第一,改善图们江区域基础设施条件。陆路、水路、航空交通基础设施显著增强;区域城市基础设施明显改善;能源、水利、通讯设施成龙配套;口岸设施扩容升级。

第二,中、俄、朝合作开发进展平稳。三国对图们江区域合作都显示了积极的态度,其中,中国的积极性最为强烈,作为也最直接。

(4)区域国际贸易总量陡升。图们江区域已成为公认的世界最具潜力的经济区之一,中国对俄、日、韩、朝贸易额大幅攀升;俄、韩、日等国对区域中的中国辖地投资迅速增长;朝鲜与中国合作显示出积极的态度;蒙古积极参与图们江区域经济合作。

(二)澜沧江—湄公河次区域合作

(1)区域概述。澜沧江—湄公河次区域又称大湄公河次区域,缩写GMS,是指湄公河流域的6个国家和地区:柬埔寨、越南、老挝、缅甸、泰国和中国(云南省),总面积为256.86万平方千米,总人口约3.2亿。1992年,经亚洲开发银行倡议,澜沧江—湄公河流域内的6个国家共同发起了大湄公河次区域经济合作(GMS)机制,以加强各成员国间的经济联系,促进次区域的经济和社会发展,实现区域共同繁荣。亚行主要负责为有关会议及具体项目的实施提供技术和资金支持。GMS也是中国倡议的中国—东盟自由贸易区的实际行动。

(2)主要合作机制:亚洲开发银行推动的大湄公河计划,联合国开发计划署和日本支持的新湄公河委员会,由东盟发起的东盟—湄公河流域开发合作计划,由泰国提出的中、老、缅、泰毗邻地区的黄金四角计划。这些计划机制均利用地缘关系,在该区域内消除贸易投资障碍,加强彼此间的经济联系,实现生产要素的流动和资源的优化配置,加快各成员的经济发展。

(3)合作的主要成效。截至2007年年底,在次区域经济合作框架内,在交通、能源、电信、环境、农业、人力资源开发、旅游、贸易便利化与投资九大领域共开展180个合作项目,其中投资项目34个,总投资达98.7亿美元,技术援助项目146个,涉及资金1.66亿美元,有力地推动了次区域各国的经济社会发展。中国商务部部长陈德铭指出,GMS经济合作机制在铁路、公路、水运等交通运输走廊的建设方面取得了显著成就,为本地区的经济发展及一体化创造了有利条件。

(4)中国在促进GMS中的作为。中国为配合GMS项目,成立了"澜沧江—湄公河流域开发前期研究协调组",国家计委和国家科技部为协调组组长单位,成员单位包括云南省政府、外交部、外经贸部、中国人民银行等 19 个部门；中国与大湄公河次区域国家之间双边贸易保持着良好的发展势头，贸易结构逐步改善，双边投资额快速增长；以合作或独资等方式参与柬埔寨、泰国、越南的经贸合作区开发建设，有力地促进了当地的经济发展；签署了《大湄公河次区域便利货物及人员跨境运输协定》及其附件和议定书，积极参与泛亚铁路合作。

（三）中亚区域合作

（1）区域概述。中亚即亚洲中部地区，包括土库曼斯坦、吉尔吉斯斯坦、乌兹别克斯坦、塔吉克斯坦、哈萨克斯坦和阿富汗斯坦等六个国家。总面积约 200 万平方千米，2012 年总人口超过 6470 万。中亚地理位置和战略地位极为重要，为世界大国势力所关注。

（2）中亚区域合作机制。

其一，中亚区域经济合作（简称 CAREC）。由亚行在 1997 年倡导，2002 年正式起步，目前已建立起以部长会议、高官会议、行业协调委员会和区域工商圆桌会议为主的合作协调机制。重点是推进交通、能源、贸易便利化和贸易政策四大领域的合作，旨在推动中亚地区的经济。成员包括阿富汗、阿塞拜疆、哈萨克斯坦、吉尔吉斯斯坦、蒙古、塔吉克斯坦、乌兹别克斯坦、中国。亚洲开发银行、欧洲复兴开发银行、国际货币基金组织、伊斯兰发展银行、联合国开发计划署及世界银行等国际金融机构也参与其中。亚行在该合作机制中起着倡导者、组织者、协调者和融资者的作用。①

其二，上海合作组织（简称上合组织）。上合组织源于 1989 年，原是中、俄、哈、吉、塔五国关于加强边境地区信任和裁军谈判进程的会晤机制。作为区域合作组织的上海合作组织于 2001 年 6 月 15 日在上海正式成立。现有五类成员：成员国、观察员国、对话伙伴国、客人和未来成员。上合组织已建立国家元首、总理、总检察长、安全会议秘书、外交部长、国防部长、经贸部长、文化部长、交通部长、紧急救灾部门领导人、国家协调员等会议机制，设立了秘书处和地区

---

① 刘兴宏：《亚洲开发银行与中亚区域经济合作》[J]，《东南亚纵横》，2010（5）。

反恐怖机构两个常设机构，定期召开元首理事会会议和政府首脑理事会会议、首脑峰会和防务会议，合作内容涉及政治、安全、经济、教育、国际司法等领域，拥有和平使命和天山反恐例行军事演习机制。中国在该机制中发挥重要的作用。

（3）合作的主要成效。在 CAREC 机制下，在政治方面，中亚各成员国缓解了历史上的紧张矛盾，优化了区域政治环境，融和了国家间的关系；在经济方面，中亚各成员国在一些经济核心领域取得重大的发展，在亚行资金的保障下，中亚地区开始走上恢复发展的道路。

在上合组织机制下，各成员国密切合作，突出共识，管控分歧，在各合作领域内均实现了预期的目标。

（四）三区域合作的发展空间

图们江区域、大湄公河次区域和中亚区域的合作机制虽然已运行多年，并取得了可观的成效，但各种合作机制仍有巨大的发展空间。例如，图们江区域的多个联合开发机制仍未建立，目前还是单边各行其是；大湄公河次区域经济合作的各种机制进展有限；中亚地区经济合作的水平还落后于政治、安全及军事。这些问题要求相关各国继续为区域合作增添动力，不断完善机制体系，实现区域、合作体制与国内发展体制对接，疏通市场要素流通的渠道，加速实现区域各领域的一体化。

六、对区域合作机制的理性思考

（一）区域合作机制的体系化

不能分散孤立　政治因素第一。"一带一路"沿线国家数量多、差异大，单一的合作机制不敷需求。但各国各行业各部门都建立个性化的合作机制既不现实也无必要。制定机制肯定要单独做，但成型以后要配套。既不能"眉毛胡子一把抓",也不能"鸡犬相闻不相往来",要适应"一带一路"建设的实际需要,将众多的合作机制体系化,在更高的基点上理清合作机制的构成和分布情况,避免漏项或重复。其中,遵守国际关系基本准则、机制应摆在机制体系的高端位置。

（二）区域合作机制的"势能效应"问题

合作机制应体现势能效应。势能效应是指某种要素（如合作机制中的资金要素）具有从高势能位置（如富）向低势能位置（如贫）流动的特性并引起相应的反应（如嫉）。合作机制体现这种效应的目的,是明确合作体制机制中的动力源和动力流,以及动力的覆盖辐射领域,合理布置动力点,开辟动力传播途径,发现和消除可能存在的阻塞点（即人为壁垒）,保证机制运转的畅通。

（三）区域合作机制在国家机器中的伸展

"一带一路"倡议与沿线国家的政府部门或机关存在密切联系。合作机制无疑要与该国的国家机器见面。其中,该国政府的价值判断起关键性的作用:拒绝合作机制就意味着放弃合作;接受合作机制就意味着要开放国家机器。既然沿线国家决定要参与"一带一路"建设,就要接受合作机制在本国国家机器中的伸展,主动将本国国家级机制与合作机制衔接（至少是不悖）,实现合作机制的落地生根。

第二节 区域合作平台

一、基本概念

（一）平台的定义

"平台"具有多种含义。在科技领域和社会领域中运用得较多的含义是指各个行业的一种标准和基准,或者是特定类别(或个体)的工作所需的环境或条件。如用于衍生或服务其他事物的基础性环境。

(二)平台的载体

平台载体是指支撑平台实现功能的有形物质环境,如计算机软硬件操作环境、科技创新试验机构、定期交流机制等。最直接的平台是成型配套、综合功能明确的固定资产。在某些情况下,基础性的机制也可视为平台。

(三)平台的特点

(1)基础性。平台的功能产出是衍生事物的前提或条件,衍生事物依托平台完成生命周期的最初阶段。

(2)目标性。平台具体明确的功能目标或发展目标,相对于衍生物而言,平台的目标一般更有前瞻性和概括性。

(3)有形性(可见性)。平台作为一种"母体"性的设施,必须是现实存在的,可产生实际功能的。

(4)稳定性。平台作为一种固定资产,往往是多年连续投入形成的,方向和功能都要稳定、可靠、权威。

(5)综合性。平台的综合性主要体现在特定方向上的广泛适应性。

(6)开放性。平台具有多功能、多制式的界面接口,与其他平台(或设备、装备)衔接,形成更大的平台。

二、区域合作平台

(一)定 义

区域性经济合作是指在某一区域内两个(或两个以上)国家,为维护共同的经济和政治利益,实现专业化分工和进行产品交换而采取共同的经济政策,实行某种形式的经济联合或组成区域性经济团体。

区域性经济合作是世界经济生活越来越国际化的产物和表现,是生产社会化和经济生活国际化发展的历史趋势,有其深刻的现实基础和客观必然性。

（二）形　式

区域经济合作按关税壁垒和商品以及服务的自由化程度,及在产业、财政、金融、政治等各方面的联系程度,可分为7种典型的形式。

(1) 部门合作（或一体化）。部门合作是指区域内各成员国的某种或几种产业实行合作（或一体化）,取消内部壁垒,建立超部门甚至超国家的协调机构,制定新的宏观经济机制,实行统一的经济发展政策,按新的分工和标准组织本国的经济活动,如欧洲煤钢联营经济一体化组织、欧洲原子能共同体等。

(2) 优惠贸易安排。主要签署经济协定,减少合作国家之间的进口关税,对全部商品或部分商品规定特别的优惠关税标准。其是最低级最松散的一种经济合作形式,如东盟和非洲优惠贸易区。

(3) 自由贸易区。合作国家经签署自由贸易协定组成的贸易区。在这个区域中,签约国之间取消内部壁垒,商品自由移动。自由贸易区没有共同的关税和贸易政策规定,没有超国家的服务和约束机构,如欧洲自由贸易联盟和拉丁美洲自由贸易协会等。

(5) 关税同盟。指由两个（或以上）的国家签署协定,相互间免征关税,取消其他贸易壁垒,并对协定外国家实行统一的关税率而结成的贸易同盟。其目的是使签约国的商品在统一关税内的市场上处于有利的地位,排除非签约国商品的竞争,具有超国家的性质。关税同盟在合作（或一体化）程度上高于自由贸易区,如欧洲经济共同体实行的经济一体化,核心就是关税同盟。

(5) 共同市场。指由两个（或以上）的国家签署协定,签约国完全取消关税和数量配额,允许生产要素自由流动,同时对非签约国实行统一的关税率,如欧洲经济共同体在1986年已实现的农业共同市场。

(6) 经济同盟。签约国的经济合作关系延伸到某些共同的经济政策和社会政策，逐步废除各签约国在政策方面的差异，使合作（或一体化）的程度从商品交换扩展到生产、分配乃至整个国民经济领域，形成一个更为庞大的经济集团。

（7）（完全的）经济一体化。经济合作和一体化的最高阶段是经济一体化。在这个阶段中，区域内各成员国的经济政策完全一致，成员国内部完全消除对生产要素、市场要素流动的人造壁垒，形成更为紧密、统一对外的政治经济联盟，并建立统一的金融机构，发行统一的货币。经济一体化组织实际上成为新的联邦国家主体，经济一体化下的成员实际上成为联邦国家的一员。例如，欧洲经济共同体（1993年更名为欧洲联盟）已经把这个趋势变成了实体。

（三）特　点

当前，区域经济合作有5个显著的特点。

（1）加速升级。在经济全球化趋势下，区域经济合作组织层出不穷，且出现速度加快。参与经济合作的各国不但抵御风险能力增强，而且达成多边共识的途径增加。合作的等级普遍超越中低级阶段，向关税同盟、共同市场以及更高阶段发展。

（2）跨越区域。跨区域合作指不同区域之间的合作。当区域内部及周边可用资源逐渐减少，在信息网络的支持下，合作的目光就会转向其他区域。20世纪90年代以来的区域贸易有1/3发生在不同的区域之间，如欧盟—墨西哥、欧盟—南非、欧盟—拉美、美国—约旦等。在WTO的146个成员中，已有65个加入或即将加入跨区域经济合作组织。

（3）多边合作。进入21世纪，区域经济合作组织出现扩张态势，多边合作扮演主要角色，影响力与日俱增。例如，欧盟东扩、美国推动的美洲自由贸易区、东盟由5国扩大到10国、中国与东盟的"10+1"、欧盟—南方共同市场、中美洲共同市场等。

（4）亚洲热点。受经济发展程度、开放程度和文化认同等多方面因素的影响，亚洲的区域经济合作起步较晚，潜力巨大。随着对亚洲国家经济合作重要性认识的加深,亚洲正迅速成为区域经济合作的新热点,洲域内外的经济合作正密集展开。

(5)区域内贸易和投资出现"内敛"。随着区域经济合作的进展,区域性的国际市场出现,域内贸易和投资高于域外,形成排他性的"内敛"趋势。未加入区域经济合作组织的国家和地区在国际贸易和国际直接投资的竞争中有可能陷入被边缘化的被动境地。

三、区域合作平台实例

(一)环渤海经济区

环渤海地区位于中国沿太平洋西岸的北部,是由环绕渤海全部海岸及黄海的部分沿岸地区所组成的广大经济区域。有两种划界观点。一种是指包括北京、天津两大直辖市及辽宁、河北、山西、山东和内蒙古中部地区,共五省(区)二市。总面积为112万平方千米,总人口约为2.6亿。另一种是指下辖京津冀、辽东半岛、山东半岛等地区,包括北京、天津、河北、山东、辽宁的三省两市。面积为51.8万平方千米,人口为2.3亿。两种观点都认为环渤海经济区是由京津冀圈、山东半岛圈和辽宁半岛圈三个次级的经济区组成的复合经济区。

(二)环渤海经济区的确立

1992年党的十四大将环渤海地区列为全国开放开发的重点区域之一,国家有关部门正式确立了"环渤海经济区"的概念,并进行了区域规划。区域间经济合作、横向联合、优势互补,显示了强劲的发展活力。

(三)环渤海经济区的优势

(1)地理区位。环渤海经济区扼守京畿,东沟日韩、北联蒙俄,地缘优势明显。

（2）自然资源。海洋资源、矿产资源、油气资源、煤炭资源和旅游资源丰富，是中国重要的农业基地，粮食产量占全国的 23% 以上。

（3）内外交通。陆海空一体的立体交通网络成为该区域经济进入国际市场的重要途径。

（4）工业和科技。本地区是中国最大的工业密集区、重工业和化学工业基地，具有工业资源和市场的比较优势；是中国科技力量最强大的地区，对国际资本有强大的吸引力。

（5）骨干城市群。以京津为中心，众多大中型城市集群式分布，产生强大的经济要素集聚、辐射、服务和牵引作用。

（四）环渤海经济区的短板

有研究报告指出，该区域的主要短板包括：① 经济总量相比长三角和珠三角偏低；② 在体制上，域内行政干预的力量比较强，市场配置资源的能力较弱，制约体制创新的发展；③ 在企业结构上，大型企业比重偏高，中小企业相对较少，缺乏活力。

（五）环渤海经济区的主要平台

（1）联席会，即按照自愿、平等、互利的原则建立的市长（专员）联席会。

（2）环渤海地区外向型企业集团（或联合体）。

（3）环渤海人寿保险公司、环渤海企业合作促进会以及境外经贸洽谈与招商活动。

（4）环渤海科技博览会、环渤海建材交易会。

（5）环渤海地区医院管理联席会、环渤海地区旅游联合体以及环渤海区域环保合作、口岸合作、人才协作等 3 个合作组织。

（六）中国－东盟博览会旅游展

首届东博会旅游展于 2015 年 5 月 29~31 日在广西桂林成功举办，

共有 50 个境外国家和地区、29 个中国省区市组团参展参会，参展企业 600 家。东博会旅游展旨在打造中国与东盟旅游合作具有影响力的展会、面向世界的区域性旅游合作平台。展览规模 23 000 平方米，内容包括旅游形象、旅游商品、旅游消费、旅游科技四大类。

展览期间，旅游展开展期间举办丰富多彩的主题活动和经贸活动，着力提高经贸成效，促进中国与东盟及其他参展国家交流合作。

（七）世界经济论坛

世界经济论坛是以研究和探讨世界经济领域存在的问题、促进国际经济合作与交流为宗旨的非官方国际性机构，于 1971 年成立，总部设在瑞士日内瓦。论坛会员遵守"致力于改善全球状况"的宗旨，并影响全球未来经济发展的 1000 多家顶级公司。因首次举办地在瑞士小镇达沃斯，故用"达沃斯论坛"代称世界经济论坛。

世界经济论坛分别在非洲、东亚、拉美和中东等地举行。每年选择不同的主办国家。中国与印度已成为亚洲论坛的长期主办国家。论坛峰会邀请相关国家的领导人出席。

2013 年 6 月 7 日，第 22 届世界经济论坛东亚峰会在缅甸首都内比都举行，来自 55 个国家和地区的 900 多名政府首脑、商界代表和专家学者就缅甸和东盟的发展进行了广泛而深入的讨论，中印缅孟经济走廊因具有"更大投资平台，更多贸易渠道"和"促进四国发展，溢出效应可期"的价值而成为本次峰会关注的焦点。

四、区域合作的新型平台

（一）"一带一路"是新型区域合作平台

在 2015 年 10 月 15 日的国务院新闻办公室举行的"吹风会"上，国家发展改革委对外经济研究所研究员张建平解析了"一带一路"倡议开放包容的深层内涵，并介绍了目前"一带一路"平台共同发展的情况。

张建平通过合作理念、合作空间、合作领域、合作方式四个特征充分说明"一带一路"是一个新型国际区域合作平台。他说，区域经济合作并不意味着最终一定要走向区域经济一体化，在"一带一路"的合作平台上，可以通过一个项目或一个领域来推进合作。他还介绍说，"一带一路"沿线的17个国家已经与中国开始了大规模的产能合作，近10个国家已开始从战略规划的层面积极谋划，亚投行和丝路基金也为"一带一路"建设提供了支持。

（二）新型区域合作平台的特点

（1）揭示了经济合作的新结局。区域经济合作的最高阶段并不唯一，可以是国际法主体意义的联盟，即硬联盟，也可以是基于信息技术的联系实体，即软联盟。软联盟的好处在于不触及合作国的国家组成要件等政治问题，减小国际间的过度警觉和排斥心理。

（2）揭示了区域经济合作的变化、变通属性，更加体现合作过程的本质。

（3）揭示了大数据在区域经济合作中的运用价值。"一带一路"将推进中国与沿线国家在大数据技术、应用与服务的全方位合作。

（4）揭示了合作关系的开放性和包容性。合作不分深浅，不计早晚，只要有合作的愿望，"一带一路"都予以欢迎和接纳。

（5）揭示了区域经济合作与互联网时代精神内核的一致性，即消除信息壁垒，实现信息的开放共享。

"一带一路"不是要催生新的国家或国家集团，不是要建立新的"经济帝国"，不是要谋求经济强权，而是通过信息技术应用的多样化，提高合作国的文化交流与贸易往来的便利化程度，引导各类经济主体深度应用物联网、云计算、移动互联网、大数据技术，培育各门类的信息化基础平台、行业应用平台，逐步形成"一带一路"信息化体系（如"一带一路"动态数据库、"一带一路"国家发展网、大数据共建共享工程）。带动三网融合、智慧城市、"互联网+"的先进经验和案例与沿线国家需求的结合，形成新的可持续范式，将沿线国家的信息化水平推向与信息时代相适应的高度。因此,"一带一路"能更加深刻地引起沿线国家的共鸣,更加广泛地赢得世界各国的信任,更加有效地扩大国际共识和民意基础。

五、对新型平台的理性思考

(一)信息基础的互联互通需软件先行

信息基础包括设备硬件和资料软件,其中软件的作用尤为突出。软件本身尽管带有无形的特点,但在运行过程中将物化到硬件之中而显形于众。信息技术水平越高,软件的作用越大。硬件发展可用"制造"概括;软件发展则要用"开发"来形容,表明它是一种创新、创造过程。所以,构建"一带一路"新型平台,软件需先行,制定新的规范、标准和版本转换接口;同时,沿线国家需开放各自的信息通路,取消信息壁垒,使新型平台能够兼容沿线国家现有的信息资源,提高建设速度,尽快发挥作用,产生效益。

(二)探索新型平台的共建模式

第一,"一带一路"平台的开放性,为沿线国家参与共建提供了前提条件;第二,新型平台是规模浩大的旷世工程,仅靠一国(如中国)的资源和实力是无法完成的;第三,沿线国家的具体实际情况千差万别,其信息的解析方式极具个性化特征,只有相关国家深入参与才会产生实效;第四,共建模式是多样化的,应依据实事求是的原则妥善选择或创新;第五,沿线国家是新型平台的最终用户,参与共建可为平台的运行提供技术和人才保障。

(三)新型平台应定位为基础设施

新型平台无论是从性质作用来看还是从配置方式来看,都属于基础设施,是沿线国家重点投资建设的固定资产。其建设资金可向亚投行等国际金融机构进行融资。中国作为"一带一路"的倡议国，对新型平台建设负有战略性指导义务。

（四）为新型平台设立可靠的围屏

新型平台载有沿线国家的高级敏感海量的大数据，其安全机制必须在建设之初就加以深思熟虑、妥善规划设计，并在建设过程中加以完善、强化。另外，新型平台作为沿线国家的合法设施，可使用国家武装力量加以保卫，相关国家应制定相应的警卫、惩戒条例，为调配军警提供法律依据。

（五）新型平台与传统平台的共处

新型平台与传统平台是共处互通的关系，而不是取代、替代关系，二者不可偏废。传统平台扩大合作平台的"外延"，新型平台支撑合作平台的"内涵"。新型平台与传统平台的共处，需要进行合作平台机制的创新。

（六）新型平台的建设远景需有底线

"一带一路"的宗旨是发展和包容，通过互联互通，促进沿线国家的共同发展。即使展望区域合作的最高或最后形态，也只是实现高度的信息共享，不宜轻言各国经济政策完全一致的一体化。由区域经济合作到经济一体化最后形成新的国家实体的逻辑还未被完全地、最后地证实。现存的一体化实例欧盟还有待观察，而更早出现的一体化邦联国家苏联则已成历史。新型平台的根本属性或底线是经济合作，不能脱离这条底线而导致平台出现政治化、扩张化。

第十章　中国投身"一带一路"

"一带一路"为中国首倡。中国为构建和实施"一带一路"上的"利益共同体"和"命运共同体"做了充分的思想观念、体制机制和物质准备，能够为"一带一路"提供强劲的动力，表明了中国造福人类的历史担当。

第一节　一个机遇：对世人智慧的共同考验

一、机遇概说

（一）机遇的定义

机遇是指能给人以动力的时间性有利时机、境遇。其中有三个要点：一是机遇可以提供动力；二是机遇有时间性，稍纵即逝；三是机遇是有利情况。从机遇的动力机制可以看出，机遇是一种外部作用，需要与机遇认知主体的内部作用相结合才能实现机遇的有利价值。机遇是成功的关键。

（二）机遇的特点

（1）客观性。机遇是人类认知主体以外的客观存在，可以发现、把握甚至创造。

（2）普遍性。人类的社会实践中普遍存在机遇。

（3）偶然性。机遇的外在效应往往间接性居多，其判识结果依主体认识过程的不同而不同。

（4）时空性。机遇仅存在于特定的环境中，环境因素变化会影响机遇的品质。

（5）易逝性，即机遇与时间因素的高关联性，一般而言，随着时间的推移，机遇容易流失或丧失。

（三）面对机遇的态度

机遇通常是获得成功的制胜关键。面对机遇应采取积极的态度：① 机遇是可遇而不可求的；② 勇于实践、善于实践，不唯机遇论；③ 善于抓住机遇。对于人类实践活动来说，外部机遇具有关键性的作用。

二、"一带一路"对中国经济的重要意义

"一带一路"对中国经济建设具有多方面的意义。

（一）促进中国对外开放和区域结构调整

1980年以来创建的经济特区因倚重"沿海""交通便利"的条件，在全国范围内在一定程度上留下了区域结构失衡的隐患。"一带一路"对国内各大经济区域赋予新的战略使命和角色，推动区域结构的调整，更有效地整合资源，挖掘潜力，为中国的国际贸易打造稳固的战略基地。

（二）促进中国的要素流动转型和国际产业转移

生产要素是指土地、劳动、资本和企业家才能，具体包括物流、人流、现代信息流、商品流、商人流、人力资源流、资金流和技术流等。生产要素流动是经济发展升级的内在要求。中国目前已经具备要素输出的能力，2014年末已经成为资本净输出国。"一带一路"通过"五通"催生中国新的区域经济格局，输出过剩产能。

（三）促进中国国际经济合作地位和结构的转变

在国际经济合作过程中，中国经历了从净输入国到净输出国的转变，对国际经济合作中不平等的弱势地位有着切肤的感受。今天，中国正筹谋剩产能的输出，公平合理的国际经济合作环境是重要前提。"一带一路"搭建了沿线国家基础设施建设的宽广平台，中国通过帮助这些国家发展基础产业，带动"中国名片"走向世界，壮大建立公平合理国际经济合作新秩序的呼声，有利于中国产业调整和转型升级。

（四）促进中国建设自由贸易区的建设

中国自由贸易区是中国政府全力打造中国经济升级版的最重要举动。中国自贸区始于2013年的中国（上海）自由贸易实验区，随后推广至全国，如中国（广东）自由贸易试验区、中国（天津）自由贸易试验区、中国（福建）自由贸易试验区。2015年，中国自贸区成为世界自由贸易区联合会荣誉会员。值得注意的是，中国自贸区所涉及的国家和地区，与"一带一路"沿线国家有广泛的一致性，换句话说，建设自贸区与"一带一路"可以互促同进，相得益彰。

三、"一带一路"带给中国经济的机遇

"一带一路"对于处于深化经济体制改革攻坚阶段的中国经济来说是一个重要的机遇。

（一）宏观性机遇

（1）产业创新，包括产业转型升级、产业转移和输出。

（2）金融创新，包括目前中国已发起设立的亚投行和丝路基金以及沿线国家和地区跟进设立的金融机构和基金。

（3）区域创新。在国际性区域经济范式的引领下，中国各经济区域将出现各自的革新、创新和创造，提升这些区域的整体水平。

（二）系统性机遇

"一带一路"的"五通"将深刻改变中国区域经济发展的理念和思维模式。尤其是交通基础设施的联通，在近期将产生最为直观的建设效果，中国陆路边境的经贸往来将为之一变；在中远期，中国区域间的壁垒将进一步消除，形成覆盖面更为宽广的产业体系和流通体系。在完善国际经济合作对接能力的同时，突破瓶颈，摆脱制约，提升国内本地区、本区域的经济水平，实现更为远大的国家和民族发展目标。

第二节　两个共同体："一带一路"的崇高目标

一、基本概念

（一）共同体的定义

共同体就是人们在共同的条件下结成的集体。德国著名社会学家、哲学家费迪南·滕尼斯（1855—1936）在其成名作、经典的社会性文献《共同体与社会》一书中提出的纯粹社会学的"共同体"的概念："通过某种积极的关系而形成的群体，统一地对内对外发挥作用的一种结合关系，现实的和有机的生命组合。由个体意志决定的、相互发生关系的群体，这是共同体的基本条件；对内对外发挥作用是共同体的功能，现实的和有机的生命是共同体的本质。"其多指若干个国家在某些方面结成的集体组织。共同体的本质是共同的利益，如经济利益、政治利益、安全利益、文化利益……

（二）共同体的分类

根据共同体的性质，可以分为经济共同体（如欧盟）、政治共同体（如国家）、安全共同体（如集体安全组织）……德国的滕尼斯把共同体划分为血缘共同体、地缘共同体、精神共同体，并指出了血缘共同体→地缘共同体→精神共同体的逻辑关系。

（三）共同体的产生

共同体产生的根本原因是"解决问题"，直接原因是"合作与交流"。

（四）共同体的隐患

（1）共同体的领导者。领导者应把握共同体的正确方向，但若没有民主机制的制约，领导者会有可能把共同体引入歧途。

（2）共同体的凝聚力。凝聚力随时影响着共同体的行动能力。当共同体中追求非共同利益的成员积累到多数或大多数，成为必须要解决的主要矛盾时，则意味着共同体的凝聚力在急剧下降，随时有崩溃的危险。

（3）共同体的"伴性特长"。过强的伴性特长会引起共同体的"同质化"问题，削弱共同体的个性和特色，制约共同体的综合实力发展。

（五）利益共同体

利益共同体是指双方或多方在理性评估的基础上以不同方式结成的类似利益联盟式的互利共存的行动体。利益关联中的任何一方在谋求己方利益的同时必须要在一定程度上兼顾其他方的利益，维护各方之间的利益关系。

（六）命运共同体

又称人类命运共同体，是指在追求本国利益时兼顾他国的合理关切，在谋求本国的发展中促进各国共同发展的全球价值观。人类只有一个地球，各国共处一个世界，在处理生存与发展大计时要倡导"人类命运共同体"意识。

2011年9月6日，国务院新闻办公室发表《中国的和平发展》白皮书，提出要以"命运共同体"的新视角，寻求人类共同利益和共同价值的新内涵；2012年12月5日，习近平在就任中共中央总书记后首次会见外国人士时强调，中国的事业是向世界开放学习的事业，中国的发展不是自私自利、损人利己、我赢你输的发展，对他国、对世界绝不是挑战和威胁。表达了中国强烈的人类命运共同体的意识。

（七）命运共同体的内容

命运共同体由国际权力观、共同利益观、可持续发展观、全球治理观组成，各项内容之间是相互依存的关系。

（1）国际权力观。国际权力即对国际事务的处理权力。某些国家常把国际权力曲解为剥夺他国权力、增加己国权力，是压制、控制别国的霸权工具。不同国家和国家集团之间为争夺国际权力而发生战争和冲突（如两次世界大战，海量的局部战争）。

世界分为新兴国与守成国，另一种分法是挑战国与霸权国。美国哈佛大学的研究表明，在历史上16次挑战国与霸权国的交锋中，12次发生了战争，只有4次是和平实现了权力转移。

21世纪的世界各国相互依存，形成了现存的国际秩序。调整国家间的权力分配不一定必须采用战争、暴力的手段。为应对人类社会共同的危机（如金融危机、突发疾病、自然灾害……），世界各国应通过国际体系和机制来处理发生的矛盾和分歧，维护人类社会的共同利益。

（2）共同利益观。欧洲君主制时期，国家利益即君主个人或家族的利益。进入20世纪，国际社会的利益关系曾被描述为一种排他的零和关系，成为引发战争的根源。

在经济全球化的条件下，各国利益高度交织、紧密相连，很难把一国的利益从全球利益中剥离出来而独善其身。他国的利益同时也是己国的利益，一个国家施利于全球，也就同时服务了自身。

中国政府自改革开放以来越来越重视人类的共同利益，坚持把中国人民利益同各国人民共同利益结合起来，以更加积极的姿态参与国际事务，发挥负责任大国的作用，共同应对全球性挑战（十八大报告）。

（3）可持续发展观。工业革命以后，人类极大地提高了开发和利用自然资源的能力，但恶性环境污染事件也给人类带来了巨大的灾难。

1972年，罗马俱乐部的《增长的极限》报告指出："若世界按照现在的人口和经济增长以及资源消耗、环境污染趋势继续发展下去，那么我们这个星球迟早将达到极限进而崩溃。"同年，联合国首次提出"可持续发展"的概念。1983年，联合国正式将这个概念定义为"既能满足当代人需要，又不对后代人满足其需要的能力构成危害的发展"，这一内容逐渐成为国际社会的共识。

中国在国际可持续发展理念形成、制度建设、发展援助等方面都发挥了建设性的作用。不仅已将可持续发展从理念变成了中国政府的行动纲领和具体计划，而且已经取得了巨大的成就。

（4）全球治理观。根据《我们天涯成比邻》报告，全球治理理论的核心观点是，由于全球化导致国际行为主体多元化，全球性问题的解决成为一个由政府、政府间组织、非政府组织、跨国公司等共同参与和互动的过程。这一过程的重要途径是强化国际规范和国际机制，以形成一个具有机制约束力和道德规范力的、能够解决全球问题的"全球机制"。

中国参与全球治理，推动全球治理朝更加公平合理、"包容发展、权责共担"的方向发展，利用全球治理形成的倒逼机制促进中国国内改革，获得更多的和平发展机遇，对世界的发展产生有力的"正能量"。中国要积极参加多边事务，支持联合国、二十国集团、上海合作组织、"金砖国家"等发挥作用，推动国际秩序和国际体系朝着公正合理的方向发展（十八大报告）。

（八）中国的命运共同体观

在两年多的时间里，国家主席习近平60多次谈到命运共同体的话题，从国与国的双边命运共同体，到区域内各国的命运共同体，到人类命运共同体，层层递进深化，展现出中国面向未来的长远眼光、宽阔胸襟和历史担当。

（1）中国推动建设人类命运共同体的思想源自中华文明始终不变

的"天下"情怀。和谐理念是中华文化的重要基因，绵延不绝。21世纪，中国关于命运共同体的传统理念得到进一步发扬光大。中国人民致力于实现中华民族伟大复兴的中国梦，不仅是中国人民的福祉，也是各国人民共同的福祉。

（2）中国推动建设人类命运共同体，是中国准确把握世界大势而奉献的"中国方案"。人类只有一个地球，各国共处一个世界。不同国家和地区一荣俱荣、一损俱损。国际间的冷战思维、零和思维都已过时且必须摒弃。义利偏颇则义利俱失，只有义利兼顾才能义利兼得，才能义利共赢。

（3）中国推动建设人类命运共同体，是新时期中国举国投入的伟大建设事业，是中国特色大国外交的有效举措。中国不仅自己坚持走和平发展道路，而且携手各国搭乘中国发展的"快车""顺风车"，共享发展机遇，为构建人类命运共同体注入中国智慧，贡献中国的远见卓识。

二、"一带一路"与两个共同体

（一）"和平论"的典范

建设"一带一路"，是在以习近平同志为总书记的党中央领导下，中国主动应对全球形势深刻变化、统筹国内国际两个大局作出的重大战略决策。中国倡议的"一带一路"，不限国别范围，不搞国际关系实体，不搞自我封闭机制，凡有合作意愿的国家和经济体均可参与，都可成为"一带一路"的支持者、建设者和受益者。不限国别、不搞实体、不搞封闭、不分意识形态、不分经济水平等诸多前瞻性理念，为"一带一路"做了精准的注脚，并告诉世人，用新老殖民主义的有色眼镜看待新兴的中国，用强权政治的冷战思维揣摩和平的中国，都是不符合实际的。中国的振兴与西方宣传的"威胁论""侵略论"没有交集。

（二）谋发展的方案

两个共同体并不是美轮美奂、虚无缥缈的梵音，而是现实可行、一呼百应的战略大手笔。"一带一路"体现了时代和发展的精神，"两体""五通"为实现和谐亚洲提供了切实可行的新思路。"世界"、"经济"两个关键词可有助于理解"一带一路"深刻的时代内涵：相关各国要打造互利共赢的利益共同体和共同发展繁荣的命运共同体。

"一带一路"来自历史，引导现实，承载未来，可谓古今连贯，点面相通。对中国，是实现伟大复兴中国梦的战略构想；对世界，是契合沿线国家的共同需求，实现沿线国家优势互补、开放发展的新机遇之窗。"一带一路"和平、交流、理解、包容、合作、共赢的丝路精神与各国维护和平、发展经济、保持安定的愿望存在交集。

"一带一路"沿线有众多的新兴经济体和发展中国家，总人口约44亿，占全球的63%；经济总量约21万亿美元，占全球的29%。它们普遍处于经济发展的上升阶段，开展互利合作的前景广阔。"一带一路"的西端，联结的是富裕先进的经济发达国家聚集区，它们具有强大的经济势差和实力，可为新兴经济体和发展中国家提供经验参考和技术支持。挖掘与沿线国家合作的潜力，必将促进中国中西部地区和沿边地区的对外开放和东部沿海地区开放型经济的转型升级，形成海陆兼具、东西共济、面向全球的开放新格局。通过经贸合作的基石，中国与沿线各国在交通基础设施、贸易与投资、能源合作、区域一体化、人民币国际化等重要领域，将创造一个共创共享的新时代。①

（三）国外普遍响应"一带一路"倡议

据东方网2015年9月20日报道，中国的"一带一路"倡议已经得到东南亚11国、南亚8国、中亚5国、中东欧16国、西亚北非16国、独联体5国以及俄罗斯等50多个国家的积极响应。

（1）东南亚。有媒体指出，随着中南半岛"一带一路"所需的交通基础设施建设取得明显进展，中国可以重新勾画全球的航运地图和能源供应线。

（2）南亚。中国与南亚国家合作已遍及贸易、投资、基础设施、

---

① 王敬文：《"一路一带"打开筑梦空间》[J]，《中国外资》，2014（19）。

服务等各个领域。到 2015 年底,中国在南亚国家直接投资存量累计 122.9 亿美元,已经成为南亚国家主要的外资来源国。

(3) 中亚。"一带一路"广受各国的重视,对"一带一路"的共赢效应充满了"无限期待"。以吉尔吉斯斯坦为例,短短几年内,吉中一系列"一带一路"的互联互通重点工程陆续竣工,这些基础设施项目不仅推动吉国民经济发展和人民生活水平的提高,也为吉与欧亚地区其他国家沟通与联系提供了条件。哈萨克斯坦、塔吉克斯坦等其他中亚国家也有类似的情况。

(4) 东亚。作为曾经的"亚洲四小龙",韩国政府对中国的"一带一路"建设始终秉持积极参与态度。韩国各界普遍认为,"一带一路"将为韩国经济带来新的发展机遇。韩国政府、企业纷纷动作,欲搭"一带一路"发展快车,使韩国尽快摆脱经济持续低增长的困境。韩国有关专家认为,"一带一路"建设涉及 60 余个国家,覆盖人口数达到 44 亿人,经济效益将高达 21 万亿美元。一旦筹划中的大规模基础设施投资和计划得以实现,对中国和"一带一路"沿线及邻近国家的经济都将起到巨大的拉动作用。

(5) 欧洲。"一带一路"受到欧洲自下而上、积极有力的响应。如比利时的欧中 (China EU,旨在提升中国和欧盟在互联网与电信部门之间的相互交流)"一带一路"文化旅游委员会,法国诺欧商学院的专题论坛,欧洲首个致力调查研究"一带一路"的智囊团等非政府组织在迅速发展;20 多个欧洲政府响应中国的提议,甚至欧盟也正与中国携手设立联合基金,帮助协调"一带一路"建设及欧洲投资计划;"一带一路"倡议甚至还将同波兰国家发展战略对接。

(6) 中东。沙特、埃及、伊朗成为"一带一路"的新成员。

(7) 非洲。有专家呼吁"一带一路"扩充为"一带一路一洲"(一洲即非洲)。实际上,肯尼亚目前是"一带一路"在非洲的唯一支撑点,成为"一带一路"建设中获得中国资金最多的非洲国家。在实施助力非洲经济发展的基础设施建设方面,中国也是当仁不让。2015 年 1 月 27 日,中国与非盟签署了一项合作谅解备忘录,旨在帮助非洲实施规模宏大的基础设施工程。中国承诺帮助非洲国家建设现代化的高速公路、机场和高铁,升级交通体系,以帮助非盟所有54个非洲国家实现互联互通。

(8)南美洲。秘鲁期望将中国"一带一路"构想扩展到拉美海岸,认为由秘鲁、墨西哥、哥伦比亚和智利组成的太平洋联盟是拉丁美洲与中国"一带一路"构想互动的最有效的联合组织。2015年智利与中国签署了合作谅解备忘录,双方确定将开始研究建设跨太平洋连接中国与智利的光缆项目的可行性。

第三节 三个圈层:"一带一路"的直观逻辑

一、中国经济特区在"一带一路"中的借鉴价值

(一)中国经济特区

经济特区是中国特定情况下的产物,属于经济性特区,即在中国境内划出的利于经济活动、施行特殊经济政策的区域。中国经济特区的首倡者是邓小平。国家已先后设立了深圳、珠海、汕头、厦门和海南5个经济特区,确定了上海、天津、北海、湛江、广州、福州、宁波、南通、连云港、青岛、威海、烟台、大连、秦皇岛等14个城市为沿海开放城市,开辟了长江三角洲、珠江三角洲、闽南三角地区、辽东半岛、山东半岛、环渤海地区等沿海经济开放区。从20世纪90年代中期开始,经济特区所享有的特殊优惠政策逐渐消失,但经济特区却在依法逐渐扩容。2010年下半年,深圳、厦门、珠海三个经济特区已先后将其范围扩大到全市,2014年汕头经济特区也加入扩容行列。

特区的5大特点:① 在交通便利处(如港口附近)选址;② 在对外经济活动中推行开放政策(如减免关税);③ 为外商创造方便安全的投资环境(如优惠条例和保障制度);④ 产品主要外销;⑤ 特区行政

管理机构有权制定个性化的管理条规;⑥区内企业享有相当的自主权。

特区的5大经济特征:①建设资金以外资为主;②经济结构以"三资"(外资、侨资、港澳资)企业为主;③产品以外销为主;④经济运行机制以国家计划指导下的市场调节为主;⑤以发展工业为主。

特区的5大经济成分:①社会主义国有经济;②社会主义集体经济;③外商独资经济;④中外合资与合作经济;⑤个体经济。

特区利用外资的主要方式是"三资"企业和"三来一补"(即来料加工、来样加工、来件装配和补偿贸易)企业。

特区的5大作用:①扩大本国的对外贸易;②引进更多的国外资金、技术和管理经验;③增加就业机会,扩大本地社会就业;④加快特定地区经济发展与经济开发的速度,形成新的产业结构和社会经济结构,对全国(地区)经济发展形成吸纳和辐射作用;⑤获得更多的土地出售、出让和出租收益。

特区的经营方式:①合资经营;②合作企业;③独资经营。

中国经济特区与外国自由贸易区、出口加工区有本质的不同。经济特区是中国的领土,在中国政府的管理之下;特区法律是中国法律的组成部分,特区须尊重中国主权,遵守中国的法律、法规和有关规定;特区经济是中国社会主义经济的一种补充形式。

(二)前瞻"一带一路"下的中国新经济特区

中国经过30多年的改革开放,取得了举世瞩目的成就,积累了宝贵的经验,为创建中国全新的经济格局打下了基础。

(1)经验积淀。中国经济的改革开放经历了一个渐进性的铺开过程:第一个过程是创建经济特区,探索途径,突破理论禁区,树立实事求是的理念和作风;第二个过程是连点成线,对外开放沿海14个城市,形成开放驱动的经济增长格局;第三个过程是顺势铺开,在长江沿线形成开放带,促成全国范围内的开放局面。三梯度开放的基本步骤是先开放合作,后扩大出口,深化改革激发活力,积极推动国际贸易,融入世界经济,拓展外向型经济的发展空间。改革的结果是,在三梯度开放维度上，工业化、城镇化发展迅速，出口内需两旺，造就了中国经济持续30多年的高速增长形势。

（2）新的课题。目前，中国的经济增长遇到了障碍：① 金融危机后，国际市场转冷，中国以出口为主的外向型经济遇到了结构性的困难。② 30多年的高速发展，中国国内积存了庞大的过剩产能，昔日的引擎变成了今日的负担。③ 欧美国家广设置色壁垒，挤压中国的经济发展空间。中国的对内改革和对外开放都到了新突破的临界点：向前一步可能会获得更为宽阔的发展空间；后退一步可能会引发多米诺骨牌式的倒退。同时，诡异多变的国内外经济形势以及市场条件不允许中国停在临界点须臾观望。

（3）破局构想。中国的"一带一路"倡议，不仅是破解中国经济可持续发展瓶颈的睿智之举，也是梳理国际经济新格局的建筑之举。2015年3月28日，中国国家发展改革委、外交部、商务部联合发布了《推动共建丝绸之路经济带和21世纪海上丝绸之路的愿景与行动》，为"一带一路"建设提供了权威性的指导纲领，展示了中国优化世界经济格局的初衷和与国际社会和衷共济、同享发展成果的胸襟。

（4）千里之行始于足下。如果说"一带一路"倡议是"千里之行"，那么"足下"就是中国自己对此行所做的准备。首先，是国内对"一带一路"国际商路（含海路）的认知，并以此认知来引导各地区的经济改革事务。要点是由里而外、由近及远的三个"圈层"概念。

第一，稳定中国国际经济合作的"内圈"，巩固与中亚和东南亚的合作基础。中亚和东南亚是"内圈"。历史上，中国与这两个地区有着共同而久远的相处经历，文化相通，人民相融，具有牢固的合作基础。"丝绸之路"经济带的核心理念是加强同中亚和东南亚国家的经贸合作，关键就是处理好与中亚及东南亚国家的关系，发挥上合组织和中国东盟自贸区在推动多边合作中的积极作用，实现互联互通、优势互补、共同发展、共同受益，打造与西部和西南部近邻的良好合作生态。

第二，构建中国国际经济合作的"中圈"，逐步形成对中东国家和东欧国家的辐射作用。中东国家和东欧国家是"中圈"。通过与周边国家（包括内圈国家）的合作，逐步形成连接东欧、西亚和东南亚的交通运输网络，联通相关国家的交通基础设施。21世纪海上"丝绸之路"还可以将中国的国际贸易关系影响逐步辐射到南亚和非洲等地区。从中国国际经济合作的"内圈"辐射西亚、南亚、东欧、中东和非洲，形成国际贸易关系地带，即为中国国际经济合作的"中圈"。中圈+内圈，实际上连接了欧亚商贸通道。对"一带一路"沿线国家来说，相对于"东方吹来中国的风"，带来万物竞发的生动景象；对中国来说，西部边疆直接向西开放，覆盖西部广大地域，拓展中国经济的战略纵深。

第三，经略中国国际经济合作的"外圈"，建立更为深远的经济合作关系，将中国的经济影响圈外推至西欧、西南非、澳洲和美洲等世界各个角落。内圈和中圈以外的其他国家为外圈。引导中国与世界各地的深度融合，重构经济联系和经济角色的配置关系，通过"走出去"战略让中国产业走进世界产业的大家庭，彰显中国气派，讲述中国故事，尽好中国责任。结合中国周边外交的发展重点，通过开放实现体制和机制的创新，摆脱阻碍中国经济持续发展的内外束缚，全面提升内陆和边陲开放性经济的水平。

（5）前瞻中国新型经济特区。可以展望，中国"一带一路"视域下的新型经济特区，将是以传统经济特区为内核，兼具保税、自贸多种功能，与对接国家或沿线国家共处共赢的国际经济合作实体。这个实体将成为"一带一路"体系中的势差高地，推动沿线国家经济的转型升级。

（6）保持基色锦上添花。在"一带一路"中，中国的经济特区制度必须要坚持，外向型经济必须要坚持。当然，也不排斥引入其他具体的管理因素。"一带一路"可以借鉴中国经济特区的经验，或者说可以向"一带一路"沿线国家推介中国经济特区的成功经验。

第一，中国投身"一带一路"建设，不必隐晦中国的国体，要以中国特色社会主义的国度而自豪。这种国体保证了"一带一路"的长期性、稳定性、包容性与和平性。要向沿线国家公众、政府和非政府组织说明，中国提倡的"一带一路"愿景由中国的国体加以保证，"扩张论""威胁论"和"新殖民者论"都是对中国善意的中伤和离间。在中国境内，各民族人民应在中国共产党的领导下，维护国家的国体政体，不为流言蛊惑，努力建设自己的国家。

第二，中国的经济特区制度是中国改革开放的标志性成果。计划经济背景、政策优惠环境、正面清单、出口经济等要素构成了经济特区独有的基色，显示了经济特区在中国的高度适应性和生命活力。"一带一路"需要中国经济体制创新，其中的"中国"二字不仅仅是区分国别地域的词语，还是体现"中国社会主义市场经济"底线的限定词。

第三，分清枝叶，明辨是非。"一带一路"实现"五通"之后，将洞开中国国境，内圈国家可向内陆腹地长驱直入，各地党政组织面对即将到来的香风熏气要有充分的思想准备，要加强定力，团结和组织广大人民群众坚定走中国特色社会主义道路的立场，不为外部世界的花花世界所迷惑。借用毛泽东的名言"一张白纸，没有负担，好写最新最美的文字，好画最新最美的画图"来说明中国与"一带一路"的关系：一种基色，没有蜕变，好缀世界优秀文字，好绘全球缤纷画图。

二、中国经济特区在"一带一路"中的发扬光大

（一）稳扎稳打，逐步扩圈

这是一种由里及表的发展逻辑。稳定内圈、盘活中圈、扩充外圈，最终帮助中国经济走出结构性困境和走势低迷状态，以健硕的国际型体魄体现"一带一路"提倡的和平、交流、理解、包容、合作、共赢精神。对三个圈层的感悟就是前瞻"一带一路"视域下中国新型经济特区的结果。这个结果虽然不能肯定地说是最佳的，但可以肯定地说它不是乌托邦。因为有现实的进展在做支撑和证明。事实已经证明，中国有能力创造境内经济特区，事实也将继续证明中国有能力做好"一带一路"跨境经济特区这篇国际范的大文章。

站在国内区域经济角度，一种理想的"一带一路"外向经济思路是：优质资源从全国各地向经济特区集中，经济特区制成适销产品经"五通"向接壤的内圈国家输出，再经内圈国家向中圈和外圈国家辐射。

（二）建设网络，跨圈跳圈

上述圈层设想主要缘于沿线国家空间因素的影响。诚然，空间因素对国际经济的影响是直接的、巨大的。许多贸易形式（如易货贸易、过境贸易）、贸易政策（如保税区）都与境内关外、境外关内、境内关内、境外关外等地理空间因素有关，在传统条件下是无法逾越的。

然而，依托"一带一路""五通"之一的信息网络技术和设施，就可以跨越不同国家的地理空间限制。在信息网络平台上，对通关物品的调度易如反掌。通过通关效率和服务质量，诸多国际贸易形式都可转移到网络上形成网络国际贸易空间（如网络国际贸易、网络保税区、网络自由贸易区）。而且，网络经济特区也不是不可想象。

一旦这些信息网络设施建成并得以互联互通，三个圈层的关系就会愈加复杂，地理空间将不再是决定圈层的决定性条件。人们在网络平台上可以自由地跨圈和跳圈，与不同圈层的国家建立和发展国家经贸关系。至于实体货物的国家和地区的位移，借助交通基础设施的互联互通可以完美地实现。届时，划分圈层的依据将转向沿线国家的文化背景和国际政治态度方面。

第四节 四区两核：中国经济的新版图

根据三部委《推动共建丝绸之路经济带和21世纪海上"丝绸之路"的愿景与行动》，"一带一路"视域下中国的经济版图将重新划分，各经济区域被赋予新的开放性经济建设的使命。

一、四大区域板块

（1）西北、东北地区。包括西北、东北两个次板块。总的经济建设使命是建设面向中亚、南亚、西亚、俄罗斯、东北亚的开放窗口，激活西北区域的经济建设活力。西北次板块包括新疆、陕西、甘肃、宁夏、青海等省区。其中，新疆面向中亚，依托铁路、公路口岸优势，展示中国西部经济实力及蕴藏的商机；陕甘宁青对新疆形成支撑态势，依托"丝绸之路"历史底蕴，发挥陕甘综合经济优势，加快西安、兰州、西宁等西部经济枢纽城市的建设，尽快建成宁夏内陆开放型经济试验区；东北次板块包括内蒙古、黑龙江、吉林和辽宁等省区。内蒙古发挥面向蒙俄的地理区位优势，依托铁路、公路边境口岸，挖掘在欧亚大陆陆路联系中的咽喉地区的经济和人文价值，形成中蒙经济共生带。黑、吉、辽加强北亚和东北亚的国际经济联系，重点搞好与俄罗斯远东地区的联运合作，构建北京－莫斯科欧亚高速运输走廊，挖掘中俄民间边境贸易的潜力，造福两国边民。吉、辽重点开拓与朝鲜半岛的经济合作联系，维护边境共生民族的生活环境。

（2）西南地区。重点发挥广西、云南、西藏等省区毗邻南亚、东南亚的地理区位优势，打造面向东南亚、南亚开放的重要门户，加快北部湾经济区和珠江－西江经济带的开放发展，有机衔接21世纪海上"丝绸之路"与"丝绸之路"经济带，打造大湄公河次区域经济合作新高地，建设成为面向南亚、东南亚的辐射中心，推进西藏与尼泊尔等周边国家边境贸易和旅游文化合作，建设好依托铁路、公路口岸形成的边境经济贸易走廊。

（3）沿海和港澳台地区。包括沿海和港澳台两个次区域。在沿海区域，利用长三角、珠三角、海峡西岸、环渤海等经济区开放程度高、经济实力强、辐射带动作用大的优势，光大古代海上"丝绸之路"，支撑21世纪海上"丝绸之路"的建设，挖掘历史古港的潜力，新建现代化新港，形成现代化"一带一路"端点港口带，方便大宗货物装船出海。港澳台地区发挥人文、历史、文化优势，团结港澳台同胞和海外侨胞投身"一带一路"建设。充分发挥深圳前海、广州南沙、珠海横琴、福建平潭等开放合作区的作用，深化与港澳台合作，推进浙江海洋经济发展示范区、福建海峡蓝色经济试验区和舟山群岛新区建设，加大海南国际旅游岛开发开放。加强上海、天津、宁波－舟山、广州、深圳、湛江、汕头、青岛、烟台、大连、福州、厦门、泉州、海口等沿海城市港口建设，强化上海、广州等国际枢纽机场功能。发挥海外侨胞以及香港、澳门特别行政区的独特优势作用，积极参与和助力"一带一路"建设。为台湾地区以合适的身份参与"一带一路"建设作出妥善安排。

（4）内陆地区。中国内陆省份众多，资源丰富，是"一带一路"建设坚实的基础。利用内陆纵深广阔、人力资源丰富、产业基础较好的优势，依托长江中游城市群、成渝城市群、中原城市群、呼包鄂榆城市群、哈长城市群等重点区域，打造重庆西部开发开放重要战略支撑和成都、郑州等内陆开放型经济高地，加快推动长江中上游地区和俄罗斯伏尔加河沿岸联邦区的战略合作。建立中欧通道铁路运输、口岸通关协调机制，打造"中欧班列"品牌，建设沟通境内外、连接东中西的运输通道。

二、两个核心区

在四大区域经济板块的基础上，凝练出两个"一带一路"核心区。一个是"一带"核心区，称为新疆核心区，位于西北次区域的新疆；一个是"一路"核心区，称为福建核心区，位于沿海此区域的福建。①

第五节　坚定自信：铸魂"一带一路"

一、自　信

（一）自信的定义

自信是实践主体是对自己各种准备的感性评估。自信就是相信自己

---

① 《一带一路勾画中国经济新版图　四大区域板块轮廓清晰》，http://fund.jrj.com.cn/2015/03/30063219031283.shtml。

肯定具有做成某件事情的力量，这是成功的基础。具有自信的社会实践主体具有一些显著的特征。其一是乐观。对完成任务既有期盼又有信心，同时做好积极应对问题或失败的心理准备，展现出成熟的综合素质。其二是好奇。对求解未知事物充满强烈的欲望，并坚信自己具有解决问题的能力。其三，专心致志。注意力集中于任务目标，不为其他干扰因素所动，高度专注，排除杂念，全力以赴，高速度、高质量地完成任务。

（二）中国共产党的自信

自从有党以来，自信的思想情绪就始终伴随党的发展事业，任何艰难险阻都不曾动摇过党的初心。2016 年 7 月 1 日，中共中央总书记习近平在"七一"重要讲话中对全党提出了坚定道路自信、理论自信、制度自信和文化自信的要求。"四个自信"将指引全党在新的历史条件下，不忘初心，继续前进，把带领全国人民实现伟大中国梦的伟大事业推向最后的成功。

（三）中国共产党的自信，赋予"一带一路"深邃的中国精神

在悠远的古代"丝绸之路"上，不仅输送了凝结东西方物质文明的货品，而且传输了体现东西方精神文明的文化，中国文明沿着"丝绸之路"撒向遥远的西方。21 世纪沿"一带一路"向外传播的则是承载中国翻天覆地巨变的中国精神，揭示东方巨人昂首屹立的必然规律。让发展中国家在分享中国成功的物质成果的同时，也分享中国成功的精神成果。中国共产党的自信告诉世人，奔向经济发达巅峰的不止美欧国家走过的一条路，还有一条路就在古老而年轻的中国，一条对于中国来说是社会主义道路，对于世界来说是平等互利的共同发展道路。

（四）"四个自信"将保障"一带一路"充满生机

"四个自信"可使"一带一路"的起点正能量高度聚集，产生足够

的初端推力,给沿线国家带去希望,带去真情,驱散疑虑,纠正误解。中国作为"一带一路"的首倡者,能够自信持久,临乱不紊,将是维系"一带一路"整个链条稳定的关键性因素。中国因素将成为沿线国家经济发展的基因长久保留,人们不会忘记提出、支持、参与"一带一路"建设的伟大中国。

二、中国建设"一带一路"的主要进展

(一)新疆核心区的进展

建设"一带一路"核心区是新疆的重大历史机遇。新疆正充分发挥地缘、人文等优势,加大全方位开放力度,建设五个中心(区域性交通枢纽中心、商贸物流中心、金融中心、文化科教中心和医疗服务中心)、三基地(国家大型油气生产加工和储备基地、大型煤炭煤电煤化工基地、大型风电基地)、一通道(国家能源资源陆上大通道),夯实"丝绸之路"经济带的核心区。2016年1月,新疆喀什综合保税区通过验收,成为新疆第二个、南疆首个综合保税区。也是中国开放层次最高、优惠政策最多、功能最齐全、手续最便捷,运行规则基本与国际接轨的一种自由贸易港区模式。

(二)福建核心区的进展

福建省 2016 年前七个月对"一带一路"沿线国家贸易额逾 1890 亿元,对外贸易持续回暖。福建和东盟、日本等贸易对象进出口额实现两位数增长是贸易持续回暖的重要原因。民营企业是福建外贸回暖的又一因素。前 7 个月,福建民营企业进出口 3045.7 亿元,增长 12.8%,高于同期福建省外贸增速,占同期福建省外贸总值的 50.9%。

福建平潭力推跨境电商发展受到关注。获批建设国际旅游岛的福建平潭借助对台区位优势力推跨境电商发展,架起"一带一路"上的商贸桥梁。平潭重点发展港区营运、仓储物流、商业贸易等港口经贸

海峡两岸电子商务经济合作实验区即落地于该片区。作为跨境电商进口试点城市，平潭依托特殊免税免通关政策和独有的海外直邮采购体系，可节约近三成的流通成本，大大提升境外商品的价格竞争力。平潭在福建率先完成跨境电商一般出口、保税进口、直购进口试点，当前对接台湾桃园航空城，探索"台湾集货、平潭出货、海空联运"的物流模式，趋势向好。

三、对中国投身"一带一路"建设的理性思考

（一）中国建设"一带一路"应注意双向对接

根据《推动共建丝绸之路经济带和21世纪海上丝绸之路的愿景与行动》，共建"一带一路"旨在顺应世界多极化、经济全球化、文化多样化、社会信息化的潮流，秉持开放的区域合作精神，致力于维护全球自由贸易体系和开放型世界经济；通过促进经济要素有序自由流动、资源高效配置和市场深度融合，推动沿线各国实现经济政策协调，开展更大范围、更高水平、更深层次的区域合作，共同打造开放、包容、均衡、普惠的区域经济合作架构；致力于亚欧非大陆及附近海洋的互联互通，建立和加强沿线各国互联互通伙伴关系，构建全方位、多层次、复合型的互联互通网络，实现沿线各国多元、自主、平衡、可持续的发展。一句话，"一带一路"必须与沿线国家对接。对接的目的是促进经济要素的有序自由流动、资源高效配置和市场深度融合；对接的内容是各国经济政策、经济合作架构；对接的手段是国际"五通"。这种对接是一种对外对接。

与此相应的还有对内对接问题。对内对接是沟通中国国内各经济区域，引导经济要素为"一带一路"服务，利用改革开放30多年的成果，通过协同发展，在促进国内经济要素向国际间流动的同时，促进国内经济基础的多元化、多样化、集成化、共享化，增强特色，增强弹性，增强底蕴。

要在不同的经济实体或主体之间进行对接，首先要解决好口径选

择的问题，对接口径适宜才能发挥预期的效果。无论是哪个国家和区域，有利于经济要素自由流动、资源高效配置和市场深度融合的口径就是适宜的，都可以为我所用。若一时没有适宜的口径，就要摸索创造这种口径，创造口径的途径就是体制机制改革和创新。为兼顾国际国内两方面的需要，改革和创新的任务应集中在寻找各方利益的最大公约数，追求共赢效果，即使暂时达不到共赢，也要尽力缩小损害面，或建立针对性的利益交换补偿机制。不能恃强凌弱，不能搞"一言堂""一刀切"，应把探究、讨论工作做细、做到位。

公平合理，不但国际上要如此，国内也要如此。只有各相关主体觉得公平了，才会消除设置人为壁垒的动机，才会和睦相处，不生嫌隙。

（二）中国经济建设不等于"一带一路"建设

尽管"一带一路"倡议由中国提出，尽管中国要为"一带一路"倾力而为，但应清楚的是，中国经济建设并不等于"一带一路"建设，前者要远大于后者。提出这个问题是为了防止出现国内经济工作"外向化"，忙于国际贸易而放松本国正常的工作秩序。更不能以"一带一路"建设为借口，放松国内经济工作。

"一带一路"建设是表，国内经济是里，表里结合是摆正一带一路与国内经济关系的关键：国内经济面向"一带一路"、服务"一带一路"；"一带一路"助推国内经济。依托国内经济实力，"一带一路"建设才有保障、底气和自信；要善于把"一带一路"的利好转化为国内经济的增强和进步。

中国经济的实力与过去相比确实不可同日而语，甚至还产生了一定程度的产能过剩的问题，但远未达到出现全面危机的程度，中国强大的内需市场具有平抑国内经济波动的能力。以目前中国经济的实力，尚不能同时满足内需和外贸两条线的需要。发展生产仍然是中国经济的主题词。"一带一路"对中国经济是一个非常有利的外部因素，但起决定性作用的还是内需。

（三）加强金融管制，防治"泡沫"侵袭

"一带一路"连通不同经济形态的区域，会接触到各种形式的虚拟经济。沿线国家应在吸纳虚拟经济益处的同时，谨记"天上不会掉馅饼"的道理，警惕其负面作用的积累和最终爆发。在筹措"一带一路"建设资金的过程中，应突出世界权威的融资机构和融资平台的主渠道地位，主动接受金融监管，主动监测虚拟经济的环境动态，及时做好资金保全和退出预案的准备。

经济发达国家在发展虚拟经济方面积累了丰富的经验，能够较为敏锐地识别虚拟经济的不良信号。应建立"一带一路"虚拟经济风险预警机制（如年度论坛或信息网络平台），及时提醒相关国家采取防范措施，减小风暴影响程度和波及范围。

（四）屏蔽"一带一路"体系中的逆向势力

诚如大家所知，"一带一路"是开放包容的。不设国别范围，不搞排他性的制度设计，只要有意愿，都可以加入。这是一种良好的外交理念，在沿线国家意愿一致或基本一致的情况下，大家平等相待、"抱团取暖"是很容易实现的事情。

但如众所周知的，现实世界并不是平等的。"一超"的美国依据其发达的经济实力和国际关系中的强势地位，依然坚持追求世界霸权的立场，坚持输出"美国式"的民主，漠视和压制发展中国家的正当呼声。"多强"之一的日本也在追随美国的同时，打着自己的小算盘。其他的"多强"国家在一些重大关键问题上也时有摇摆，与绝大多数"一带一路"沿线国家心存嫌隙。

所以，作为一种合作发展的理念和倡议，"一带一路"应有体现民主集中制精神的决策机制，彰显多数国家的共同意志，遏制某些势力（或其代理人）的恶意搅局，保护大多数国家的利益。

主要参考文献

[1] 国际条约集 1945—1947[M]. 北京：世界知识出版社，1959.

[2] 汉隽，丁利刚. 美、英、苏三国的雅尔塔会议[M]. 北京：商务印书馆，1988.

[3] 谢沃季扬诺夫. 美国现代纲史[M]. 北京：三联书店，1978.

[4] 肖月，朱立群. 简明国际关系史 1945—2002[M]. 北京：世界知识出版社，2003.

[5] 徐向梅. 由乱而治——俄罗斯政治经济历程[M]. 北京：中央文献出版社，2006.

[6] 赵晋平，张琦. 中国发展对世界经济的影响[M]. 北京：中国发展出版社，2014.

[7] 刘廷忠. 当代世界经济政治与国际关系：第三版[M]. 北京：高等教育出版社，2015.

[8] 王逸舟. 中国外交三十年：对进步与不足的若干思考[J]. 外交评论：外交学院学报，2007（5）.

[9] 孙学峰. 中国崛起困境理论思考与战略选择[M]. 北京：社会科学文献出版社，2011.

[10] 中国社会科学院世界经济与政治研究所. 2016 年世界经济形势分析与预测[M]. 北京：社会科学文献出版社，2015.

[11] 习近平. 弘扬和平共处五项原则 建设合作共赢美好世界——在和平共处五项原则发表 60 周年纪念大会上的讲话[M]. 北京：人民出版社，2014.

[12] 邓小平. 邓小平文选：第 3 卷[M]. 北京：人民出版社，1993.

[13] 郭胜伟. 邓小平外交谋略[M]. 北京：中央文献出版社，2008.

[14] 冯特君，王晓峰. 对外开放与今日中国[M]. 北京：中国人民大学出版社，1991.

[15] 马克思，恩格斯. 马克思恩格斯选集：第 2 卷[M]. 北京：人民出版社，1995.

[16] 新中国"慷慨"外援多少钱？[J]. 大众文摘. 2010（11）.

[17] 李小云，唐丽霞，武晋. 国际发展援助概论[M]. 北京：社会科学文献出版社，2009.

[18] 江泽民. 江泽民论中国特色社会主义[M]. 北京：中央文献出版社，2002.

[19] 胡锦涛. 努力建设持久和平、共同繁荣的和谐世界——在联合国成立60周年首脑会议上的讲话[N]. 光明日报，2005-09-16.

[20] 尹翔硕，李春顶，等. 国际贸易摩擦的成因及化解途径[M]. 上海：复旦大学出版社，2009.

[21] 陈泰锋. 中美贸易摩擦[M]. 北京：社会科学文献出版社，2005.

[22] 刘军. 和平发展 合作共赢：当代中国对外战略新发展[M]. 上海：人民出版社，2014.

[23] 俞飞. 美国援外的受益者是自己[N]. 中国经营报：天下版，2015.

[24] 周素勤，雷满玉. 地缘战略与中国同中南半岛国家关系的发展[J]. 北方经贸，2008（3）.

[25] 王志刚. 推进我国金融监管三个转变[J]. 中国银行业，2016（1）.

[26] 林上洪."教育共同体"刍议[J]. 教育科学月刊，2009（10）.

[27] 韩方明. 中国公共外交：趋势、问题与建议[J]. 公共外交季刊，2012年春季号.

[28] 刘兴宏. 亚洲开发银行与中亚区域经济合作[J]. 东南亚纵横，2010（5）.

[29] 王敬文."一路一带"打开筑梦空间[J]. 中国外资，2014（19）.

[30] 龚婷."一带一路"：美国对中国周边外交构想的解读[C]//中美外交：管控分歧与合作发展. 北京：时事出版社，2014.

后 记

从序开始，历经十章至此，按照撰写大纲的设计，本书内容的叙述已近尾声。本应投笔，却欲罢不能，需对有关问题做进一步说明。

一、难追衔枚疾行的脚步

"一带一路"是一项中国倡导的国际合作工程，各方面都在衔枚疾行。作者对此颇有感慨：键盘敲击得再快，也赶不上形势发展的脚步。

"一带一路"从提出到成果初结，不过4年的时间。在这短暂的时光里，由相同或相近的国际权力观、共同利益观、可持续发展观、全球治理观所结成的沿线国家命运共同体已现端倪，"和平""交流""理解""包容""合作""共赢"的丝路精神远播亚欧非美，引起世界各国，特别是发展中国家的共鸣和响应。

2015年，"一带一路"完成构想规划并启动实施。这一年，"一带一路"建设进展令人目不暇接，正在收获早期成果。位于中巴经济走廊的卡洛特水电站主体工程、中老铁路、中泰铁路开工；"丝绸之路"经济带与俄罗斯欧亚经济联盟确定合作对接；中英探讨"一带一路"与英国基础建设改造和"英格兰北部经济中心"对接；中德建立"中国制造2025"同"德国工业4.0"对接的协调机制；中印尼同意对接发展战略；中蒙商定对接"丝绸之路"与"草原之路"，中国与中东欧六国签署"一带一路"政府间谅解备忘录；中韩决定推进四项发展战略对接；中越磋商"一带一路"和"两廊一圈"合作；中国与新加坡探讨在"一带一路"倡议下开拓第三方市场。据商务部介绍，2015年中国已与"一带一路"沿线11个国家签署了自贸区协定，与"一带一路"沿线56个国家签署双边投资协定。中国在"一带一路"方向对外投资规模不断扩大，基础设施互联互通逐步升温，国际产能合作稳步推进，区域经贸安排积极构建。王毅外长在2016年"两会"期间透露，中国已与30多个国家签署了共建"一带一路"协议。王毅外长在晒"一带一路"建设进展成绩单时说，目前参与建设的伙伴越来越多，已经有70多个国家和国际组织表达了合作的意愿，30多个国家同我们签署了共建"一带一路"合作协议……互联互通网络逐渐成型……我们同近20个国家开展了机制化产能合作，开创了中国—哈萨克斯坦合作新模式，一大批重点项目已在各国落地生根。

本书将"一带一路"建设进展的时事性内容置于书尾，意在突出"一带一路"建设事业的发展性。相对于快速发展的建设形势，撰写的"一带一路"开发研究书籍永远是过去时或完成时。

二、开放的撰写逻辑

本书的撰写遵从公理化的演绎逻辑。每一项新内容都努力找到其最新、最近的逻辑原点作为"共设"，再按照演绎逻辑的方式逐层逐段地推进，力图把话题摆全，把道理说透。

"一带一路"的政策原点是中国国家发展改革委、外交部、商务部2015年3月28日联合发布的《推动共建丝绸之路经济带和21世纪海上丝绸之路的愿景与行动》，书中各章、节、点的政策陈述均以此文件为依据。

全书的历史背景原点是1945年2月4日至11日的雅尔塔会议。因为这次会议产生的《雅尔塔协定》影响巨大而深远。尽管诚如许多专家所言的雅尔塔格局已经崩溃，但世界的总格局并没有本质的变化，只是从雅尔塔格局的两极变成后雅尔塔格局的单极，依然是发展中国家为底、发达国家居中、超级大国占顶的"金字塔"形结构。"一带一路"倡议就是在这种格局中产生和运作的。

国际关系的原点是《联合国宪章》。

国际经济贸易的原点是国际货币基金组织、世界银行和世界贸易组织。

中国的政策原点是中国共产党改革开放以来的历次党代会的政治报告和国家现行法律法规。

为明晰各类原点的逻辑位置，在每章叙述的起始部分用"基本概念"或"概说"示源，从定义、要素、构成关系逐一展开，构建理论框架，再与"一带一路"建设时事内容结合讨论相应的问题，也即用逻辑的方式联结具体的知识点和新闻点，揭示它们的前因后果以及未来趋势。

为体现开放逻辑的初衷，本书按照多点并行的方式搭建结构，以利于书中知识的扩散扩充，吸纳现实中的新素材。

三、关于文责的说明

本书根据西南交通大学"'一带一路'开发研究丛书"计划和《"'一带一路'开发研究丛书"项目实施办法》撰写，编号：2016SLKFYJ03。

第一作者马跃（男）为西南交通大学科学技术发展研究院副研究员，承担全书的主要撰写工作，包括结构内容、开设目录、方向掌控，以及第三章到第十章的写作和全书统稿润色。

第二作者雷斌（男）为西南交通大学文科建设处副教授，负责撰写工作的组织和规划。

第三作者黄梅（女）为西南交通大学马克思主义学院硕士研究生，承担序、第一章和第二章的写作以及部分资料的整理任务。

各位作者声明，本书在撰写过程中充分注意相关资料的知识产权属性，遵守学术研究规范，愿为各自撰写的文稿内容承担不侵犯他人知识产权的责任。

鉴于"一带一路"倡议的实践性和发展性，对"一带一路"的讨论研究也将与时俱进。本书的结论性表述都带有相对性，需要结合"一带一路"实践的最新成就加以理解。因此，希望读者提出宝贵意见，共同完善本书的知识体系。

作　者

2016 年 12 月